保险实务

主　编　梁凯膺
副主编　杨　铮　吕　超

北京理工大学出版社
BEIJING INSTITUTE OF TECHNOLOGY PRESS

内 容 简 介

本着与现行保险法和保险实务同步的原则,在现有相关教材和书籍的基础上,本书既清晰、简洁地叙述原理和知识,又融入丰富的案例,以引起学生在学习过程中的关注,启发他们自主探究的学习能力,力求做到使学生学以致用。本书主要供保险、金融、投资与理财专业的学生使用,也可作为保险公司员工的培训教材、保险中介资格考试的辅助教材及保险专业人员的自学教材。

版权专有 侵权必究

图书在版编目(CIP)数据

保险实务 / 梁凯膺主编. --北京:北京理工大学出版社,2020.3(2024.7重印)
ISBN 978-7-5682-8217-8

Ⅰ.①保… Ⅱ.①梁… Ⅲ.①保险业务-教材 Ⅳ.①F840.4

中国版本图书馆 CIP 数据核字(2020)第 037341 号

责任编辑:封　雪　　　文案编辑:毛慧佳
责任校对:刘亚男　　　责任印制:王美丽

出版发行 / 北京理工大学出版社有限责任公司
社　　址 / 北京市丰台区四合庄路 6 号
邮　　编 / 100070
电　　话 / (010) 68944439(学术售后服务热线)
网　　址 / http://www.bitpress.com.cn
版 印 次 / 2024 年 7 月第 1 版第 3 次印刷
印　　刷 / 北京虎彩文化传播有限公司
开　　本 / 787 mm×1092 mm　1/16
印　　张 / 10.75
字　　数 / 240 千字
定　　价 / 43.00 元

图书出现印装质量问题,请拨打售后服务热线,负责调换

前 言
QIAN YAN

本书以保险学理论为基础，以基本理论和基本知识为铺垫，加大案例分析和问题讨论力度，增强思想性和启发性，切实培养学生应用知识分析、理解专业问题的能力；融入丰富的实践案例，使理论与实务吻合，使学生对保险险种有具体和生动的认知，大大拉近学生对保险实践的距离感并增加亲近感，也为其日后就业增加一条选择的路径。

本书是根据职业教育的特点，以应用型人才为培养目标，在总结职业教学改革经验的基础上进行编写的。全书分八个项目，包括认识风险和保险、认识保险合同、认识保险的基本原则、认识人身保险、认识财产保险、认识责任与信用保证保险、认识保险经营、认识保险监管。本书详尽地介绍了保险学科的基础理论和基础知识，有助于学生了解各项保险业务的操作方法和熟悉保险市场运作的基本规则，并配有案例，对难点和重点问题进行详细解答。

本书既可作为大中专院校财经类专业及相关专业学生的教材，也可作为保险业务工作者的参考用书和保险从业人员资格考试复习用书。

本书由吉林工程技术师范学院梁凯膺和吉林省经济管理干部学院杨铮、吕超共同完成。

本书吸收和借鉴了近年来国内外保险学科和相关科学研究领域的最新研究成果，在此向有关单位及专家、同仁表示衷心的感谢。

由于编者水平所限，书中若有疏漏和错误，敬请读者不吝指教。

编　者

目录
MU LU

▶ 项目一　认识风险和保险 ……………………………………………………（1）

　1.1　认识风险 ………………………………………………………………（1）
　　1.1.1　风险的含义 ……………………………………………………（1）
　　1.1.2　风险的构成要素 ………………………………………………（1）
　　1.1.3　风险的种类 ……………………………………………………（3）
　　1.1.4　风险的特征 ……………………………………………………（4）
　　1.1.5　风险成本 ………………………………………………………（6）
　1.2　风险管理 ………………………………………………………………（7）
　　1.2.1　风险管理的含义与演变 ………………………………………（7）
　　1.2.2　风险管理的程序 ………………………………………………（8）
　　1.2.3　风险管理的目标 ………………………………………………（9）
　　1.2.4　风险管理的方法 ………………………………………………（10）
　　1.2.5　风险与保险的关系 ……………………………………………（11）
　1.3　认识保险 ………………………………………………………………（11）
　　1.3.1　保险的定义 ……………………………………………………（11）
　　1.3.2　保险的要素 ……………………………………………………（12）
　　1.3.3　保险的特征 ……………………………………………………（15）
　　1.3.4　保险与相似制度的比较 ………………………………………（15）
　　1.3.5　保险的分类 ……………………………………………………（17）
　　1.3.6　保险的功能 ……………………………………………………（19）
　1.4　保险的产生与发展 ……………………………………………………（21）
　　1.4.1　保险的历史沿革 ………………………………………………（21）
　　1.4.2　中国保险业的现状与发展前景 ………………………………（23）
　项目小结 ……………………………………………………………………（25）
　实训目标 ……………………………………………………………………（26）
　实训任务 ……………………………………………………………………（26）

项目二　认识保险合同……………………………………………………………(29)

2.1　保险合同的特征与种类………………………………………………………(29)
2.1.1　保险合同的定义……………………………………………………(29)
2.1.2　保险合同的基本条件…………………………………………………(29)
2.1.3　保险合同的特征………………………………………………………(29)
2.1.4　保险合同的种类………………………………………………………(31)
2.2　保险合同的要素………………………………………………………………(32)
2.2.1　保险合同的主体………………………………………………………(32)
2.2.2　保险合同的客体………………………………………………………(35)
2.2.3　保险合同的内容………………………………………………………(36)
2.3　保险合同的订立与效力………………………………………………………(38)
2.3.1　保险合同的订立………………………………………………………(38)
2.3.2　保险合同的形式与构成………………………………………………(39)
2.3.3　保险合同的效力………………………………………………………(42)
2.4　保险合同的履行………………………………………………………………(44)
2.4.1　投保人义务的履行……………………………………………………(44)
2.4.2　保险人义务的履行……………………………………………………(45)
2.5　保险合同的变更、中止及终止………………………………………………(46)
2.5.1　保险合同的变更………………………………………………………(46)
2.5.2　保险合同的中止………………………………………………………(48)
2.5.3　保险合同的终止………………………………………………………(48)
2.6　保险合同的解释与争议的处理………………………………………………(50)
2.6.1　保险合同条款的解释…………………………………………………(50)
2.6.2　保险合同争议的处理方式……………………………………………(52)
项目小结……………………………………………………………………………(53)
实训任务……………………………………………………………………………(53)

项目三　认识保险的基本原则……………………………………………………(56)

3.1　认识保险利益原则……………………………………………………………(56)
3.1.1　保险利益及其构成条件………………………………………………(56)
3.1.2　保险利益原则的含义及意义…………………………………………(57)
3.1.3　各类保险的保险利益…………………………………………………(58)
3.1.4　保险利益原则的实务应用……………………………………………(59)
3.2　认识最大诚信原则……………………………………………………………(60)
3.2.1　最大诚信原则的含义及产生原因……………………………………(60)
3.2.2　最大诚信原则的主要内容……………………………………………(61)

    3.2.3　违反最大诚信原则的法律后果 …………………………………………(64)
  3.3　认识近因原则 ……………………………………………………………………(66)
    3.3.1　近因原则的含义 …………………………………………………………(66)
    3.3.2　近因原则的应用 …………………………………………………………(66)
  3.4　认识损失补偿原则 ………………………………………………………………(67)
    3.4.1　损失补偿原则的含义 ……………………………………………………(67)
    3.4.2　损失补偿原则的内容 ……………………………………………………(68)
    3.4.3　损失补偿原则的例外 ……………………………………………………(70)
    3.4.4　损失补偿原则不适用于人身保险 ………………………………………(71)
  3.5　认识损失补偿原则的派生原则 …………………………………………………(71)
    3.5.1　代位原则 …………………………………………………………………(71)
    3.5.2　分摊原则 …………………………………………………………………(75)
  项目小结 …………………………………………………………………………………(76)
  实训任务 …………………………………………………………………………………(77)

▶ **项目四　认识人身保险** …………………………………………………………………(80)

  4.1　认识人身保险 ……………………………………………………………………(80)
    4.1.1　人身风险与人身保险 ……………………………………………………(80)
    4.1.2　人身保险的特征 …………………………………………………………(81)
    4.1.3　人身保险的分类 …………………………………………………………(83)
  4.2　认识人寿保险 ……………………………………………………………………(85)
    4.2.1　人寿保险的概念 …………………………………………………………(85)
    4.2.2　人寿保险的特征 …………………………………………………………(85)
    4.2.3　人寿保险的种类 …………………………………………………………(86)
    4.2.4　人寿保险的常用条款 ……………………………………………………(89)
  4.3　认识人身意外伤害保险 …………………………………………………………(93)
    4.3.1　人身意外伤害保险的概念 ………………………………………………(93)
    4.3.2　人身意外伤害保险的特点 ………………………………………………(94)
    4.3.3　人身意外伤害保险的内容 ………………………………………………(94)
  4.4　认识健康保险 ……………………………………………………………………(96)
    4.4.1　健康保险的概念 …………………………………………………………(96)
    4.4.2　健康保险的特征 …………………………………………………………(96)
    4.4.3　健康保险的特殊条款 ……………………………………………………(97)
    4.4.4　健康保险的基本类型 ……………………………………………………(98)
  项目小结 ………………………………………………………………………………(101)
  实训任务 ………………………………………………………………………………(102)

▶ **项目五　认识财产保险** …………………………………………………………………(104)

5.1 认识财产保险 (104)
5.1.1 财产保险的概念 (104)
5.1.2 财产保险的特征 (105)
5.1.3 财产保险业务的种类 (106)
5.2 认识企业财产保险 (107)
5.2.1 企业财产保险的保险标的 (107)
5.2.2 财产基本险的保险责任与责任免除 (108)
5.2.3 财产综合险的保险责任与责任免除 (109)
5.2.4 企业财产保险的保险金额 (109)
5.2.5 企业财产保险的赔偿处理 (109)
5.3 认识家庭财产保险 (111)
5.3.1 家庭财产保险概念 (111)
5.3.2 家庭财产保险的类型 (111)
5.3.3 家庭财产保险的保险金额与赔偿 (112)
5.4 认识运输保险 (112)
5.4.1 运输工具保险 (112)
5.4.2 货物运输保险 (116)
5.5 认识工程保险 (120)
5.5.1 建筑工程保险 (120)
5.5.2 安装工程保险 (123)
5.6 认识农业保险 (126)
5.6.1 农业保险的概念 (126)
5.6.2 农业保险的特点 (126)
5.6.3 种植业保险 (127)
5.6.4 养殖业保险 (127)
项目小结 (128)
实训任务 (129)

▶项目六 认识责任与信用保证保险 (131)

6.1 认识责任保险 (131)
6.1.1 认识责任保险 (131)
6.1.2 责任保险的特征 (131)
6.1.3 责任保险的种类 (132)
6.2 认识信用保险和保证保险 (137)
6.2.1 信用保证保险的含义 (137)
6.2.2 信用保证保险的特点 (137)
6.2.3 信用保险 (138)
6.2.4 保证保险 (138)

项目小结 …………………………………………………………………… (139)
　　实训任务 …………………………………………………………………… (139)

▶ **项目七　认识保险经营** …………………………………………………… (140)

7.1　认识保险经营机构 ……………………………………………………… (140)
　　7.1.1　保险经营机构的组织形式 ……………………………………… (140)
　　7.1.2　保险公司的设立 ………………………………………………… (142)
　　7.1.3　保险公司的变更、解散和破产 ………………………………… (142)
　　7.1.4　保险公司的组织构架 …………………………………………… (143)
7.2　保险经营的原则 ………………………………………………………… (143)
7.3　保险经营环节 …………………………………………………………… (144)
　　7.3.1　保险展业 ………………………………………………………… (144)
　　7.3.2　保险承保 ………………………………………………………… (146)
7.4　认识再保险 ……………………………………………………………… (149)
　　7.4.1　再保险的概念 …………………………………………………… (149)
　　7.4.2　再保险与原保险的比较 ………………………………………… (150)
　　7.4.3　再保险的种类 …………………………………………………… (151)
　　项目小结 …………………………………………………………………… (152)
　　实训任务 …………………………………………………………………… (153)

▶ **项目八　认识保险监管** …………………………………………………… (154)

8.1　认识保险监管 …………………………………………………………… (154)
　　8.1.1　保险监管概述 …………………………………………………… (154)
　　8.1.2　保险监管模式 …………………………………………………… (155)
　　8.1.3　保险监管的主要内容 …………………………………………… (156)
　　项目小结 …………………………………………………………………… (159)

▶ **参考文献** …………………………………………………………………… (160)

项目一
认识风险和保险

1.1 认识风险

1.1.1 风险的含义

风险是指某种事件发生的不确定性。从广义上讲，这种不确定性既包括盈利的不确定性，也包括损失发生的不确定性。只要某一事件的发生存在两种或两种以上的可能性，那么就认为该事件存在着风险。在保险实务中，风险是指保险标的损失发生的不确定性。风险的不确定性包括风险是否发生不确定、何时发生不确定和产生的结果不确定。

★扩展阅读1-1

泰国游船倾覆

据央视新闻报道，当地时间2018年7月5日17：45许（北京时间5日18：45许），在泰国南部的普吉府，共载有127名中国游客的两艘游船在返航普吉岛途中突遇特大暴风雨，分别在珊瑚岛和梅通岛发生倾覆。截至发稿时，事故已造成1人溺亡，49人失联，77人获救。

英国恩兹利保险公司根据2017年旅游保险索赔数据整理出全球10个旅游最危险国家，其中泰国位居第一。2017年，近四分之一的保险索赔是在泰国完成的。智利和美国并列第二，各占保险索赔总额的15%。另外，进入排行榜的还有法国（7%）、西班牙（8%）和德国（8%），前往法国和西班牙旅游的游客常常因被扒窃向保险公司提出索赔。被列入旅游最危险国家名单的还有尼泊尔、秘鲁、巴哈马和巴西。

此外，泰国道路被认为是全世界第二危险的道路，每年约有24 000人死于交通事故，而海上出行的危险也不容忽视，此前曾发生多起翻船事故，造成众多人员伤亡。

1.1.2 风险的构成要素

风险是由多种要素构成的。一般认为，风险由风险因素、风险事故和损失三个要素构成。

1. 风险因素

风险因素是指促使某一特定风险事故发生或增加其发生的可能性或扩大其损失程度的原因或条件。风险因素是风险事故发生的潜在原因，是造成损失的间接原因。例如，对于建筑物而言，风险因素是指其所使用的建筑材料的质量、建筑结构的稳定性等；对于人而言，则是指健康状况和年龄等。

根据风险因素的性质不同，通常可将其分为有形风险因素和无形风险因素两种类型。

（1）有形风险因素。有形风险因素也称实质风险因素，是指某一标的本身所具有的足以引起风险事故发生或增加损失机会或加重损失程度的因素。如一个人的身体健康状况；某一建筑物所处的地理位置、所使用的建筑材料的质量等；某一类汽车的刹车系统的可靠性；地壳的异常变化、恶劣的气候、疾病传染等都属于实质风险因素。

（2）无形风险因素。无形风险因素是与人的心理或行为有关的风险因素，通常包括道德风险因素和心理风险因素。其中，道德风险因素是指与人的品德修养有关的无形因素，即由于人们不诚实、不正直或有不轨企图，故意促使风险事故发生，以致引起财产损失和人身伤亡的因素。如投保人或被保险人的欺诈、纵火行为等都属于道德风险因素。在保险业务中，保险人对因投保人或被保险人的道德风险因素所引起的经济损失，不承担赔偿或给付责任。心理风险因素是与人的心理状态有关的无形因素，即由于人们疏忽或过失以及主观上不注意、不关心、心存侥幸，以致增加风险事故发生的机会和加大损失的严重性的因素。例如，企业或个人投保财产保险后产生了放松对财物安全管理的思想，如产生物品乱堆乱放，吸烟后随意抛弃烟蒂的心理或行为，都属于心理风险因素。由于道德风险因素和心理风险因素均与人密切相关，因此，这两类风险因素合并称为人为风险因素。

2. 风险事故

风险事故也称"风险事件"，是指造成人身伤害或财产损失的偶发事件，是造成损失的直接的或外在的原因，是损失的媒介物，即风险只有通过风险事故的发生，才能导致损失。例如，汽车刹车失灵酿成车祸而导致车毁人亡，其中刹车失灵是风险因素，车祸是风险事故。如果仅有刹车失灵而无车祸，就不会造成人员伤亡。

3. 损失

在风险管理中，损失的含义是指非故意的、非预期的、非计划的经济价值的减少，即经济损失，一般表现为丧失所有权、预期利益、支出费用和承担责任等形式，而如精神打击、政治迫害、折旧以及馈赠等行为的结果一般不能视为损失。

在保险实务中，通常将损失分为两种形态，即直接损失和间接损失。直接损失是指风险事故导致的财产本身损失和人身伤害，这类损失又可称为实质损失；间接损失则是指由直接损失引起的其他损失，包括额外费用损失、收入损失和责任损失等。在风险管理中，通常将损失分为四类：即实质损失、额外费用损失、收入损失和责任损失。

从风险因素、风险事故与损失三者之间的关系来看，风险因素引发风险事故，而风险事故导致损失，即风险因素只是风险事故产生并造成损失的可能性或使这种可能性增加的条件，它并不直接导致损失，只有通过风险事故这个媒介才产生损失。

但是，对于某一特定事件，在一定条件下，若风险因素可能是造成损失的直接原因，则其就是引起损失的风险事故；而造成损失的直接原因若是其他因素，其就是引起损失的风险事故；而在其他条件下，可能是造成损失的间接原因，则其就是风险因素。

★ 扩展阅读 1-2

风险三要素

连日降雪，天寒地冻，某人出门时忘记更换雪地胎，在使用普通轮胎行驶时，轿车不慎侧翻，此人因此受伤，住院多日，轿车车身损坏严重。

在此案例中，风险因素、风险事故、损失分别是什么？

风险因素：雪天路滑。风险事故：轿车侧翻。损失：住院医疗费用、收入减少、车辆修理费用等。

1.1.3 风险的种类

1. 依据风险产生的原因分类

依据风险产生的原因分类，风险可分为自然风险、社会风险、政治风险、经济风险与技术风险。

（1）自然风险。自然风险是指因自然力的不规则变化使社会生产和社会生活等遭受威胁的风险，如地震、水灾、火灾、风灾、雹灾、冻灾、旱灾、虫灾以及瘟疫等自然现象，在现实生活中是经常、大量发生的。在各类风险中，自然风险是保险人承保最多的风险。自然风险的特征有：第一，自然风险形成的不可控性；第二，自然风险形成的周期性；第三，自然风险事故引起后果的共沾性，即自然风险事故一旦发生，其涉及的对象往往很广。

（2）社会风险。社会风险是指由于个人或团体的行为（包括过失行为、不当行为及故意行为）或不行为使社会生产及人们生活遭受损失的风险，如盗窃、抢劫、玩忽职守及故意破坏等将可能对他人财产造成损失或人身造成伤害的行为。

（3）政治风险。政治风险又称为"国家风险"，是指在对外投资或贸易过程中，因政治原因或订约双方所不能控制的原因，使债权人可能遭受损失的风险，如因输入国发生战争、革命、内乱而中止货物进口；因输入国实施进口或外汇管制，对输入货物加以限制或禁止输入；因本国变更外贸法令，使输出货物无法送达输入国，造成合同无法履行等。

（4）经济风险。经济风险是指在生产和销售等经营活动中由于受各种市场供求关系、经济贸易条件等因素变化的影响或经营者决策失误，对前景预期出现偏差等导致经营失败的风险。比如企业生产规模的增减、价格的涨落和经营的盈亏等。

（5）技术风险。技术风险是指伴随着科学技术的发展、生产方式的改变而产生的威胁人们生产与生活的风险，如核辐射、空气污染和噪声等。

2. 依据风险作用对象分类

依据风险作用对象分类，风险可分为财产风险、人身风险、责任风险与信用风险。

（1）财产风险。财产风险是指一切导致有形财产的损毁、丢失或贬值的风险以及经济的或金钱上损失的风险，如厂房、机器设备、原材料、成品、家具等会遭受火灾、地震、爆炸等风险；船舶在航行中，可能遭受沉没、碰撞、搁浅等风险。财产损失通常包括财产的直接损失和间接损失两部分。

（2）人身风险。人身风险是指导致人的伤残、死亡、丧失劳动能力以及增加医疗费用支出的风险。人身风险所致的损失一般有两种，即收入能力损失和额外费用损失。

（3）责任风险。责任风险是指由于个人或团体的疏忽或过失行为，造成他人财产损失或人身伤亡，依照法律、契约或道义应负法律责任或契约责任的风险。

（4）信用风险。信用风险是指在经济交往中，权利人与义务人之间，由于一方违约或违法致使对方遭受经济损失的风险，如进出口贸易中，出口方（或进口方）会因进口方（或出口方）不履约而遭受经济损失。

3. 依据风险性质分类。

依据风险性质分类，风险可分为纯粹风险与投机风险。

（1）纯粹风险。纯粹风险是指只有损失机会，而无获利可能的风险。这种风险可能造成的结果只有两个：没有损失和造成损失。如房屋所有者面临的火灾风险，汽车主人面临的碰撞风险等，当火灾或碰撞事故发生时，他们便会遭受经济利益上的损失。

（2）投机风险。投机风险是相对于纯粹风险而言的，是指既有损失机会又有获利可能的风险。投机风险的后果一般有三种：一是没有损失，二是有损失，三是盈利。

4. 依据风险产生的社会环境对风险进行分类。

依据风险产生的社会环境对风险进行分类，风险可分为静态风险与动态风险。

（1）静态风险。静态风险是指在社会经济环境正常的情况下，由自然力的不规则变化或人们的过失行为所致损失或损害的风险，如雷电、霜害、地震、暴风雨等自然原因导致的损失或损害；火灾、爆炸、意外伤害事故所致的损失或损害等。

（2）动态风险。动态风险是指由于社会经济、政治、技术以及组织等方面发生变动所致损失或损害的风险，如人口增长、资本增加、生产技术的改进和消费者爱好的变化等。

5. 依据产生风险的行为分类。

依据产生风险的行为分类，风险可以分为基本风险与特定风险。

（1）基本风险。基本风险是指非个人行为引起的风险。其对整个团体乃至整个社会产生影响，而且是个人无法预防的风险，如地震、洪水、海啸、经济衰退等。

（2）特定风险。特定风险是指个人行为引起的风险。其只与特定的个人或部门相关，而不影响整个团体和社会，如火灾、爆炸、窃盗以及对他人财产损失或人身伤害所负的法律责任等。特定风险一般较易为人们控制和防范。

1.1.4 风险的特征

1. 风险的不确定性

（1）风险是否发生的不确定性。与风险是否发生的不确定性相对立的是确定性，即肯定发生或肯定不发生。就个体风险而言，其是否发生是偶然的，是一种随机现象，具有不确定性，但在总体上风险的发生却往往呈现出明显的规律性，具有一定的必然性。

（2）风险发生时间的不确定性。从总体上看，有些风险是必然要发生的，但何时发生却是不确定的。例如，生命风险中，死亡是必然发生的，这是人生的必然现象，但是具体到某个人何时死亡，在其健康时却是不可能确定的。

（3）风险产生结果的不确定性。结果的不确定性，即损失程度的不确定性。例如，沿海地区每年都会遭受或大或小的台风袭击，有时安然无恙，有时却损失惨重，但人们对未来年份发生的台风是否会造成财产损失或人身伤亡以及损失程度如何却无法预知。正是风险的这种总体上的必然性与个体上的偶然性的统一，构成了风险的不确定性。

2. 风险的客观性

风险是一种不以人的意志为转移且独立于人的意识之外的客观存在。例如，自然界的地震、台风、洪水，社会领域的战争、瘟疫、冲突、意外事故等，都是不以人的意志为转移的客观存在，因此，人们只能在一定的时间和空间内改变风险存在和发生的条件，降低风险发生的频率和损失程度，但是，总而言之，风险是不可能被彻底消除的。正是由于风险的客观存在，决定了保险活动或保险制度存在的必要性。

3. 风险的普遍性

风险渗入社会、企业、个人生活的方方面面，无处不在，无时不有。正是由于这些普遍存在的对人类社会生产和人们的生活构成威胁的风险，才有了保险存在的必要和发展的可能。

4. 风险的可测定性

运用统计方法去处理大量相互独立的偶发风险事故，其结果可以比较准确地反映风险的规律性。根据以往大量资料，利用概率论和数理统计的方法可测算风险事故发生的概率及其损失程度并且可构造出损失分布的模型，成为风险估测的基础。例如，在人寿保险中，根据精算原理，利用对各年龄段人群的长期观察得到的大量死亡记录，就可以测算各个年龄段人的死亡率，然后根据人的死亡率计算人寿保险的保险费率。

5. 风险的发展性

人类社会自身进步和发展的同时，也创造和发展了风险。尤其是当代高新科学技术的发展与应用，使风险的发展更为突出。例如，向太空发射卫星，把风险拓展到了外层空间；而原子能的利用与核电站的建立，则带来了核污染及核爆炸的巨大风险，等等，因此，风险会因时间和空间因素的不断发展变化而发展变化。

★扩展阅读1-3

概率与大数法则

1. 概率

概率是指不确定事件的确定性程度，即衡量随机事件出现可能性大小的尺度，它是用来表示随机发生可能性大小的量。人们很自然地把必然发生的事件的概率定为1；把不可能发生的事件的概率定为0；而一般随机事件的概率介于0与1之间。用公式表示：

$$0 \leq P(A) \leq 1$$

式中：A——某种随机事件；P——事件的概率逐渐趋于某个常数；P(A)——常数P为事件A的概率；1——必然事件的概率；0——不可能事件的概率。

在一般条件下，若概率大，则表示某种随机事件出现的可能性大；反之，若概率小，则表示某种随机事件出现的可能性小。概率值永远是正数。如果将同类事件的所有不同结果的概率都相加，则概率之和必为1。

2. 大数法则

大数法则是指在随机事件的大量出现中往往呈现几乎一致的规律。大数法则是概率论的法则之一，是保险的数理基础。保险人对任何一个风险损失的概率作出比较精确的估算时，都需要根据大数法则，通过大量的观察和统计得出损失概率。根据大数法则，承保的风险单位越多，损失概率的偏差越小；反之则越大。非寿险的保险费率的大小又是以损失率的大小为依据的。损失概率大的风险，费率就高；反之，费率就低。

1.1.5 风险成本

风险成本是指因为风险的存在和风险事故发生后人们必须支付的费用和预期经济利益的减少，其包括风险损失的实际成本、无形成本和预防、控制风险损害的成本。

1. 风险损失的实际成本

风险的实际成本由风险造成的直接损失成本和间接损失成本共同构成。

（1）风险的直接损失成本是指风险造成的财产及人身的实际损失成本，损失成本的大小可采用不同方法进行评价。就风险造成的财产损失而言，可采用原始成本来评价，即以账面原始成本金额作为风险造成财产损失的金额，故某一财产的购进价格即为损失成本；可采用原始成本扣除会计折旧来评价；还可采用市价来评价，即财产遭受风险损失时的市价即为财产损失的成本；还可采用收益资本、重置成本、重置成本扣除实际折旧等方法进行评价。就风险造成的人体本身损失而言，其风险成本包括死亡风险成本、健康风险成本和衰老与失业风险成本。这三者都可以用收入能力的损失作为损失成本大小的评价。此外，人身风险的成本还应包括额外费用损失，例如健康风险的额外费用损失是住院费、护理费、病房费、接肢费等相关费用之和。

（2）风险的间接损失成本是指某一风险事故的发生导致的该财产本身以外的损失成本以及与之相关的额外费用和责任等的损失成本，具体包括营运收入的损失成本、额外费用增加损失的成本和责任赔偿的成本。

营运收入的损失成本包括营业中断损失、连带营业中断损失、成品利润损失、应收账款减少的损失和租金收入损失。

风险造成的额外费用增加损失的成本包括租赁价值损失成本、额外费用损失成本和租权利益损失成本。

责任风险的成本是指因侵权、契约等行为而导致他人或财产损失所应负的法律赔偿责任，其责任风险的成本大小要以法院判决作为依据。

2. 风险损失的无形成本

风险损失的无形成本是指风险对社会经济福利、社会生产率、社会资源配置以及社会再生产等诸方面的破坏后果。

（1）风险损失造成社会经济福利减少。由于风险主观不确定性的存在，会使人们或企业为应付未来损失的不确定性而提留或保持大量损失准备金，增加其机会成本，减少社会财富增长的机会；大量损失准备金游离于社会再生产之外而处于备用状态，价值无法增值，从而使社会福利减少；由于存在风险的主观不确定性，就会给个人或经济单位造成心理忧虑，忧虑的结果会抵消因灾害增加而递增的边际效用，使社会经济福利减少。

（2）风险会阻碍生产率提高。从生产率方面来看，只有被用来为生产或流通服务资金，才能真正成为资本。风险的存在使大量损失准备金较难进入生产或流通领域，从而阻碍生产和流通的扩大，最终阻碍劳动生产率的进一步提高。由于新技术的运用和新工艺、新产品的试制、生产会冒风险，因此，风险会阻碍新技术的推广运用和更新，阻碍生产率的提高。

（3）风险发生的不确定性导致资源分配不当，造成产业生产能量降低。就资源配置而言，只有当任一产业生产资源的边际生产力相等时，社会资源的配置才达到最优，然而，由于风险的存在，社会投资会出现短期化行为，风险大的产业无人问津，生产资源流向安全性较强的产业，社会资源的使用率就会下降，破坏了最优的资源配置。

3. 预防或控制风险损失的成本

为预防和控制风险损失，必须采取各种措施支付费用，具体包括资本支出和折旧费、安全人员费（含薪金、津贴、服装费等）、训练计划费用、施教费以及增加的机会成本。

1.2 风险管理

1.2.1 风险管理的含义与演变

1. 风险管理的含义

风险管理是指组织或者个人通过对风险进行识别、衡量，采用合理的经济技术手段对风险进行处理，以最小的成本获得最大安全保障的行为。对于风险管理的概念，可以从以下几个方面理解。

（1）风险管理的对象是风险。

（2）风险管理的主体可以是任何组织和个人，包括个人、家庭、组织（包括营利性组织和非营利性组织）。

（3）风险管理的过程包括风险识别、风险估测、风险评价、选择风险管理技术和评估风险管理效果等。

（4）风险管理的基本目标是以最小的成本获得最大的安全保障。

2. 风险管理的演变

在风险管理演变的过程中，最有影响的风险管理的形式是企业向保险公司购买保险，即大多数现代风险管理形式就是从购买保险实践中发展而来的。1960年以后，国际上一些较大的组织开始减少对传统的购买保险这一风险管理形式的依赖，在自我承担风险的同时，积极、主动地实施一些有效的防范措施，使风险管理的功能得以扩展；到了20世纪70年代中期，风险管理开始进入"全球化阶段"，出现了一些全球性的风险管理联合体，使风险管理获得更广泛的认可并且业务趋于复杂化，尤其是对风险投资行为的特别关注成为这一时期的特色；90年代，风险管理继续发生着变革，突出的变化是购买保险开始与其他风险管理组织行为相融合，如安全工程、法律风险管理和信息系统安全等；进入21世纪，巨灾风险事故的频发，使许多国家政府介入了风险管理领域，而近年来区域性甚至国际性的巨灾风险事故的频发又促使很多国际性机构、组织、保险公司间更加紧密地联合，共同建立巨灾信息的支持体系和重大危机和公共突发事件的预警和应急处理机制。这一不断发展变化的演变过程，使风险管理的含义和内容越来越丰富。

1.2.2 风险管理的程序

风险管理的基本程序分为风险识别、风险估测、风险评价、选择风险管理技术和评估风险管理效果5个环节。

1. 风险识别

风险识别是风险管理的第一步，是指对企业、家庭或个人面临的和潜在的风险加以判断、归类和对风险性质进行鉴定的过程。即对尚未发生的、潜在的和客观存在的各种风险，系统地、连续地进行识别和归类并分析产生风险事故的原因。风险识别主要包括感知风险和分析风险两方面。

2. 风险估测

风险估测是指在风险识别的基础上，通过对所收集的大量资料进行分析，利用概率统计理论，估计和预测风险发生概率和损失程度。风险估测不仅使风险管理建立在科学的基础上，而且使风险分析定量化，为风险管理者进行风险决策并选择最佳管理技术提供了科学依据。

3. 风险评价

风险评价是指在风险识别和风险估测的基础上，对风险发生的概率、损失程度，结合其他因素进行全面考虑，评估发生风险的可能性及其危害程度并与公认的安全指标相比较，以衡量风险的程度并决定是否需要采取相应的措施。处理风险需要一定费用，费用与风险损失之间的比例关系直接影响风险管理的效益。通过对风险的定性、定量分析和比较处理风险所支出的费用来确定风险是否需要处理和处理程度，以判定为处理风险支出的费用是否可产生效益。

4. 选择风险管理技术

选择最佳风险管理技术是指根据风险评价结果，为实现风险管理目标，是风险管理中最为重要的环节。风险管理技术分为控制型和财务型两大类。前者的目的是降低损失频率和减少损失幅度，重点在于改变引起意外事故和扩大损失的各种条件；后者的目的是以提供基金的方式对无法控制的风险做财务上的安排。

5. 评估风险管理效果

评估风险管理的效果是指对风险管理技术适用性及收益性情况的分析、检查、修正和评估。风险管理效益的大小，取决于是否能以最小风险成本取得最大安全保障；同时，在实务中还要考虑风险管理与整体管理目标是否一致，是否具有具体实施的可行性、可操作性和有效性。风险处理对策是否为最佳，可通过评估风险管理的效益判断。

★扩展阅读 1-4

损失频率与损失程度

损失频率亦称损失机会,是指在一定时间内一定数目的危险单位中可能受到损失的次数或程度,通常以分数或百分率来表示,即 损失频率=损失次数/危险单位数。

损失程度是标的物发生一次事故损失的额度与标的完好价值的比率,即 损失程度=实际损失额/发生事故标的完好价值。

损失频率与损失程度之间一般呈反比例关系。往往是损失频率很高,但损失程度不大;损失频率很低,但损失程度大。

在研究损失频率与损失程度之间的关系时,常用工业意外事故的举例来说明,二者关系由一种图解来表示,称作"汉立区三角",如图 1.1 所示。此图说明:在工业事故中,每发生一次大的伤害事故,就伴随 30 次小的伤害事故和 300 次无伤害的事故。这个三角图解是对几千件小事故研究后得出的结论,有利于理解损失频率与损失程度之间的关系。

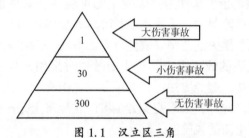

图 1.1 汉立区三角

但也有例外,在某些特殊情形下,事故发生的频率不高,而损失程度却很高。如航空风险:航空事故的发生,多半是全损,而不是小事故。

1.2.3 风险管理的目标

风险管理的基本目标是以最小成本获得最大安全保障其具体目标可以分为损失前目标和损失后目标。

1. 损失前目标

(1) 减小风险事故的发生机会。风险事故是造成损失发生的直接原因,减小风险事故的发生机会,直接有助于人们获得安全保障。

(2) 以经济、合理的方法预防潜在损失的发生。需要对风险管理各项技术的运用进行成本和效益分析,力求以最少的费用支出获得最大的安全保障效果。

(3) 减轻企业、家庭和个人对风险及潜在损失的烦恼和忧虑,为企业提供良好的生产经营环境,为家庭提供良好的生活环境。

(4) 遵守和履行社会赋予家庭和企业的社会责任和行为规范,如交通管制、噪声限制、环境污染控制、公共安全等,都是政府规定的各种社会责任。企业、家庭和个人都要认真遵守和履行社会责任和行为规范。

2. 损失后目标

减轻损失的危害程度。损失一旦出现,风险管理者应及时采取有效措施予以抢救和补救，防止损失的扩大和蔓延，将已出现的损失后果降到最低限度；及时提供经济补偿，使企业和家庭恢复正常的生产和生活秩序，实现良性循环；及时地向受灾企业提供经济补偿，保持企业经营的连续性，稳定企业收入，为企业的成长与发展奠定基础；及时向受灾家庭提供经济补偿，使其能尽早获得资金，重建家园，从而保障社会生活的稳定。

1.2.4 风险管理的方法

风险管理的方法即风险管理的技术，可分为控制型和财务型两大类。

1. 控制型风险管理技术

控制型风险管理技术的实质是在风险分析的基础上，针对企业所存在的风险因素采取控制技术以降低风险事故发生的频率和减轻损失程度，重点在于改变引起自然灾害、意外事故和扩大损失的各种条件。其主要表现为：在事故发生前，降低事故发生的频率；在事故发生时，将损失减少到最低限度。控制型风险管理技术主要包括以下方法。

（1）避免。避免风险是指设法回避损失发生的可能性，即从根本上消除特定的风险单位和中途放弃某些既存的风险单位，采取主动放弃或改变该项活动的方式。风险单位是指发生一次风险事故可能造成的损失的范围。避免风险的方法一般在某特定风险所致损失频率和损失程度相当高或处理风险的成本大于其产生的效益时采用，是一种最彻底、最简单的方法，但也是一种消极的方法。避免方法虽然简单易行，但有时意味着丧失利润，而且避免方法的采用通常会受到限制。此外，采取避免方法有时在经济上是不合适的，或者虽然避免了某一种风险，却有可能产生新的风险。

（2）预防。预防风险是指在风险事故发生前，为了消除或减少可能引起损失的各种因素而采取的处理风险的具体措施，其目的在于通过消除或减少风险因素而降低损失发生的频率。这是事前的措施，即所谓"防患于未然"，如定期体检，虽不能消除癌症的风险，但却可获得医生的建议或便于选择及早防治，因此，可以减少癌症发病的机会或减轻其严重程度。

（3）抑制。抑制风险是指在损失发生时或损失发生之后为降低损失程度而采取的各项措施，是处理风险的有效技术，如安装自动喷淋设备以抑制火灾事故的发生等。

2. 财务型风险管理技术

财务型风险管理技术是以提供基金的方式降低发生损失的成本，即通过事故发生前作的财务安排来解除事故发生后给人们造成的经济困难和精神忧虑；为恢复企业生产，维持正常生活等提供财务支持。财务型风险管理技术主要包括以下两种方法。

（1）自留风险。自留风险是指对风险的自我承担，即企业或单位自我承受风险损害后果的方法。自留风险是一种非常重要的财务型风险管理技术。自留风险分为主动自留和被动自由，通常在风险中所致损失频率和程度低、损失在短期内可以预测以及最大损失不影响企业或单位财务稳定时采用自留风险的方法。自留风险的成本低而且方便有效，可以减少潜在损失并节省费用但有时会因风险单位数量的限制或自我承受能力的限制，而无法实现其处理风险的效果，导致财务安排上的困难而失去其作用。

（2）转移风险。转移风险是指一些单位或个人为避免承担损失，有意识地将损失或与损失有关的财务后果转嫁给另一些单位或个人去承担的一种风险管理方式。转移风险有财务型非保险转移风险和财务型保险转移风险两种方法。

财务型非保险转移风险。财务型非保险转移风险是指单位或个人通过经济合同，将损失或与损失有关的财务后果，转移给另一些单位或个人承担，如保证互助和基金制度等；另外，人们可以利用合同的方式，将可能发生的指明的不确定事件的任何损失责任，从合同一方当事人转移给另一方，如销售、建筑、运输合同和其他类似合同的免责规定和赔偿条款等。

财务型保险转移风险。财务型保险转移风险是指单位或个人通过订立保险合同，将其面临的财产风险、人身风险和责任风险等转嫁给保险人的一种风险管理技术。投保人交纳保费，将风险转嫁给保险人，保险人则在合同规定的责任范围内承担补偿或给付责任。保险作为风险转移方式之一，有很多优势，是进行风险管理最有效的方法之一。

1.2.5 风险与保险的关系

风险与保险的关系有以下几个。

（1）二者研究对象的都是风险。保险研究的是风险中的可保风险。

（2）风险是保险产生和存在的前提，无风险则无保险。风险是客观存在的，时时处处威胁着人的生命和财产安全。风险的发生直接影响社会生产过程的继续进行和家庭正常的生活，因此，人们产生了对损失进行补偿的需要。保险是一种被社会普遍接受的经济补偿方式，因此，风险是保险产生和存在的前提，风险的存在是保险关系确立的基础。

（3）风险的发展是保险发展的客观依据。生产发展、社会进步和现代科学技术的应用，在使人类社会克服原有风险的同时，也带来了新风险。新风险对保险提出了新的要求，促使保险业不断设计新的险种并开发新业务。从保险的现状和发展趋势看，作为高风险系统的核电站、石油化学工业、航空航天事业的风险，都可以纳入保险的责任范围。

（4）保险是处理风险传统的、有效的措施。人们面临的各种风险损失，一部分可以通过控制的方法消除或减少，但不可能全部消除。面对各种风险造成的损失，单靠自身力量解决，就需要提留与自身财产价值等量的后备基金，会造成资金的浪费，但又难以解决巨额损失的补偿问题，因此，转移就成为风险管理的重要手段。保险作为转移方法之一，长期以来被视为传统的处理风险手段。通过保险，把不能自行承担的集中风险转嫁给保险人，以小额的固定支出换取对巨额风险的经济保障，使保险成为处理风险的有效措施。

（5）保险经营效益受风险管理技术的制约。保险经营效益受多种因素的制约，风险管理技术作为非常重要的因素，对保险经营效益产生了很大的影响；如对风险的识别是否全面，对风险损失的频率和造成损失的幅度估计是否准确，哪些风险可以接受承保，保险的范围应有多大，程度如何，保险成本与效益的比较等，都制约着保险的经营效益。

1.3 认识保险

1.3.1 保险的定义

根据《中华人民共和国保险法》（以下简称《保险法》）第二条规定："保险是指投保

人根据合同约定，向保险人支付保险费，保险人对于合同约定的可能发生的事故因其发生所造成的财产损失承担赔偿保险金责任，或者当被保险人死亡、伤残、疾病或者达到合同约定的年龄、期限等条件时承担给付保险金责任的商业保险行为。"

从法律角度看，保险是一种合同行为。投保人购买保险、保险人出售保险实际上是双方在法律定位平等的基础上，经过要约与承诺的过程，达成一致意见并签订合同，确立保险人与投保人之间的权利义务关系。

从风险管理角度看，保险是一种风险管理的方法或一种风险转移的机制。这种风险转移机制不仅体现在将风险转移给保险公司，而且表现为通过保险，将众多的单位和个人结合起来，将个体对付风险变为大家共同对付风险，能起到分散风险和补偿损失的作用。

从经济角度看，保险是分摊意外事故损失和提供经济保障的一种非常有效的财务安排。投保人通过交纳保险费购买保险，将不确定的大额损失转变为确定性的小额支出（保费）或者将未来大额的或持续的支出转变成目前固定的或一次性的支出（保费），有利于提高投保人的资金效益。在人寿保险中，保险作为一种财务安排的特性，表现得尤为明显，因为人寿保险还具有储蓄和投资的作用，具有理财产品的特征。从这个意义上讲，保险公司属于金融机构，保险业是金融业的重要组成部分。

1.3.2　保险的要素

现代商业保险的要素主要包括以下 5 方面的内容。

1. 可保风险的存在

可保风险是指符合保险人承保条件的特定风险。一般来讲，可保风险应具备的条件包括以下几个各方面。

（1）风险应当是纯粹风险。风险一旦发生成为现实的风险事故，只有损失的机会，而无获利的可能。

（2）风险应当使大量标的均有遭受损失的可能性。保险标的数量的充足程度关系到实际损失与预期损失的偏离程度，影响保险经营的稳定性。

（3）风险应当有导致重大损失的可能。风险的发生应当有导致重大损失的可能性，这种损失是被保险人不愿承担的。如果损失很轻微，则无参加保险的必要。此外，保险费不仅包含损失成本，而且还包括保险人经营的费用成本。因此，对被保险人来讲，将轻微的损失通过保险转嫁给保险人，在经济上是非常不合算的。

（4）风险不能使大多数的保险标的同时遭受损失。这一条件要求损失的发生具有分散性。因为保险的目的是以多数人支付的小额保费赔付少数人遭遇的大额损失。如果大多数保险标的同时遭受重大损失，则保险人通过向投保人收取保险费所建立起的保险资金根本无法抵消损失。在保险经营中，通过再保险的方式转嫁一部分风险责任，也能达到力求风险单位分散的目的。

（5）风险必须具有现实的可测性。在保险经营中，保险人必须制定出准确的保险费率，而保险费率的计算依据是风险发生的概率及其所致保险标的损失的概率，但是，可保风险的条件也会随着保险技术的发展和外部环境，如市场竞争、国家政策等的变化而发生改变，因此，保险人在经营过程中界定可保风险时，在坚持上述条件的同时，还要考虑其他因素的影响。

2. 大量同质风险的集合与分散。

保险的过程，既是风险的集合过程，又是风险的分散过程。保险人通过保险将众多投保人所面临的分散性风险集合起来，当发生保险责任范围内的损失时，又将少数人发生的损失分摊给全部投保人，即通过保险的补偿或给付行为分摊损失，将集合的风险分散。保险风险的集合与分散应具备以下两个前提条件。

(1) 风险的大量性。风险的大量性，一方面，是基于风险分散的技术要求；另一方面，也是概率论和大数法则的原理在保险经营中得以运用的条件。

(2) 风险的同质性。所谓同质风险是指风险单位在种类、品质、性能、价值等方面大体相近。

3. 保险费率的厘定。

保险在形式上是一种经济保障活动，而实质上是一种特殊商品的交换行为，因此，制定保险商品的价格，即厘定保险费率，便构成了保险的基本要素，但是，保险商品的交换行为又是一种特殊的经济行为，为保证保险双方当事人的利益，保险费率的厘定要遵循一些基本原则。

(1) 公平性原则。一方面，公平性原则要求保险人收取的保险费应与其承担的保险责任对等；另一方面，要求投保人交纳的保险费应与其保险标的的风险状况相适应，或者说，各个投保人或被保险人应按照其风险的大小，分担保险事故的损失和费用。

(2) 合理性原则。合理性原则是针对某险种的平均费率而言的。保险人向投保人收取的保险费，不应在抵补保险赔付或给付以及有关的营业费用后，获得过高的营业利润，即要求保险人不能为获得非正常经营性利润而制定高费率。

(3) 适度性原则。适度性原则要求保险人根据厘定的费率收取的保险费应能足以抵补一切可能发生的损失以及有关的营业费用。

(4) 稳定性原则。稳定性原则是指保险费率在短期内应该是相当稳定的，既有利于保险经营，又有利于投保人续保。对于投保人而言，稳定的费率可使其支出确定，免遭费率变动之苦；对于保险人而言，尽管费率上涨可以使其获得一定的利润，但是费率的不稳定也势必导致投保人的不满，影响保险人经营活动的顺利开展。

(5) 弹性原则。弹性原则要求保险费率在短期内应该保持稳定，在长期内应根据实际情况的变动进行适当调整。

为防止各保险公司间保险费率的恶性竞争，一些国家对保险费率的厘定方式作出了具体规定。《保险法》第一百三十五条规定："关系社会公众利益的保险险种、依法实行强制保险的险种和新开发的人寿保险险种等的保险条款和保险费率，应当报国务院保险监督管理机构批准。国务院保险监督管理机构审批时，应当遵循保护社会公众利益和防止不正当竞争的原则。其他保险险种的保险条款和保险费率，应当报保险监督管理机构备案。"

★扩展阅读 1-5

车险完全市场化自主定价启程

从 2015 年启动至今，车险费改已经走过了 3 个阶段，险企的自主定价范围逐渐扩大。商车费改的核心内容之一是调整险企的自主渠道系数和自主核保系数范围，首次费改以"双85"为主要特征（自主渠道系数和自主核保系数下限可至0.85），第二次费改变为"单85"或者"单75"，第三次费改进一步下调下限，为区分不同地区，有的地区调整为"双65"。根据中国保信发布的《2017 年全国商业车险风险地图》，2017 年全国商业险投保率为 81.8%，同比提高 2.4%；商业车险单均保费为 3 553 元，同比下降 4.0%；商业车险主险单均保额为 82 万元，同比提高 11.4%；商业车险平均出险频度为 28.0%，同比降低 2.3%；案均已结赔款为 4 892 元，比去年提高 8.8%。这说明商车改革使消费者受益，同时，NCD（无赔款优待）、违章行为等费率浮动机制，对改善驾驶行为和降低出险频度起到积极作用。

4. 保险准备金的建立

保险准备金是指保险人为保证其如约履行保险赔偿或给付义务，根据政府有关法律规定或业务特定需要，从保费收入或盈余中提取的与其所承担的保险责任相对应的一定数量的基金。《保险法》第九十八条规定："保险公司应当根据保障被保险人利益、保证偿付能力的原则，提取各项责任准备金。"保险公司提取和结转责任准备金的具体办法由国务院保险监督管理机构制定。保险公司应提存的准备金主要有以下几类。

（1）未到期责任准备金。未到期责任准备金是指在准备金评估日为尚未履行的保险责任提取的准备金，主要是指保险公司为保险期间在 1 年以内（含 1 年）的保险合同项下尚未到期的保险责任而提取的准备金。

（2）未决赔款准备金。未决赔款准备金是指保险公司为尚未结案的赔案而提取的准备金，包括已发生已报案未决赔款准备金、发生未报案未决赔款准备金和理赔费用准备金。已发生已报案未决赔款准备金是指为保险事故已经发生并已向保险公司提出索赔，保险公司尚未结案的赔案而提取的准备金；已发生未报案未决赔款准备金是指为保险事故已经发生但尚未向保险公司提出索赔的赔案而提取的准备金；理赔费用准备金是指为尚未结案的赔案可能发生的费用而提取的准备金；其中，为直接发生于具体赔案的专家费、律师费和损失检验费等而提取的准备金称为直接理赔费用准备金；为非直接发生于具体赔案的费用而提取的准备金称为间接理赔费用准备金。

（3）总准备金。总准备金（或称自由准备金）是用来满足风险损失超过损失期望以上部分的责任准备金。总准备金是从保险公司的营业盈余中提取的。

（4）寿险责任准备金。寿险责任准备金是指保险人把投保人历年交纳的纯保险费和利息收入积累起来，为将来发生的保险给付和退保给付而提取的资金或者说是保险人还未履行保险责任的已收保费。

5. 保险合同的订立

（1）保险合同是体现保险关系存在的形式。保险作为一种民事法律关系，是投保人与保险人之间的合同关系，这种关系需要有法律关系对其进行保护和约束，即通过一定的法律形式固定下来，这种法律形式就是保险合同。

(2) 保险合同是保险双方当事人履行各自权利与义务的依据。保险双方当事人的权利与义务是相互对应的。为了获得保险赔偿或给付，投保人要承担交纳保险费的义务；保险人收取保险费的权利就是以承担赔偿或给付被保险人的经济损失的义务为前提的，而风险是否发生，何时发生，损失程度如何，均具有不确定性，这就要求保险人与投保人在确定的法律或契约关系约束下履行各自的权利与义务。

1.3.3 保险的特征

1. 互助性

保险具有"一人为众，众为一人"的互助特性。保险在一定条件下分担了单位和个人所不能承担的风险，从而形成了一种经济互助关系。这种经济互助关系通过保险人用多数投保人交纳的保险费建立的保险基金对少数遭受损失的被保险人提供补偿或给付而得以体现。

2. 法律性

从法律角度看，保险又是一种合同行为，是一方同意补偿另一方损失的一种合同安排，同意提供损失赔偿的一方是保险人，接受损失赔偿的一方是投保人或被保险人。

3. 经济性

保险是通过保险补偿或给付而实现的一种经济保障活动，其保障对象财产和人身都直接或间接属于社会再生产中的生产资料和劳动力两大经济要素；其实现保障的手段大多最终必须采取支付货币的形式进行补偿或给付；其保障的根本目的无论从宏观的角度还是微观的角度，都是与社会经济发展相关的。

4. 商品性

保险体现了一种等价交换的经济关系，也就是商品经济关系。这种商品经济关系直接表现为个别保险人与个别投保人之间的交换关系，间接表现为在一定时期内全部保险人与全部投保人之间的交换关系，即保险人销售保险产品和投保人购买保险产品之间的关系。具体表现为：保险人通过提供保险的补偿或给付，保障社会生产的正常进行和人们生活的安定。

5. 科学性

保险是处理风险的科学有效措施。现代保险经营以概率论和大数法则等科学的数理理论为基础。保险费率的厘定和保险准备金的提存等都是以科学的数理计算为依据的。

1.3.4 保险与相似制度的比较

1. 保险与赌博

保险与赌博在很多情况下似乎具有相似性。比如，二者的结果都取决于具有不确定性的随机事件是否发生，但它们之间存在着本质的区别。

(1) 社会影响不同。保险的目的在于当被保险人一旦遭受保险责任范围内的经济损失时，给予经济补偿或给付保险金，以保障被保险人生活稳定，进而维护社会的安定。赌博则相反，它以损人利己为目的，是一种投机取巧的行为，是社会的不安定因素。

(2) 实施后果不同。对于被保险人来说，投保是为了在发生损失时从保险人那里获得与损失额相等的赔款,保险行为可以降低风险发生的损失后果,除具有投资性质的保险外并无获利的可能;赌博所获取的都是非分之财,只能给个人、家庭、社会带来新的风险。

(3) 行为性质不同。保险是受法律保护的一种经济行为,符合社会道德规范,具有保障经济、稳定社会的功能,因此,需要与社会经济同步发展;赌博强化了人们唯利是图的不健康心理,不符合社会道德规范,一般都会受到法律的制裁。

(4) 实施条件不同。保险必须以对保险标的具有经济利害关系为条件,赌博则无此项特征,而是单凭个人意愿行事。

(5) 实施原理不同。保险是把不确定的灾害和意外事故所造成的损失化为小额的、固定的保险费支出,有利于保持生产的持续进行,有利于被保险人生活的稳定;赌博则把确定的资金化为不确定的支出,结果是把安定的生活变成不安定的生活。

2. 保险与救济

保险与救济同为借助他人力量维持自身经济生活安定的一种方法,但是,两者的根本性质是不同的。

(1) 提供保障的主体不同。保险保障是由商业保险公司提供的,是一种商业行为;救济包括民间救济和政府救济。民间救济由个人或单位提供,这类救济纯粹是一种施舍行为,一种慈善行为;而政府救济属于社会行为,通常被称为社会救济。

(2) 提供保障的资金来源不同。保险保障以保险基金为基础,主要来源于投保人交纳的保险费,其形成也有科学的数理依据,而且国家对保险公司有最低偿付能力标准的规定;而民间救济的资金是救济方自己拥有的,因此,救济资金的多少取决于救济方自身的财力。政府救济的资金则来源于国家财政,因此,政府救济资金的多少取决于国家的财力。救济资金的来源限制了救济的时间、地区、范围和数量。

(3) 提供保障的可靠性不同。保险以保险合同约束双方当事人的行为,任何一方违约都会受到惩罚,因而被保险方能得到及时可靠的保障。而民间救济则是一种单纯的临时性施舍,任何一方都不受法律约束;尤其对于救济人而言,其行为完全自由,是否救济、救济多少均由自己决定,因此,所得到的保障只能是临时的、不稳定的,而且也是不可靠的。至于政府救济,虽然不是合同行为,但却受到法律的约束,政府不能任意决定是否救济和救济多少。

(4) 提供的保障水平不同。保险保障的水平取决于保险双方当事人的权利和义务,即保险的补偿或给付水平要根据损失情况而定;同时,与投保人的交费水平直接相关,因此,能使被保险人的实际损失得到充分的保障,而救济是单方面的行为,被救济者与救济者之间不存在权利义务关系,民间救济更是一种单方的和无偿的赠与行为。被救济方无须为获得救济而承担任何义务,因此,救济的水平并不取决于被救济方的实际损失,而是取决于救济方的心愿和能力。至于政府救济,要依法实施,但一般救济标准很低,通常依当地的最低生活水平而定。

3. 保险与储蓄

保险与储蓄都是用现在的闲置资金做未来所需的准备,即同为"未雨绸缪"之计,因此,都体现一种有备无患的思想,尤其是人身保险的年金保险及两全保险的生存部分,几乎与储蓄难以区分,但是两者属于不同的经济范畴有着明显的差异。

（1）消费者不同。保险的消费者必须符合保险人的承保条件，经过核保可能会有一些人被拒保或有条件地承保。储蓄的消费者可以是任何单位或个人，一般没有特殊条件的限制。

（2）技术要求不同。保险集合多数面临同质风险的单位和个人分摊少数单位和个人的损失，需要有特殊的分摊计算技术，而储蓄则只需使用本金加利息的公式，无须特殊的分摊计算技术。

（3）受益期限不同。保险由保险合同规定受益期限，只要在保险合同的有效期间，无论何时发生保险事故，被保险人均可以在预定的保险金额内得到保险赔付，其数额可能是其所交纳的保险费的几倍、几十倍甚至几百倍；而储蓄则以本息返还为受益期限，只有达到一定的期限，储户才能得到预期的利益即储存的本金及利息。

（4）行为性质不同。保险是用全部投保人交纳的保险费建立的保险基金，对少数遭受损失的被保险人提供补偿或给付，是一种互助行为，而储蓄是个人留出一部分财产做准备资金，以应对将来的需要，无须求助他人，完全是一种自助行为。

（5）消费目的不同。保险消费的主要目的是应付各种风险事故造成的经济损失，而储蓄的主要目的是为了获得利息收入。

1.3.5 保险的分类

1. 按照实施方式分类，保险可分为强制保险和自愿保险

（1）强制保险，又称法定保险，是由国家（政府）通过法律或行政手段强制实施的一种保险。强制保险的保险关系虽然也是产生于投保人与保险人之间的合同行为，但是，合同的订立受制于国家或政府的法律规定。强制保险的实施方式有两种：一是保险标的与保险人均由法律限定；二是保险标的由法律限定，但投保人可以自由选择保险人。强制保险具有全面性与统一性的特征，如机动车交通事故责任强制保险。

（2）自愿保险，是在自愿原则下，投保人与保险人双方在平等的基础上，通过订立保险合同而建立的保险关系。自愿保险的保险关系，是当事人之间自由决定并彼此合意后所建立的合同关系。投保人可以自由决定是否投保、向谁投保和中途退保等，也可以自由选择保险金额、保障范围、保障程度和保险期限等。保险人也可以根据情况自愿决定是否承保和怎样承保等。

★扩展阅读1-6

其他国家和地区的强制保险制度

依据德国有关法律规定，有120多种活动需要进行强制保险，大体可分为五类。一是职业责任强制保险。如《税务顾问法》第67条规定了税务顾问和税务代理人的强制职业责任保险；《德国审计师行业管理法》第54条，规定了审计师强制职业第三者责任保险；《联邦律师法》第51条规定了律师强制第三者责任保险；《德意志联邦共和国公证人法》第19A条规定了公证人强制第三者责任保险。二是产品责任强制保险。《医用产品法》第20条规定了医用产品强制责任保险。三是事业责任强制保险。如《德国民法典》规定了强制旅游责任保险；《货物运输法》第7A条规定了承运人强制责任保险；有关法律还规定了航空器第三者责任强制保险、油污染损害强制责任保险、核能源利用强制责任保险。四是雇主责任强制保险。如《保安服务业管理规定》第6条规定了保安雇员强制责任保险。五是特殊行为强制保险。如《联邦狩猎法》第17条规定了狩猎强制责任保险和机动车事故责任强制保险。

中国台湾地区强制保险的有关规定也比较发达，其强制公共意外责任险，几乎覆盖了绝大多数涉及公众安全的领域。《台湾地区消费者保护自治条例》规定，消费场所之建筑物所有人和使用人应投保公共意外责任险；《台湾地区建筑法》第77条规定，机械游乐设施经营者应依规定投保意外责任保险；台湾地区《发展观光条例》第31条规定，观光旅馆业、旅行业在营业中，应依照规定投保意外责任保险。此外，《石油管理法》《海洋污染法》《民用航空法》《毒性化学物质管理法》《煤气事业管理规则》均规定必须投保意外责任保险；在特殊行业方面，《保全业法》《铁路法》《大众捷运法》等规定了投保责任保险；在特殊职业方面，《会计法》《公证法》《工程技术顾问公司管理条例》等均规定了强制投保相关的责任保险。值得特别一提的是，《食品卫生管理法》第21条规定了食品的产品责任强制保险，具体投保范围由主管机关以公告形式指定，为解决食品安全问题提供了一条市场途径。

此外，韩国和俄罗斯的法律均规定了公共场所火灾责任强制保险。日本、韩国、俄罗斯、南非、瑞士、英国等国家的法律规定了核设施责任强制保险。

2. 按照保险标的分类，保险可分为财产保险与人身保险

（1）财产保险，是以财产及其有关利益为保险标的的一种保险。其包括财产损失保险、责任保险、信用保证保险等保险业务。

财产损失保险是以各类有形财产为保险标的的财产保险。其主要业务种类有企业财产保险、家庭财产保险、运输工具保险、货物运输保险、工程保险、特殊风险保险和农业保险等。

责任保险是指以被保险人对第三者的财产损失或人身伤害依照法律和契约应负的赔偿责任为保险标的的保险，其主要业务种类有公众责任保险、产品责任保险、雇主责任保险和职业责任保险等。

信用保证保险是以各种信用行为为保险标的的保险，其主要业务种类有一般商业信用保险、出口信用保险、合同保证保险、产品保证保险和忠诚保证保险等。

（2）人身保险，是以人的寿命和身体为保险标的的保险，其包括人寿保险、健康保险、意外伤害保险等保险业务。

人寿保险是指以被保险人的寿命作为保险标的，以被保险人的生存或死亡为给付保险金条件的一种人身保险；其主要业务种类有定期寿险、终身寿险、两全寿险、年金保险、投资连结保险、分红保险和万能寿险等。

健康保险是指以被保险人的身体为保险标的，使被保险人在疾病或意外事故所致伤害时发生的费用或损失获得补偿的一种人身保险业务，其主要业务种类有医疗保险、疾病保险、失能收入损失保险和护理保险等。

意外伤害保险是指以被保险人的身体为保险标的，以意外伤害所致被保险人身故或残疾为给付保险金条件的一种人身保险，其主要业务种类有普通意外伤害保险、特定意外伤害保险等。

3. 按照承保方式分类，可将保险分为原保险、再保险、共同保险和重复保险

（1）原保险，是保险人与投保人之间直接签订保险合同而建立保险关系的一种保险。在原保险关系中，保险需求者将其风险转嫁给保险人，当保险标的遭受保险责任范围内的损失时，保险人直接对被保险人承担赔偿责任。

（2）再保险，也称"分保"，是保险人将其所承保的风险和责任的一部分或全部，转移给其他保险人的一种保险。转出业务的是原保险人，接受分保业务的是再保险人。这种风险转嫁方式是保险人对原始风险的纵向转嫁，即第二次风险转嫁。

（3）共同保险，也称"共保"，是由几个保险人联合直接承保同一保险标的、同一保险利益、同一保险事故的保险。共同保险的各保险人承保金额的总和等于保险标的的保险价值。在保险实务中，可能是多个保险人分别与投保人签订保险合同，也可能是多个保险人以某一保险人的名义签发一份保险合同。与再保险不同，这种风险转嫁方式是保险人对原始风险的横向转嫁，仍属于风险的第一次转嫁。

（4）重复保险，是指投保人以同一保险标的、同一保险利益、同一保险事故，在同一保险期间内分别与两个或两个以上保险人订立保险合同的一种保险。与共同保险相同，重复保险也是投保人对原始风险的横向转嫁，也属于风险的第一次转嫁。

4. 按照保险的性质分类，保险可分为社会保险和商业保险

（1）社会保险，是国家通过立法，实施社会政策，依靠全社会力量，保障全体人民经济生活的一项福利制度。社会保险是一种强制性保险，凡是规定参加保险的对象必须参加。投保人遭遇年老、疾病、伤残、死亡、生育等事故而减低收入或丧失劳动能力时，或在失业期间，能获得保险待遇，维持基本生活。

（2）商业保险，是由被保险人缴付保险费，提供给保险人建立保险基金，用于被保险人遭遇灾害事故或其他约定事情所致损失的赔偿或给付的保险。通常所说的保险主要是指商业保险。

5. 按照保障的主体分类，保险可分为团体保险和个人保险

（1）团体保险，是以集体名义使用一份总合同，向其团体内的成员所提供的保险。例如，企业按集体投保方式为其职工个人向保险公司集体办理投保手续。

（2）个人保险，是以个人名义向保险人投保的财产保险和人身保险。

1.3.6 保险的功能

1. 保险保障功能

保险保障功能是保险业的立业之基，最能体现保险业的特色和核心竞争力。保险保障功能具体表现为财产保险的补偿功能和人身保险的给付功能。

（1）财产保险的补偿。保险是在特定灾害事故发生时，在保险的有效期和保险合同约定的责任范围以及保险金额内，按其实际损失金额给予补偿。通过补偿使已经存在的社会财富因灾害事故所致的实际损失在价值上得到补偿，在使用价值上得以恢复，从而使社会再生产过程得以连续进行。保险的这种补偿，既包括对被保险人因自然灾害或意外事故造成的经济损失的补偿，也包括对被保险人依法应对第三者承担的经济赔偿责任的经济补偿，还包括

对商业信用中违约行为造成的经济损失的补偿。

(2) 人身保险的给付。人身保险是与财产保险完全不同性质的两种保险。由于人的生命价值很难用货币来计价，所以，人身保险的保险金额是由投保人根据被保险人对人身保险的需要程度和投保人的缴费能力，在法律允许的范围与条件下与保险人双方协商约定后确定的，因此，在保险合同约定的保险事故发生或者到达约定的年龄或者约定的期限届满时，保险人应按照约定进行保险金的给付。

2. 资金融通功能

资金融通功能是指将保险资金中闲置的部分重新投入社会再生产过程中所发挥的金融中介作用。保险人为了使保险经营稳定，必须保证保险资金的保值与增值，这也要求保险人对保险资金进行运用。保险资金的运用不仅有其必要性，也有其可能性。一方面，由于保险保费收入与赔付支出之间存在时间差，为保险人进行保险资金的融通提供了可能；另一方面，保险事故的发生也不都是同时的，保险人收取的保险费不可能一次性全部赔偿出去，即保险人收取的保险费与赔付支出之间有时也存在着数量滞差，这也为保险人进行保险资金的融通提供了可能，但是保险资金的融通应以保证保险的赔偿或给付为前提；同时，也要坚持合法性、流动性、安全性和效益性的原则。

3. 社会管理功能

一般来讲，社会管理是指对整个社会及其各个环节进行调节和控制的过程，目的在于正常发挥各系统、各部门、各环节的功能，从而达到社会关系和谐，使整个社会实现良性运行和有效管理。保险的社会管理功能不同于国家对社会的直接管理，是通过保险内在的特性促进经济社会的协调以及社会各领域的正常运转和有序发展。保险的社会管理功能是在保险业逐步发展成熟并在社会发展中的地位不断提高和增强之后衍生出来的一项功能。保险的社会管理功能主要体现在以下几个方面。

(1) 社会保障管理。社会保障被誉为"社会的减震器"，是保持社会稳定的重要条件。商业保险是社会保障体系的重要组成部分，在完善社会保障体系方面发挥着重要作用。一方面，商业保险可以为城镇职工、个体工商户、农民和机关事业单位等没有参与社会基本保险制度的劳动者提供保险保障，有利于扩大社会保障的覆盖面；另一方面，商业保险具有产品灵活多样和选择范围广等特点，可以为社会提供多层次的保障服务，提高社会保障水平，减轻政府在社会保障方面的压力，此外，还可以为社会提供就业岗位，为缓解社会就业压力、维护社会稳定和保障人民安居乐业作出积极贡献。

(2) 社会风险管理。风险无处不在，防范控制风险和减少风险损失是全社会的共同任务。保险公司从开发产品、制定费率到承保和理赔的各个环节都直接与灾害事故打交道，不仅具有识别、衡量和分析风险的专业知识，而且积累了大量风险损失资料，为全社会风险管理提供了有力的数据支持；同时，保险公司能够积极配合有关部门做好防灾防损，并通过采取差别费率等措施，鼓励投保人和被保险人主动作好各项预防工作降低风险发生的概率，实现对风险的控制和管理。

(3) 社会关系管理。通过保险应对灾害损失，不仅可以根据保险合同约定对损失进行合理弥补，而且可以提高事故处理的效率，减少当事人可能出现的各种纠纷。由于保险介入灾害处理的全过程，参与到社会关系的管理之中，并逐步改变了社会主体的行为模式，为维护政府、企业和个人之间正常、有序的社会关系创造了有利条件，减少了社会摩擦，起到了"社会润滑器"的作用，大大提高了社会运行的效率。

（4）社会信用管理。完善的社会信用制度是建设现代市场体系的必要条件，也是规范市场经济秩序的治本之策。最大诚信原则是保险经营的基本原则，保险公司经营的产品实际上是一种以信用为基础和以法律为保障的承诺，在培养和增强社会的诚信意识方面具有潜移默化的作用；同时，保险在经营过程中可以收集企业和个人的履约行为记录，为社会信用体系的建立和管理提供重要的信息资料来源，实现社会信用资源的共享。

保险的三项功能是一个有机联系并相互作用的整体。保险保障功能是保险最基本的功能，是保险区别于其他行业的最根本的特征。资金融通功能是在经济补偿功能基础上发展起来的，是保险金融属性的具体体现，也是实现社会管理功能的重要手段。正是由于具有资金融通功能，保险业才成为国际资本市场的重要资产管理者，特别是通过管理养老基金，使保险成为社会保障体系的重要力量。现代保险的社会管理功能是保险业发展到一定程度，深入社会生活的诸多层面之后产生的一项重要功能。社会管理功能的发挥，在许多方面都离不开经济补偿和资金融通功能的实现；同时，随着保险社会管理功能逐步得到发挥将为经济补偿和资金融通功能的发挥提供更加广阔的空间，因此，保险的三大功能之间既相互独立，又相互联系、相互作用，形成了一个统一和开放的现代保险功能体系。

1.4 保险的产生与发展

1.4.1 保险的历史沿革

1. 人类保险思想的萌生与保险的萌芽

（1）人类保险思想的萌芽。中国是最早发明风险分散这一保险基本原理的国家。早在公元前三四千年，中国商人就已将风险分散原理运用在货物运输中。历史悠久的各种仓储制度是我国古代原始保险的一个重要标志，镖局是我国特有的一种货物运输保险的原始形式。

外国最早的保险思想产生于处在东西方贸易要道上的古代文明国家，如古巴比伦、古埃及、古罗马和古希腊等。《汉漠拉比法典》是一部有关保险最早的法规，基尔特制度，即行会制度，是一种原始的合作保险形式。到了中世纪，这种行会制度特别盛行，欧洲各国城市陆续出现各种行会组织，并在此基础上产生了相互合作保险组织。

（2）保险的萌芽。在各类保险中，起源最早、历史最长的当数海上保险。正是海上保险的发展带动了整个保险业的发展。

共同海损分摊制度是海上保险的萌芽。海上保险是海上贸易产生与发展的产物。航海是一种很大的冒险，于是在当时地中海航行的商人中形成了一种习惯，即为了船货共同安全而放弃货物所引起的损失由获益的各方共同分摊，这就是"一人为众，众为一人"的原则。这一原则后来为公元前916年的《罗地安海商法》吸收，并正式规定为"凡因减轻船舶载重而投弃入海的货物，如为全体利益而损失的，必须由全体分摊归还"。这就是著名的共同海损分摊原则。因为共同海损分摊原则体现了损失分担这一保险的基本原理，因此，被公认为海上保险的萌芽。

15—16世纪的海上保险是人身保险的萌芽。海上保险的产生与发展过程中，一度包括人身保险。15世纪后期，欧洲的奴隶贩子把运往美洲的非洲奴隶当作货物投保海上保险，实际上是一种人身意外伤害保险。后来船上的船长和船员也可投保。16世纪，又发展成为承保旅客被海盗绑架而支付的赎金。这些被认为是人身保险的萌芽。

2. 保险的雏形

（1）船舶抵押借款制度是海上保险的雏形。船舶抵押借款又称冒险借款，是古代海上借贷的变形。这种借款形式规定，借款人可以以此次出海的船舶作为抵押向放款人借钱，借款利息为12%，比当时一般的借款利息6%高出1倍。如果船舶安全抵达目的港，借款人必须向放款人如数偿还借款的本利，如果船舶在途中沉没，借款人可以被免除债务。这种抵押借款事实上已经具有保险的一些基本特征，放款人相当于保险人，借款人相当于被保险人，作为被抵押的船舶是保险标的，所收利息高于普通利息的那部分实质上具有保险费的性质，而船舶沉没时放款人不再收回的借款就相当于赔偿金。这一制度具有保险的性质和特征，已具备了保险的一些基本要素，因此，被公认为海上保险的一种最早形式。

（2）黑瑞甫制度和基尔特制度是火灾保险的原始形态。黑瑞甫制度和基尔特制度都是一种相互保险的制度。现代火灾保险的起源可追溯至1118年冰岛设立的黑瑞甫社（Hrepps）。黑瑞甫制度是对火灾损失互相负责赔偿的制度。17世纪德国北部曾盛行基尔特制度，成立了很多互助性质的火灾救灾协会，会员之间实行火灾相互救济。1676年，由46个协会合并宣告成立了"汉堡火灾保险局"，开创了公营火灾保险的先河。

（3）人身保险是由基尔特制度、公典制度和年金制度等汇集演变而成的。基尔特制度在人身保险的早期形式中，是一种专门以会员及其配偶的死亡、年老、疾病等作为提供金钱救济重心的相互制度。公典制度流行于15世纪后半期的意大利北部及中部城市，是一种慈善性质的金融机构。在这里存款，最初一定时期内不计利息，经过一定期间后，存款者可以取得数倍于存款金额的资金。年金制度于16—17世纪出现在英国，在荷兰尤为盛行。这些被视为人身保险的较早形式，尤其是年金制度，将资本利息与生存死亡相结合，已十分接近现代的人寿保险。

3. 现代保险的形成与发展。

（1）海上保险。现代海上保险发源于意大利。早在11世纪末，在经济繁荣的意大利北部城市（特别是热那亚、佛罗伦萨、比萨和威尼斯），就已经出现类似现代形式的海上保险，英文中的"保险单"一词就是源于意大利文"Polizzf"。世界上最古老的保险单是一张船舶保险保单，该保单至今仍保存在热那亚的国立博物馆，但这份保单并不具备现代保单的基本形式。一份从形式到内容与现代保险几乎完全一致的最早的保单，是1384年3月24日出立的航程保单。所以现代保险的最早形式——海上保险，发源于14世纪中叶以后的意大利，但是，现代海上保险形成于英国。15世纪以后，海上保险随着海上贸易中心的转移而从地中海区域转移至大西洋彼岸。从17世纪开始，英国成为世界海上贸易中心的同时，海上保险的中心也开始转移到英国。第一家皇家交易所的开设，为海上保险提供了交易场所，保险商会在伦敦皇家交易所内的设立，又大大促进了海上保险的发展。《海上保险法》的颁布更使英国真正成为世界海上保险的中心，占据了海上保险的统治地位。另外，当代国际保险市场上最大的保险垄断组织之一——"劳合社"，最初就是专营海上保险的，其演变史也是英国海上保险发展的缩影。

（2）火灾保险。尽管火灾保险的起源可追溯至1118年，但真正意义上的火灾保险却是从1666年的伦敦大火之后才发展起来的，伦敦大火也成为英国火灾保险发展的动力。1667年，牙科医生尼古拉斯·巴蓬独资开办了一家专门经营房产火灾保险的商行，开创了私营火灾保险公司的先例。1680年，巴蓬又会同他人共集资40 000英镑，成立了合伙性质的火灾保险所。在收费标准上，巴蓬采用了按房屋危险情况实行差别费率的方法。这是现代火灾保险差别费率的起源，使巴蓬获得"现代保险之父"之称。伦敦大火之后，保险思想深入人心，现代形式的火灾保险也从此逐渐发展起来。

（3）人寿保险。埃德蒙·哈雷编制的生命表，奠定了现代人寿保险的数理基础。埃德蒙·哈雷不仅是著名的数学家和天文学家；同时，还是人寿保险的先驱。1693年，哈雷以德国西里西亚勃来斯洛市1687—1691年按年龄分类的死亡统计资料为依据，编制了世界上第一张生命表，精确记录了每个年龄的人的死亡率，并首次将生命表用于计算人寿保险费率，为现代人寿保险奠定了数理基础，因此，生命表的制定，是人寿保险发展史上的一个里程碑。

（4）责任保险。责任保险作为一类独成体系的保险业务，始创于19世纪的欧美国家，发展于20世纪70年代以后。1855年，英国开办了铁路承运人责任保险，但直到20世纪初责任保险才有了迅速发展，成为现代经济不可缺少的一部分和保险人的支柱业务之一。大多数国家还将多种公共责任作了强制投保的规定，如机动车辆第三者责任保险和雇主责任保险等。西方非寿险保险公司中，责任保险的保费收入一般都占保费总收入的10%以上，在保险市场上有举足轻重的地位。

（5）信用保险。信用保险是随着资本主义商业信用风险和道德危险的频繁发生而发展起来的。1702年，英国创办了一家专门经营保证保险的保险公司——主人损失保险公司，承办诚实保证保险。1842年，英国保证保险公司成立。1876年，美国在纽约开办了诚实保证业务，1893年，又成立了专营信用保险的美国信用保险公司。第一次世界大战以后，信用危机使各国的信用保险业务大受打击。1934年，各国私营和国营出口信用保险机构在瑞士成立了国际信用保险协会，标志着国际信用保险的成熟和完善。目前，信用保险的承保范围已经相当广泛。

1.4.2 中国保险业的现状与发展前景

1. 中国现代保险的形成

中国现代形式的保险是伴随着帝国主义的入侵而传入的。19世纪初，西方列强开始了对东方的经济侵略，外商保险公司作为保险资本输出与经济侵略的工具进入中国。鸦片战争以前，广州是我国南方对外贸易的唯一口岸，是西方商品输入的前哨，因此，也就成为西方保险业进入中国的桥头堡。1805年，英商在广州设立广州保险公司（又名广州保险社）。此后，怡和洋行收购了该公司，并于1836年，将其更名为广东保险公司。这是外商在中国开设的第一家保险机构，也是近代中国出现的第一家保险公司。直到20世纪之前，中国保险市场一直被英国保险公司垄断，当时所有保险条款和费率均由被英商控制的外国保险公司同业公会制定；与此同时，其他各外资列强也不甘心由英国独占中国的保险市场。进入20世纪，法国、瑞士和日本等相继在中国设立了保险公司或代理机构。外国保险公司基本上控制了近代中国的保险市场。外商保险公司对中国保险市场的抢占及西方保险思想的影响，引起一些华商的仿效。1824年，广东某富商在广州城内开设张宝顺行，兼营保险业务，这是华人经营保险的最早记载。1865年，中国第一家民族保险企业上海华商义和公司保险行创立，打破了外商保险公司独占中国保险市场的垄断局面，中国近代民族保险业正式诞生。1875年，保险招商局成立，中国较大规模的民族保险企业诞生。1886年，"仁和""济和"两家保险公司合并为"仁济和"水火保险公司，成为中国近代颇有影响的一家华商经营的保险企业。以1875年保险招商局的创办为契机，中国民族保险业又相继成立了20多家水火险公司，并在民族资本主义工商业的大发展中迅速发展。

从第一次世界大战时期开始，我国民族保险业进入发展时期，但是，1937年，抗日战争爆发后，民族保险业的发展遭致沉重打击。第一次世界大战后，保险市场虽一度呈现出繁荣，但也只不过是一时的虚假景象。中华人民共和国成立后，首先是对旧中国保险市场进行管理与整顿，紧接着是创立与发展人民保险事业。1949年10月20日，中国人民保险公司正式挂牌开业，这标志着中国现代保险事业的创立，开创了中国保险的新纪元。保险市场上除传统的火险和运输险外，中国人民保险公司还积极开发新的险种；同时，在全国各地建立了自己的分支机构并逐步开展了各种财产保险和人身保险业务，但是，由于"左"的错误思想影响，1958年10月，国内保险业务被迫停办，中断20年，直到1980年才恢复。

2. 我国保险市场的现状

（1）保险市场主体不断增加，多家保险公司竞相发展的新市场格局已经形成。1985年以前，保险业务一直由中国人民保险公司独家垄断经营。1985年3月，国务院颁布《保险企业管理暂行条例》，明确了多家保险公司经营保险业的思路。1986年，新疆生产建设兵团成立了新疆生产建设兵团农牧业保险公司。1987年，交通银行成立保险部，恢复办理保险业务，经国务院批准，1991年交通银行保险业务与银行业务分离，成立了中国太平洋保险公司。1988年，深圳平安保险公司在深圳蛇口成立，经国务院批准1991年更名为中国平安保险公司。截至2016年年末，全国共有保险机构203家。其中，保险集团公司12家，财产险公司79家，人身险公司77家，保险资产管理公司22家，再保险公司9家，其他机构4家。优先支持中西部省份和贫困地区设立保险公司。开展相互保险试点，有序增加互联网保险公司，专业性保险公司占比明显上升。成立上海保险交易所，重点搭建国际再保险、国际航运保险、大宗保险项目招投标和特种风险分散的业务平台。

（2）保险法规体系逐步完善，保险监管思路不断创新。1995年我国第一部保险法《中华人民共和国保险法》（以下简称《保险法》）颁布。2002年，针对我国加入世贸组织承诺对保险业的要求，《保险法》作了首次修改并于2003年1月1日起正式实施。2004年10月，中国保监会会同有关部门正式启动保险法第二次修改的准备工作，2005年年底形成了保险法修订草案建议稿并上报国务院法制办公室。此后，国务院法制办组织听取各方意见，修改形成了《中华人民共和国保险法（修订草案）》。2008年8月1日，《中华人民共和国保险法（修订草案）》经国务院常务会议原则通过，提请全国人大常委会审议。2015年，《保险法》在迎来诞生20周年之际，再次进行了修改。2018年4月8日，中国银行保险监督管理委员会（以下简称"银保监会"）正式挂牌。

（3）保险市场全面对外开放，国际交流与合作不断加强。保险市场的开放，一方面，允许外国公司进来；另一方面，意味着国内的公司可以走出去。1992年，美国友邦成为第一家获准在华营业的外国保险公司，标志着国际保险企业拿到了进入我国市场的许可证。2004年12月11日，我国保险业加入世界贸易组织的过渡期已结束，标志着我国保险业进入全面对外开放的新时期。外资财产险公司可以经营除法定保险业务以外的全部非寿险业务，寿险经营领域也进一步对外开放。

3. 中国保险业的发展前景

展望未来，我国保险业发展前景广阔，具有中国特色的保险市场体系将初步形成，这一体系将包含以下几个特征。

（1）经营主体多元化。随着我国保险市场准入机制的不断完善，新的市场主体相继产生，不仅不断有新的保险公司进入市场，而且在保险公司的专业化经营和组织形式创新方面取得了新的突破，如成立了专业性的农业保险公司、养老金保险公司、健康保险公司、汽车保险公司等；同时，还增设了一批保险公司的分支机构，促进了市场的竞争。从趋势看，各种类型的市场经营主体的数量还将进一步增加。

（2）运行机制市场化。保险公司、保险中介机构和投保人等市场主体通过市场机制发生联系和作用。市场经营主体依法进行公平、公正和公开的竞争；所有公司，不分组织形式、内资外资和规模大小，均有平等的竞争地位，产品、费率、资金和人才主要通过市场机制进行调节。所有这些，充分体现了竞争主体平等、竞争规则公正、竞争过程透明和竞争结构有效，市场效率逐步提高。

（3）经营方式集约化。保险公司经营观念转变，树立科学发展观。保险公司在经营过程中，以效益为中心，以科学管理为手段，加大对技术、教育和信息的投入，实现公司科学决策，走内涵式发展道路，为社会提供价格合理、质量优良的保险产品和服务。

（4）政府监管法制化。拥有比较完善的法律法规体系及有力的监管体系，形成相对稳定的监管模式，具备有效的监管手段，从而实现保险监管的制度化和透明化。政府对保险业的监督管理和引导扶持作用得到更充分的发挥。

（5）行业发展国际化。越来越多的外资保险公司进入我国保险市场，其在我国保险市场扮演着越来越重要的角色，在全球范围内分散风险使国际再保险市场对我国保险产品和定价的影响力加大。随着保险公司境外融资和保险、外汇资金的境外运用，国际金融市场对我国保险市场的影响越来越大；随着我国保险市场对外开放的进一步扩大，国内保险业将逐步融入国际保险市场，成为国际保险市场的重要组成部分。保险业国际化程度的不断加深，要求中国保险业的经营管理要更加符合国际惯例。

项目小结

风险是指某种事件发生的不确定性，由风险因素、风险事故和损失三个要素构成。风险因素引发风险事故，而风险事故导致损失。依据风险产生的原因分类，风险可分为自然风险、社会风险、政治风险、经济风险与技术风险。依据风险作用对象分类，风险可分为财产风险、人身风险、责任风险与信用风险。依据风险性质分类，风险可分为纯粹风险与投机风险。依据产生风险的行为分类，风险可以分为基本风险与特定风险。风险具有不确定性、客观性、普遍性、可测定性和发展性。风险成本是指风险事故发生后，人们必须支付的费用和预期经济利益的减少，包括风险损失的实际成本、无形成本和预防和控制风险损害的成本。风险管理的基本目标是以最小的成本获得最大的安全保障，其基本程序分为风险识别、风险估测、风险评价、选择风险管理技术和评估风险管理效果五个环节。风险管理的方法可分为控制型和财务型两大类。从法律角度看，保险是一种合同行为；从风险管理角度看，保险是一种风险管理的方法；从经济角度看，保险是分摊意外事故损失和提供经济保障的一种非常有效的财务安排。可保风险应当是纯粹风险，应当使大量标的均有遭受损失的可能性，应当有导致重大损失的可能，不能使大多数的保险标的同时遭受损失，必须具有现实的可测性。保险的特征有互助性、法律性、经济性、商品性和科学性。保险的基本职能是保险保障功能，另外还有资金融通功能和社会管理功能。中国是最早发明风险分散这一保险基本原理的国家，海上保险的发展带动了整个保险业的发展。

实训目标

通过本项目的实训，学生能够利用风险管理的相关知识对现实中存在的风险进行有效管理，并认识不同保险产品的特征和作用，能够选择合适的保险产品，管理各类风险。

实训任务

一、单项选择题

1. 风险的不确定性包括风险的发生是不确定的、风险发生的原因和结果等是不确定的及（　　）是不确定的。
   A. 风险发生的时间　　　　　　　　B. 风险发生的地点
   C. 风险发生的缘由　　　　　　　　D. 风险发生的可能

2. 在种类、品质、性能和价值等方面大体相近的风险单位被称为（　　）。
   A. 同质风险　　B. 相同风险　　C. 同类风险　　D. 可比风险

3. 促使某一特定风险事故发生或增加其发生的可能性或扩大其损失程度的原因或条件是（　　）。
   A. 风险事件　　B. 风险事故　　C. 风险因素　　D. 损失

4. 依据风险（　　）分类，风险可分为纯粹风险与投机风险。
   A. 载体　　B. 性质　　C. 标的　　D. 因素

5. 在控制风险管理的技术方法中，最简单的是（　　）。
   A. 风险自留　　B. 风险隔离　　C. 风险避免　　D. 风险转移

6. 在保险经营中，保险人必须制定出准确的保险费率，而保险费率的计算依据是风险发生的概率及其所致保险标的损失的概率。这表明可保风险应当具备的条件之一是（　　）。
   A. 风险应当是纯粹风险
   B. 风险必须具有现实的可测性
   C. 风险应当有导致重大损失的可能
   D. 风险不能使大多数的保险标的同时遭受损失

7. 从法律角度看，保险是一种合同行为，是一方同意补偿另一方损失的一种合同安排，提供损失赔偿的一方是保险人，接受损失赔偿的另一方是（　　）。
A. 代理人　　　　　　B. 委托人　　　　　　C. 被保险人　　　　　　D. 受益人

8. 保险与储蓄相同的点是（　　）。
A. 消费者相同　　　　　　　　　　　　B. 消费目的相同
C. 受益期限相同　　　　　　　　　　　D. 同为"未雨绸缪"之计

9. 按照保险标的分类，可将保险分为（　　）。
A. 财产保险和人身保险　　　　　　　　B. 信用保险和人寿保险
C. 伤害保险和疾病保险　　　　　　　　D. 责任保险和投资保险

10. 最早发明风险分散这一原理的国家是（　　）。
A. 中国　　　　　　　B. 美国　　　　　　　C. 英国　　　　　　　D. 意大利

二、判断题

1. 在风险的构成要素中，造成损失的直接的或外在的原因属于风险事故。（　　）
2. 在风险因素中，由于人们不诚实、不正直或有不轨企图，故意促使风险事故发生，以致引起财产损失和人身伤亡的因素属于有形风险因素。（　　）
3. 风险管理的基本目标是以最小的成本获得最大的安全保障。（　　）
4. 在风险识别的基础上，通过对所收集的大量资料进行分析，利用概率统计理论，估计和预测风险发生概率和损失程度的过程属于风险判断。（　　）
5. 损失预防是指在风险事故发生前，为了消除和减少可能引起损失的各种因素而采取的处理风险的具体措施，其目的在于通过消除可减少风险因素而降低损失发生的程度。（　　）
6. 从经济的角度看，保险分摊意外事故和提供经济保险是一种非常有效的财务安排。（　　）
7. 从实施方式看，社会保险性质是强制性。（　　）
8. 以被保险人对第三者的财产损失或人身伤害依照法律和契约应负的赔偿责任为保险标的的保险是信用保险。（　　）
9. 与共同保险相同，重复保险也是投保人对原始风险的横向转嫁，属于风险的第一次转嫁。（　　）
10. 在各类保险中，起源最早、历史最长的险种是火灾保险。（　　）

三、重点名词解释

风险　风险因素　风险事故　纯粹风险　投机风险　基本风险　特定风险　风险成本　可保风险　保险准备金　共同保险　重复保险　再保险　强制保险　保险深度　保险密度

四、思考讨论题

1. 风险三要素的具体内容是什么？
2. 阐述风险管理的目标。
3. 风险管理的方法有哪些？
4. 如何理解风险成本？
5. 请从不同角度解读保险的内涵。
6. 保险的要素包含哪些内容？

7. 保险与储蓄的区别是什么？

8. 保险有哪些具体分类方式？

五、案例分析题

1. 支付宝、共享单车、网购和高铁被称为我国现代的"新四大发明"。其中，共享单车自问世以来因其便捷、环保、时尚的特点，迅速在各大城市的年轻人中扩散开。但2017年却是共享单车发展受阻的一年，不仅迎来了行业的倒闭潮，其导致的意外事故也频繁发生。

深圳警方发布的数据显示，2017年上半年，深圳市共发生涉及共享单车一般程序交通事故15起，造成8人死亡和9人受伤，分别占全市涉及自行车事故的20.83%、29.63%和16.67%。

2017年，北京市还出现了首例因共享单车事故索赔的案件。北京市市民冯先生在使用共享单车时不幸摔倒受伤，为此他花费了逾2万元治疗费用。冯先生认为，是自行车刹车突然失灵导致其摔倒的，平台方提供的产品存在质量问题，未尽到保障使用者人身安全的责任。

同年3月，上海市一名年仅11岁的儿童，骑着共享单车在上海市天潼路浙江北路路口与一辆大客车相撞，不幸卷入车轮中身亡。

针对共享单车发生的这些问题，请利用所学的风险管理相关知识对其进行分析和解决。

2. 2008年5月12日14时28分04秒，8.0级地震撼动四川汶川，造成4625万人受灾，近7万人丧生，1.8万人失踪，37万余人受伤。汶川地震的直接经济损失约为8451亿元，保险赔款只有20多亿元，占比是0.2%，还不到直接经济损失的1%；而在国际上，巨灾保险赔款一般占到灾害损失的30%~40%。银保监会和相关政府部门认识到问题的严重性以后，逐渐开始重视保险在自然灾害中的重要作用。

2015年8月20日，作为巨灾保险制度建立的突破口，我国启动了首个地震保险专项试点——云南大理州政策性农房地震保险试点，2015年10月30日，云南省保山市昌宁县发生5.1级地震后，完成"首单"赔付，共计753.76万元。2016年7月1日，银保监会与财政部联合印发了《建立城乡居民住宅地震巨灾保险制度实施方案》，标志着我国城乡居民住宅地震巨灾保险制度正式落地，巨灾保险制度迈出关键一步。

根据《建立城乡居民住宅地震巨灾保险制度实施方案》，住宅地震巨灾险分为基本保额与补充保额。城镇住宅基本保额每户5万元，农村住宅为每户2万元。此外，每户可参考房屋的市场价值，根据需要与保险公司协商确定保险金额。现阶段，保额最高不超过100万元，100万元以上部分可由保险公司提供商业保险补充。截至2018年4月，全国巨灾保险制度为38.7万户家庭提供了约为400亿元地震保险保障，地方巨灾保险已在全国10余个地区陆续落地。

请根据所学相关保险知识分析商业保险在巨灾中所起的作用。

项目二
认识保险合同

2.1 保险合同的特征与种类

2.1.1 保险合同的定义

合同也称"契约",是平等主体的当事人为了实现一定的目的,以双方或多方意思表示一致设立、变更和终止权利义务关系的协议。《保险法》第十条第一款规定:"保险合同是投保人与保险人约定保险权利义务关系的协议。"根据保险合同的约定,收取保险费是保险人的基本权利,赔偿或给付保险金是保险人的基本义务;与此相对应,交付保险费是投保人的基本义务,请求赔偿或给付保险金是被保险人的基本权利。

2.1.2 保险合同的基本条件

保险合同的基本条件有以下几个。
(1) 保险合同的当事人必须具备完全民事行为能力。
(2) 投保人与保险人双方意思表示必须真实。首先,必须坚持自愿订立保险合同的原则,除强制保险外,任何单位或者个人强制他人订立保险合同,都可视为意思表示不真实。其次,保险合同当事人双方必须完全履行如实告知或说明义务。
(3) 保险合同是双方当事人意思表示一致的行为,而不是单方的法律行为。任何在胁迫、强制(强制保险除外)和乘人之危等情况下签订的保险合同均无效。
(4) 保险合同必须合法,即保险合同的主体、内容和保险标的等必须合法。一方不按照约定履行合同义务时,另一方可向国家规定的合同管理机关申请调解或仲裁,也可以直接向人民法院起诉。保险合同只有具备合法性,才能得到法律的保护。

2.1.3 保险合同的特征

保险合同作为一种特殊的民商合同,除具有一般合同的法律特征外,还具有一些特有的法律特征。

1. 保险合同是有偿合同

根据合同当事人双方的受益状况,合同被区分为有偿合同与无偿合同。前者是指当事人因享有合同的权利而必须偿付相应的代价；后者是指当事人享有合同的权利而不必偿付相应的代价。保险合同的有偿性，主要体现在投保人要取得保险的风险保障，必须支付相应的代价，即保险费；保险人要收取保险费，必须承诺承担保险保障责任。

2. 保险合同是保障合同

保险合同的保障主要表现在：保险合同双方当事人，一经达成协议，保险合同从约定生效时起到终止时的整个期间，投保人的经济利益受到保险人的保障。这种保障包括有形和无形两种形式。有形保障体现在物质方面，即保险标的一旦发生保险事故，保险人按照保险合同规定的责任范围给予一定金额的经济赔偿或给付；无形保障则体现在精神方面，即保险人对所有被保险人提供的心理上的安全感，使他们能够解除后顾之忧。

3. 保险合同是有条件的双务合同

在保险合同中，被保险人要得到保险人对其保险标的给予保障的权利，就必须向保险人交付保险费；而保险人收取保险费，就必须承担保险事故发生或合同届满时的赔付义务，双方的权利和义务是彼此关联的。但是，保险合同的双务性与一般双务合同并不完全相同，即保险人的赔付义务只有在约定的事故发生时才履行，因此，保险合同是附有条件的双务合同。

4. 保险合同是附合合同

附合合同是指合同内容一般不是由当事人双方共同协商拟定，而是由一方当事人事先拟定，印就好格式条款供另一方当事人选择，另一方当事人只能做取与舍的决定，无权拟定合同的条文。保险合同是典型的附合合同，因为保险合同的基本条款由保险人事先拟定并经监管部门审批。而投保人往往缺乏保险知识，不熟悉保险业务，很难对保险条款提出异议，所以，投保人购买保险就表示同意保险合同条款，即使需要变更合同的某项内容，也只能采纳保险人事先准备的附加条款。

5. 保险合同是射幸合同

射幸合同是指合同的效果在订约时不能确定的合同，即合同当事人一方并不必然履行给付义务，而只有当合同中约定的条件具备或合同约定的事件发生时才履行。保险合同是一种典型的射幸合同。投保人根据保险合同支付保险费的义务是确定的，而保险人仅在保险事故发生时，承担赔偿或给付义务，即保险人的义务是否履行在保险合同订立时尚不确定，而是取决于偶然的、不确定的保险事故是否发生，但是，保险合同的射幸性是就单个保险合同而言的，而且也是仅就有形保障而言的。

6. 保险合同是最大诚信合同

任何合同的订立，都应以合同当事人的诚信为基础，但是，由于保险双方信息的不对称性，保险合同对诚信的要求远远高于其他合同，因为，保险标的在投保前或投保后均在投保方的控制之下，而保险人通常是根据投保人的告知来决定是否承保以及承保的条件，所以投保人的道德因素和信用状况对保险经营来说关系极大。另外，保险经营的复杂性和技术性使得保险人在保险关系中处于有利地位，而投保人处于不利地位。因此，保险合同较一般合同更需要诚信，即保险合同是最大诚信合同。

2.1.4 保险合同的种类

1. 补偿性保险合同与给付性保险合同

按照合同的性质，保险合同可以分为补偿性保险合同与给付性保险合同。

（1）补偿性保险合同，是指保险人的责任，以补偿被保险人的经济损失为限，并不得超过保险金额的合同。各类财产保险合同和人身保险中健康保险合同的疾病津贴和医疗费用合同都属于补偿性保险合同。

（2）给付性保险合同，是指保险金额由双方事先约定，在保险事件发生或约定的期限届满时，保险人按合同规定标准金额给付的合同。各类寿险合同和一些重大疾病保险合同都属于给付性保险合同。

2. 定值保险合同与不定值保险合同

在各类财产保险中，依据标的价值在订立合同时是否确定，将保险合同分为定值保险合同与不定值保险合同。人身保险合同，通常不区分定值与不定值保险合同。

（1）定值保险合同，是指在订立保险合同时，投保人和保险人即已确定保险标的的保险价值，并将其载明于合同中的保险合同。定值保险合同成立后，一旦发生保险事故，就应以事先确定的保险价值作为保险人确定赔偿金数额的计算依据。如果保险事故造成保险标的的全部损失，无论该保险标的实际损失如何，保险人均应支付合同所约定的保险金额的全部，不必对保险标的重新估价；如果保险事故仅造成保险标的的部分损失，则只需要确定损失的比例。该比例与保险价值的乘积，即为保险人应支付的赔偿金额，同样无须重新对保险标的的实际损失的价值进行估量。在保险实务中，定值保险合同多适用于某些不易确定价值的财产，如农作物保险、货物运输保险以及字画、古玩等为保险标的的财产保险合同。

（2）不定值保险合同，是指投保人和保险人在订立保险合同时不预先确定保险标的的保险价值，仅载明保险金额作为保险事故发生后赔偿最高限额的保险合同。在不定值保险合同条件下，一旦发生保险事故，保险合同当事人需估算保险标的的实际价值，并以此作为保险人确定赔偿金数额的计算依据。通常情况下，受损保险标的的实际价值以保险事故发生时当地同类财产的市场价格来确定，但保险人对保险标的所遭受损失的赔偿不得超过合同所约定的保险金额。如果实际损失大于保险金额，保险人的赔偿责任仅以保险金额为限；如果实际损失小于保险金额，则保险人仅赔偿实际损失。大多数财产保险业务均采用不定值保险合同的形式。

3. 单一风险合同、综合风险合同与一切险合同

按照承担风险责任的方式，保险合同可分为单一风险合同、综合风险合同与一切险合同。

（1）单一风险合同，是指只承保一种风险责任的保险合同，如农作物雹灾保险合同，只对冰雹造成的农作物损失负责赔偿。

（2）综合风险合同，是指承保两种以上的多种特定风险责任的保险合同。这种保险合同必须把承保的风险责任一一列举，只要损失是由于所保风险造成，保险人就负责赔偿。

（3）一切险合同，是指保险人承保的风险是合同中列明的除不保风险之外的一切风险的保险合同。由此可见，所谓一切险合同并非意味着保险人承保一切风险，即保险人承保的风险仍然是有限制的,只不过这种限制采用的是列明除外不保风险的方式。在一切险合同中,保险人并不列举规定承保的具体风险,而是以责任免除条款确定其不承保的风险即,凡未列入责任免除条款中的风险均属于保险人承保的范围。

4. 足额保险合同、不足额保险合同与超额保险合同

根据保险金额与出险时保险标的的实际价值对比关系,保险合同可分为3种类型。

(1) 足额保险合同,是指保险金额等于保险事故发生时保险标的的实际价值的保险合同。

(2) 不足额保险合同,是指保险金额小于保险事故发生时保险标的的实际价值的保险合同。

(3) 超额保险合同,是指保险金额大于保险事故发生时保险标的的实际价值的保险合同。

对于上述3种类型的保险合同,若一旦发生保险事故而进行保险理赔,则保险人通常采取的处理方式分别可简单归纳为:足额保险,十足赔偿;不足额保险,按照保险金额与保险价值的比例承担赔偿责任;超额保险,超过部分则无效。

5. 财产保险合同与人身保险合同

按照保险标的,保险合同可分为财产保险合同与人身保险合同。

(1) 财产保险合同,是以财产及其有关的经济利益为保险标的的保险合同。财产保险合同通常又可分为财产损失保险合同、责任保险合同和信用保证保险合同等。

(2) 人身保险合同,是以人的寿命和身体为保险标的的保险合同。人身保险合同又可分为人寿保险合同、人身意外伤害保险合同和健康保险合同等。

6. 原保险合同与再保险合同

按照保险承保方式,保险合同可分为原保险合同与再保险合同。

(1) 原保险合同,是指保险人与投保人直接订立的保险合同,其保障的对象是被保险人。

(2) 再保险合同,是指保险人为了将其所承担的保险责任转移给其他的保险人而订立的保险合同,其直接保障的对象是原保险合同的保险人。

2.2 保险合同的要素

2.2.1 保险合同的主体

保险合同的主体是保险合同的参加者,是在保险合同中享有权利并承担相应义务的人。保险合同的主体包括保险合同的当事人和关系人。

1. 保险合同的当事人

保险合同的当事人包括保险人和投保人。

(1) 保险人,又称承保人,是指经营保险业务,与投保人订立保险合同,享有收取保险费的权利,并对被保险人承担损失赔偿或给付保险金义务的保险合同的一方当事人。对于

保险人在法律上的资格，各国保险法都有严格规定。一般来说，保险人经营保险业务必须经过国家有关部门审查认可。在国际上，保险公司的组织形式主要是股份有限公司和相互保险公司。

（2）投保人，又称要保人，是指与保险人订立保险合同并负有交付保险费义务的保险合同的另一方当事人。《保险法》第十条第二款规定："投保人是指与保险人订立保险合同，并按照合同约定负有支付保险费义务的人。"就法律条件而言，投保人可以是法人，也可以是自然人，但必须具有民事行为能力；就经济条件而言，投保人必须具有交付保险费的能力；就特殊条件而言，投保人应当对保险标的具有保险利益。根据《中华人民共和国民法总则》的有关规定，不同投保人的民事行为能力有不同的具体规定。就自然人而言，必须年满18岁或16岁但以自己的劳动收入为主要生活来源，并且无精神性疾病；就法人而言，必须依法成立，有必要的财产或经费、名称、组织机构和场所，并能独立承担民事责任。

★扩展阅读2-1

除父母之外的人是否可以为未成年人投保

10岁的晓巍正在上小学，她的父亲在几年前因为一次外出，发生了交通意外事故而身亡，母亲也在父亲去世的几年后改嫁到国外生活了。由于晓巍家里并没有其他直系亲属，这些年她一直由自己的姑姑抚养。她的姑姑由于考虑到晓巍很小就失去父亲，因此，想给她更好的保障，打算为其购买一份终身寿险来保障她今后的生活。那么晓巍的姑姑是否可以为她投保成功呢？

根据《保险法司法解释三》第六条规定，未成年人父母之外的其他履行监护职责的人为未成年人订立以死亡为给付保险金条件的合同，当事人主张参照《保险法》第三十三条第二款、第三十四条第三款的规定认定该合同有效的，人民法院不予支持，但经未成年人父母同意的除外。

此外，《保险法》规定，投保人对与其有抚养、赡养或者扶养关系的家庭其他成员、近亲属具有保险利益，可以为满足以上条件的人员订立保险合同。

由此可见晓巍姑姑成功投保必备的有效构成要件为两点，一是二者存在抚养关系且为家庭成员；二是晓巍母亲同意并认可保险保额。满足这两个条件，合同方为有效合同，因此，在晓巍母亲知情并同意的情况下，晓巍的姑姑为晓巍投保是可以成立的。

2. 保险合同的关系人

保险合同的关系人包括被保险人和受益人。

（1）被保险人，是指受保险合同保障的人，即有权按照保险合同规定向保险人请求赔偿或给付保险金的人。《保险法》第十二条规定："被保险人是指其财产或者人身受保险合同保障，享有保险金请求权的人。投保人可以为被保险人。"

一般来说，在财产保险合同中，被保险人的资格没有严格的限制，自然人和法人都可以作为被保险人，而在人身保险合同中，法人不能作为被保险人，只有自然人而且只能是有生命的自然人才能成为人身保险合同的被保险人。在以死亡为给付保险金条件的保险合同中，无民事行为能力的人不得成为被保险人，但父母为其未成年的子女投保时除外，只是最高保险金额通常有限定。

在保险合同中，被保险人与投保人的关系，通常有两种情况：一是当投保人为自己的利益投保时，投保人和被保险人同属一人，此时的被保险人可以视同保险合同的当事人；二是当投保人为他人的利益投保时，投保人与被保险人分属两人，此时的被保险人即为这里所说的保险合同的关系人。

同一保险合同中被保险人可以是一人，也可以是数人，无论是一人还是数人，被保险人都应载明于保险合同中。如果被保险人已经确定，则应将其姓名或单位在合同中载明。被保险人一般不可变动，如果某些险种中被保险人是可变的，则需要在合同中增加一项变更被保险人的条款，当约定的变更条件满足时，补充的对象自动取得被保险人的地位。

在财产保险中，被保险人是保险财产的权利主体；在人身保险中，被保险人既是受保险合同保障的人，也是保险事故发生的本体；在责任保险中，被保险人是对他人财产毁损或人身伤害依照法律、契约或道义负有经济赔偿责任的人；在信用保证保险中，被保险人是因他人失信而有可能遭受经济损失的人或者是因自身失信可能导致他人损失的人。

（2）受益人，一般属于人身保险范畴的特定关系人，即人身保险合同中由被保险人或投保人指定，当保险合同规定的条件实现时有权领取保险金的人。《保险法》第十八条规定："受益人是指人身保险合同中由被保险人或者投保人指定的享有保险金请求权的人。投保人、被保险人可以为受益人。"

受益人的资格并无特别限制。自然人、法人及其他任何合法的经济组织都可作为受益人；自然人中无民事行为能力和限制民事行为能力的人甚至活体胎儿等均可被指定为受益人；投保人和被保险人本人也可以作为受益人。

受益人是人身保险合同所特有的主体。在人身保险合同中，受益人有着独特的法律地位，除保险合同约定的事件发生，受益人需及时通知保险人之外，不承担任何其他义务。

受益人的受益权是通过指定产生的。受益人取得受益权的唯一方式是被保险人或投保人通过保险合同指定。受益人中途也可以变更。但若是投保人指定或变更受益人，必须征得被保险人的同意。在保险实务中，受益人在保险合同中有已确定和未确定两种情况。已确定受益人是指被保险人或投保人已经指定受益人，这时受益人领取保险金的权利受到法律保护，保险金不能视为死者（被保险人）的遗产，受益人以外的任何人无权分享，也不得用于清偿死者生前的债务。未确定受益人又有两种情况：一是被保险人或投保人未指定受益人；二是受益人先于被保险人死亡、受益人依法丧失受益权、受益人放弃受益权而且没有其他受益人。在受益人未确定的情况下，被保险人的法定继承人就视同受益人，保险金应视为死者的遗产，由保险人向被保险人的法定继承人履行给付保险金的义务。

在财产保险合同中，由于保险赔偿金的受领者多为被保险人本人，因此，在合同中一般没有对受益人的规定。

★扩展阅读 2-2

《保险法》中对于受益人的相关规定

第三十九条　人身保险的受益人由被保险人或者投保人指定。投保人指定受益人时须经被保险人同意。投保人为与其有劳动关系的劳动者投保人身保险，不得指定被保险人及其近亲属以外的人为受益人。被保险人为无民事行为能力人或者限制民事行为能力人的，可以由其监护人指定受益人。

第四十条　被保险人或者投保人可以指定一人或者数人为受益人。受益人为数人的，被保险人或者投保人可以确定受益顺序和受益份额；未确定受益份额的，受益人按照相等份额享有受益权。

第四十一条　被保险人或者投保人可以变更受益人并书面通知保险人。保险人收到变更受益人的书面通知后，应当在保险单或者其他保险凭证上批注或者附贴批单。投保人变更受益人时须经被保险人同意。

2.2.2　保险合同的客体

1. 保险利益是保险合同的客体

客体是指在民事法律关系中主体履行权利和义务时共同的指向。客体在一般合同中称为标的，即物、行为和智力成果等。保险合同虽属民事法律关系范畴，但它的客体不是保险标的本身，而是投保人对保险标的所具有的法律上承认的利益，即保险利益。保险利益是保险合同的客体，是保险合同成立的要素之一，如果缺少了这一要素，保险合同就不能成立。

★扩展阅读2-3

保险合同的辅助人

1. 保险代理人。保险代理人是指根据保险人的委托，在保险人授权的范围内为办理保险业务，并依法向保险人收取代理手续费的单位或者个人。保险代理机构是指依据保险法律法规，经保险监督管理机关批准设立的，根据保险人的委托，在保险人授权的范围内为办理保险业务的单位。保险代理机构的组织形式可采用合伙企业、有限责任公司或股份有限公司等。

2. 保险经纪人。保险经纪人是指基于投保人的利益，为投保人与保险人订立保险合同提供中介服务，并依法收取佣金的单位。保险经纪人与保险代理人不同，其是代表投保人的利益，为投保人与保险人订立保险合同提供中介服务。保险经纪公司可以以有限责任公司或股份有限公司形式设立。

3. 保险公估人。保险公估人是指依照法律规定设立，受保险公司、投保人或被保险人委托办理保险标的的查勘、鉴定、估损以及赔款的理算，并向委托人收取酬金的公司。公估人的主要职能是按照委托人的委托要求，对保险标的进行检验、鉴定和理算并出具保险公估报告，其地位超然，不代表任何一方的利益，使保险赔付趋于公平、合理，有利于调停保险当事人之间关于保险理赔方面的矛盾。

2. 保险标的是保险利益的载体

保险标的是投保人申请投保的财产及其有关利益或者人的寿命和身体，是确定保险合同关系和保险责任的依据。在不同的保险合同中，保险人对保险标的的范围都有明确规定，即哪些可以承保，哪些不予承保，哪些一定条件下可以特约承保等；而且，保险合同双方当事人订约的目的是实现保险保障，合同双方当事人共同关心的也是基于保险标的上的保险利益，所以，在保险合同中，客体是保险利益，而保险标的则是保险利益的载体。

2.2.3 保险合同的内容

保险合同的内容是指保险合同当事人之间由法律确认的权利和义务及相关事项，其中，保险合同双方的权利和义务通常通过保险合同条款的形式反映出来。

1. 保险条款及其分类

保险条款是记载保险合同内容的条文和款目，是保险合同双方享受权利与承担义务的主要依据，一般应事先印制在保险单上。

（1）按照保险条款的性质不同，可将其分为基本条款和附加条款两大类。

基本条款是指保险人事先拟定并印就在保险单上的有关保险合同双方当事人权利和义务的基本事项。基本条款构成保险合同的基本内容，是投保人与保险人签订保险合同的依据，不能随投保人的意愿而变更。

附加条款是指保险合同双方当事人在基本条款的基础上，根据需要另行约定或附加的、用以扩大或限制基本条款中所规定的权利和义务的补充条款。附加条款通常也由保险人事先印就一定的格式，待保险人与投保人特别约定填好后附贴在保险单上，故又称附贴条款。在保险实务中，一般把基本条款规定的保险人承担的责任称为基本险，附加条款所规定的保险人所承担的责任称为附加险。投保人不能单独投保附加险，必须在投保基本险的基础上才能投保附加险。

（2）按照保险条款对当事人的约束程度，可将其分为法定条款与任意条款。

法定条款是指由法律规定的保险双方权利和义务的保险条款。

任意条款是相对于法定条款而言的，它是指由保险合同当事人在法律规定的保险合同事项之外，就与保险有关的其他事项所做的约定保险双方当事人可以自由选择任意条款，故又称任选条款。

2. 保险合同的基本事项

（1）保险合同当事人和关系人的名称和住所。

这是关于保险人、投保人、被保险人和受益人基本情况的条款，其名称和住所必须在保险合同中详加记载，以便保险合同订立后能有效行使权利和履行义务。因为在保险合同订立后，凡有对保险费的请求支付、风险增加的告知、风险发生原因的调查、保险金的给付等，都会涉及当事人和关系人的姓名及住所事项；同时，也涉及发生争议时的诉讼管辖和涉外争议的法律适用等问题，但在一些保险利益可随保险标的转让而转移于受让人的运输货物保险合同中，投保人在填写其姓名的同时，可标明"或其指定人"字样，该保险单可由投保人背书转让。此外，货物运输保险合同的保险单还可以采取无记名式，随保险货物的转移而转移给第三人。在保险合同中应载明名称和住所的一般是对投保人、被保险人和受益人而言。保险人的名称和住所已在保险单上印就。

（2）保险标的。

明确保险标的，有利于判断投保人对保险标的是否具有保险利益，所以，保险合同必须载明保险标的。财产保险合同中的保险标的是指物、责任、利益和信用，人身保险合同中的保险标的是指被保险人的寿命和身体。

(3) 保险责任和责任免除。

保险责任是指在保险合同中载明的对于保险标的在约定的保险事故发生时，保险人应承担的经济赔偿和给付保险金的责任，一般都在保险条款中予以列举。保险责任明确的是：哪些风险的实际发生造成了被保险人的经济损失或人身伤亡，保险人应承担赔偿或给付责任。保险责任通常包括基本责任和特约责任。

责任免除是对保险人承担责任的限制，即指保险人不负赔偿和给付责任的范围。责任免除明确的是哪些风险事故的发生造成的财产损失或人身伤亡与保险人的赔付责任无关，主要包括法定的和约定的责任免除条件。一般分为四种类型。

一是不承保的风险，即损失原因免除，如现行企业财产基本险中，保险人对地震引起的保险财产损失不承担赔偿责任。

二是不承担赔偿责任的损失，即损失免除，如正常维修、保养引起的费用及间接损失，保险人不承担赔偿责任。

三是不承保的标的，包括绝对不保的标的，如土地、矿藏等和可特约承保的标的，如金银、珠宝等。

四是投保人或被保险人未履行合同规定义务的责任免除。

(4) 保险期间和保险责任开始时间。

保险期间是指保险合同的有效期间，即保险人为被保险人提供保险保障的起讫时间。一般可以按自然日期计算，也可按一个运行期、一个工程期或一个生长期计算。保险期间是计算保险费的依据，也是保险人履行保险责任的基本依据之一。

保险责任开始时间是指保险人开始承担保险责任的起点时间，通常以某年、某月、某日、某时表示。《保险法》第十四条规定："保险合同成立后，投保人按照约定交付保险费，保险人按照约定的时间开始承担保险责任。"即保险责任开始的时间由双方在保险合同中约定。在保险实务中，保险责任的开始时间可能与保险期间一致，也可能不一致，如健康险合同中大多规定有观察期，保险人承担保险责任的时间是自观察期结束后。

(5) 保险价值。

保险价值是指保险合同双方当事人订立保险合同时作为确定保险金额基础的保险标的的价值，即投保人对保险标的所享有的保险利益用货币估计的价值额。在财产保险中，一般情况下，保险价值就是财产的实际价值；在人身保险中，由于人的生命难以用客观的价值标准来衡量，所以不存在保险价值的问题，发生保险事故时，以双方当事人约定的最高限额核定给付标准。

(6) 保险金额。

保险金额是保险人计算保险费的依据，也是保险人承担赔偿或者给付保险金责任的最高限额。在不同的保险合同中，保险金额的确定方法有所不同。在财产保险中，保险金额要根据保险价值来确定；在责任保险和信用保证保险中，一般由保险双方当事人在签订保险合同时依据保险标的的具体情况商定一个最高赔偿限额，还有些责任保险在投保时并不确定保险金额；在人身保险中，由于人的生命价值难以用货币来衡量，所以不能依据人的生命价值确定保险金额，而是根据被保险人的经济保障需要与投保人支付保险费的能力，由保险双方当事人协商确定保险金额。需要注意的是，保险金额只是保险人负责赔偿或给付的最高限额，保险人实际赔偿或给付的保险金数额只能小于或等于保险金额，而不能大于保险金额。

(7) 保险费以及支付办法。

保险费是指投保人支付的作为保险人承担保险责任的代价。交纳保险费是投保人的基本义务，保险合同中必须规定保险费的交纳办法及交纳时间。财产保险一般为订约时一次付清保险费；长期寿险既可以订约时一次趸交保险费，也可以订约时先付第一期保险费。在订约后双方约定的期间内采用定期交付定额或递增、递减保险费等办法。投保人支付保险费的多少是由保险金额的大小和保险费率的高低以及保险期限等因素决定的。

保险费率是指保险人在一定时期按一定保险金额收取保险费的比例，通常用百分率或千分率来表示。保险费率一般由纯费率和附加费率两部分组成。纯费率也称净费率，是保险费率的基本部分。在财产保险中，主要是依据保险金额损失率（损失赔偿金额与保险金额的比例）来确定；在长期寿险中，则是根据人的预定死亡或生存率和预定利率等因素来确定的。附加费率是指一定时期内保险人业务经营费用和预定利润的总数同保险金额的比率。

（8）保险金赔偿或给付办法。

保险金赔偿或给付办法即保险赔付的具体规定，是指保险人在保险标的遭遇保险事故，致使被保险人遭受经济损失或人身伤亡时，依法定或约定的方式、标准或数额向被保险人或其受益人支付保险金的方法。保险金赔偿或给付办法是实现保险经济补偿和给付职能的体现，也是保险人的最基本义务。在财产保险中表现为支付赔款，在人寿保险中表现为给付保险金。

（9）违约责任和争议处理条款。

违约责任是指保险合同当事人因其过错致使合同不能履行或不能完全履行，即违反保险合同规定的义务而应承担的责任。保险合同作为最大诚信合同，违约责任条款在其中的作用更加重要，因此，在保险合同中必须予以载明。

争议处理条款是指用以解决保险合同纠纷适用的条款。争议处理的方式一般有协商、仲裁、诉讼等。

（10）订立合同的年、月、日。订立合同的年、月、日，通常是指合同的生效时间，以此确定投保人是否有保险利益、保险费的交付期等。在特定情况下，订立合同的年、月、日，对核实赔案事实真相可以起到关键作用。

2.3 保险合同的订立与效力

2.3.1 保险合同的订立

保险合同的订立是指保险人与投保人在平等自愿的基础上就保险合同的主要条款经过协商最终达成协议的法律行为。保险合同的订立包括以下几个方面。

1. 要约

要约是指一方当事人就订立合同的主要条款，向另一方提出订约建议的明确的意思表示。提出要约的一方为要约人，接受要约的一方为受约人。就保险合同的订立而言，要约即为提出保险要求。由于保险合同通常采用格式合同，所以保险合同的订立通常是由投保人提出要约，即投保人填写投保单，向保险人提出保险要求。

2. 承诺

承诺是指当事人一方表示接受要约人提出的订立合同的建议，完全同意要约内容的意思表示。要约一经承诺，合同即成立。在保险合同订立过程中，保险人对投保人提出的投保申请做出同意订立保险合同的意思表示就是承诺，即同意承保。

在保险合同的订立过程中，一般情况下是由投保人提出要约，保险人作出承诺，投保要约人，保险人为受约人。这是就投保单已经由保险人事先印就的条件下而言的，但是，在一些投保单上没有列明保险费率，投保人需要与保险人议定或者保险人对投保人的投保申请需增加新的附加条件时，保险人与投保人需要对此反复磋商，在磋商过程中，与订立一般合同一样，要约人与受约人的法律地位是反复交换的。值得注意的是，当保险人审核投保人填具的投保单后在投保单上签章表示同意承保时，即意味着保险合同成立。

★扩展阅读2-4

要约与要约邀请

要约邀请，又称要约引诱，如寄送的价目表、拍卖公告、招标公告、招股说明书、商业广告等，它是指希望他人向自己发出要约的意思表示。要约邀请与要约有以下几点区别。

1. 要约是当事人自己主动愿意订立合同的意思表示，以订立合同为直接的目的；要约邀请是当事人希望对方主动向自己提出订立合同的意思表示。

2. 要约必须包括将来可能订立的合同的主要内容，要约中含有当事人表示愿意接受要约约束的意思，而要约邀请则不含有当事人接受约束的意思。

3. 要约大多数针对特定的相对人，故要约往往采用对话方式和信函的方式，而要约邀请一般针对不特定的相对人，故往往通过电视、报刊等媒介手段。

在发出要约邀请后，要约邀请人撤回其邀请，只要没给善意相对人造成信赖利益的损失，要约邀请人一般不承担责任。

2.3.2 保险合同的形式与构成

1. 保险合同的书面形式

《保险法》第十三条规定："投保人提出保险要求，经保险人同意承保，保险合同成立。保险人应当及时向投保人签发保险单或者其他保险凭证。保险单或者其他保险凭证应当载明当事人双方约定的合同内容。当事人也可以约定采用其他书面形式载明合同内容。"这说明保险合同的成立并非必须采取特定形式，只要投保人提出的保险要求经保险人同意承保，保险合同即告成立。但是，由于保险合同条款内容繁杂，无法用口头语言简捷表达，加之有些保险合同期限较长，为避免不必要的分歧与争议，在长期的保险实践中，形成了保险合同一般采取书面形式的要求。

（1）投保单，又称要保单，是投保人向保险人申请订立保险合同的书面要约。投保单一般由保险人按照事先统一格式印制，通常为表格形式。投保单所列项目因险种不同而有所区别，投保人应按照表格所列项目逐一填写并回答保险人提出的有关保险标的的情况和事实。投保单一经保险人接受并签章，即成为保险合同的组成部分。

（2）保险单，是投保人与保险人之间订立保险合同的正式书面凭证。一般由保险人在保险合同成立时签发，并将正本交由投保人收执，表明保险人已接受投保人的投保申请。保险单签发后，即是保险合同最主要的组成部分，是保险合同存在的重要凭证，是保险双方当事人享有权利与承担义务的最重要的凭证和依据。保险单的内容要完整具体，文意要清楚准确，一般应详细列明保险人与投保人的权利和义务及各种证明双方权利义务的重要事项。根据各类保险业务的特点，保险单的设计风格各有特色，但是，作为保险合同的正式书面凭证，保险单都应包含如下重要事项：声明事项、保险事项、除外事项和条件事项。人寿保险合同保险单示例见表2-1。

保险单在特定的条件下，有类似有价证券的作用，如长期寿险保单具有现金价值，投保人可以以保单作质押向其投保的保险人或第三者申请贷款,但应注意,保单出质后,投保人不得再转让或解除。另外,以死亡为给付保险金条件的保险合同,未经被保险人同意,投保人不得将保单质押。

表2-1 人寿保险合同保险单示例

本公司根据投保人申请,同意按下列条件承保。

No:＿＿＿＿＿＿

保险单号码				投保单号码				
被保险人	姓名		性别		出生日期		身份证号码	
	住所					邮编		
投保人	姓名		性别		出生日期		身份证号码	
	住所					邮编		与被保险人关系	
受益人	姓名		性别		身份证号码		住所		受益份额
*如无指定受益人,则以法定继承人为受益人。								
*受益人为数人且未确定受益份额的,受益人按照相等份额享有受益权。								
保险名称					保险金额			
保险项目(给付责任)					保险金额			
保险期间					保险责任起止时间			
交费期		交费方式				份数		
保险费		加费				保险费合计		
生存给付领取年龄					领取方式			
特别约定								

公司提示:

　　保险合同由保险单、保险条款、声明、批注以及与合同有关的投保单、更改保单申请书、体检报告书及其他的约定书共同构成。在保险有效期内如发生保险事故,请按条款规定及时与我公司签单机构联系。

签单机构:＿＿＿＿＿＿＿＿＿＿
邮政编码:＿＿＿＿＿＿＿＿＿＿
电　　话:＿＿＿＿＿＿＿＿＿＿
公司地址:＿＿＿＿＿＿＿＿＿＿
公司签章:
授权签字业务员:＿＿＿＿＿＿(签字)
出单员:＿＿＿＿＿＿(签字)
复核员:＿＿＿＿＿＿(签字)
签单日期:＿＿＿＿年＿＿＿＿月＿＿＿＿日

(3)暂保单,又称临时保单,是保险人签发正式保险单之前发出的临时凭证,证明保险人已经接受投保人投保,是一种临时保险合同,但其法律效力与正式保险单完全相同,只是有效期较短,一般为30天,正式保险单签发后暂保单则自动失效。暂保单签发后,保险人若确定不予承保，应按约定终止暂保单的效力，解除临时保险合同。

暂保单的内容非常简单，一般仅载明投保人与被保险人的姓名、投保险别、保险标的、保险金额和责任范围等重要事项。需要注意的是，签发暂保单并不是订立保险合同的必经程序，暂保单也不是保险合同必不可少的法律文件。

(4) 保险凭证，又称小保单，是一种简化了的保险单。凭证上不印保险条款，只有相关项目，但其与保险单具有同样的法律效力。凡保险凭证上未列明的内容均以相应的保险单的条款为准，两者有抵触时以保险凭证上的内容为准。我国的货物运输保险、团体人寿保险和机动车辆第三者责任保险中，大量使用了保险凭证。

(5) 批单，是保险双方当事人协商修改和变更保险单内容的一种单证，也是保险合同变更时最常用的书面单证。批单实际上是对已签订的保险合同进行修改、补充或增减内容的批注，一般由保险人出具。批单列明变更条款内容事项，需由保险人签章，一般附贴在原保险单或保险凭证上。批单的法律效力优于原保险单的同类条款。凡批改过的内容，均以批单为准；多次批改，应以最后批改的为准。

(6) 其他书面形式。除了以上印刷的书面形式外，保险合同也可以采取其他书面协议形式，如保险协议书、电报、电传等形式。在保险合同其他书面形式中，保险协议书是重要的书面形式。当保险标的较为特殊或投保人的要求较为特殊，不能采用标准化的保险单或保险凭证时，可以采用保险协议书的形式。保险协议书是投保人与保险人经协商后共同拟定的书面协议，当事人的权利义务在协议书中载明，并由当事人双方盖章或签字。

★扩展阅读 2-5

投保单和保险单，以谁为准

2018年3月18日，国祥家具厂向新安保险公司投保企业财产险，双方约定保险期限自2018年3月19日至2019年3月18日止。国祥家具厂遂填写了投保单，投保单上注明其投保的企业财产为固定资产保险金额600万元，包括厂房、机器设备等；流动资产保险金额200万元，包括原材料、低值易耗品。次日，保险公司经审查同意承保，其经办人杨雄在该投保单上签字盖章，国祥家具厂交纳保险费后，保险公司即开具了保险单。由于工作疏忽，保险单的投保财产项目中流动资产一栏未载明原材料和低值易耗品两项。2018年12月15日，国祥家具厂发生火灾，后经审计确认：固定资产损失为60万元，原材料损失为40万元，家具成品损失为25万元。事故发生后，国祥家具厂向保险公司提出索赔，要求其支付125万元的全部财产损失。保险公司携同消防人员对火灾现场进行勘察，结论为：失火原因不明，造成损失确实，但保险公司以原材料、成品不属于保险范围为由，仅同意支付保险金60万元，即固定资产的损失。为此，国祥家具厂诉至法院要求保险公司赔偿其全部损失。

本案中，国祥家具厂填具投保单并交付新安保险公司，新安保险公司审查后在投保单上签字盖章，双方行为即已构成合同订立过程中的要约和承诺，故其双方的保险合同依法成立，应受法律保护；同时，根据我国保险法的规定，可以认定涉案保险合同的订立时间为2018年3月19日，即保险公司在投保单上签字盖章之日，所以，此时投保单已从初始的要约而成为保险合同或保险合同的一种书面形式。即使投保单有记载，而保险单上遗漏，并不影响合同的成立，保险人不得以此为由解除合同，只能严格依照投保单的记载履行合同，不能作任何扩大或缩小的解释。保险单漏载投保单内容，既不能改变国祥家具厂投保要约的内容，也不能使该厂从中获取任何不正当的利益。根据投保单记载，保险公司应对国祥家具厂投保的、已损失的固定资产和流动资产中的原材料承担保险责任，即偿付国祥家具厂保险金100万元；因家具成品属非保险责任范围，故保险公司不予赔偿，损失由国祥家具厂自己承担。

2. 保险合同的构成

上述保险合同的书面形式只是保险合同的组成部分（尽管是最重要的组成部分），而不是保险合同的全部。在订立和履行保险合同过程中形成的所有文件和书面材料都是保险合同的组成部分，包括保险单、保险凭证、投保单；投保人的说明、保证；关于保险标的风险程度的证明、图表、鉴定报告（如人身保险中被保险人的体检报告）；保险费收据；变更保险合同的申请；发生保险事故的通知、索赔申请、损失清单、损失鉴定，等等。

2.3.3 保险合同的效力

1. 保险合同的成立与生效

（1）保险合同的成立，是指投保人与保险人就合同的条款达成协议。在实务操作中，当保险人审核投保人填具的投保单后并在投保单上签章表示同意承保时，即意味着保险合同的成立，但是，保险合同的成立并不一定意味着保险责任的开始。

（2）保险合同的生效，是指依法成立的保险合同条款对合同当事人产生约束力。一般合同一经成立即生效，双方便开始享有权利并承担义务，但是，保险合同往往是附条件和附期限生效的合同，只有当事人的行为符合所附条件或达到所附期限时，保险合同才生效，如保险合同订立时，约定保险费交纳后保险合同才开始生效，那么，虽然保险合同已经成立，但要等到投保人交纳保险费后才能生效。我国保险实践中普遍推行的"零时起保制"，就是指保险合同的生效时间是在合同成立的次日零时或约定的未来某一日的零时。

★ 扩展阅读 2-6

投保车险后，到底是即时生效还是第二天生效？

购买车险有一条不成文的规定，就是商业险在购买之后"次日凌晨生效"这一说法，即你当日买的保险并不是即刻生效，必须等到第二天才生效。那么这中间有一段时间，即使你买了保险，发生了事故，保险公司也有理由拒赔。

稍微细心点的车主会发现，交强险却可以享受即时生效的"待遇"。同样是汽车保险，为什么却有两种不同的标准？你要知道就这保险"真空期"确实坑害了不少车主！原先，买新车的人有一大部分都是新手，而保险合同也都不是很明确，再加上买完新车难免会有点小激动，因此，在保险单生效之前出事故的不在少数。

早在2009年3月，银保监会对这一问题就有明文规定：各中资保险公司有两种方式可以让保单即时生效，一是可在保单"特别约定"栏中，写明或加盖"即时生效"等字样；二是可以打印时间覆盖原保单中的"×年×月×日零时起"字样，使保单自出单时立即生效。对于保险公司来说，使保单即时生效并不难操作，但会增加保险公司的工作量，而约定生效时间的好处是便于操作，保单统一以零时起算，可避免出险后再投保的情况。由于监管得力，目前中资财险公司在出售车险时，都会在"特别预定"栏加盖"即时生效"的公章，以充分保护车主的利益。但是，如果是在外资财险公司处投保的车险，很多都是不加盖

"即时生效"公章的，万一在零点生效前出险，就很容易引起纠纷。

2. 保险合同的有效与无效

（1）保险合同的有效，是指保险合同具有法律效力并受国家法律保护。任何保险合同要产生当事人所预期的法律后果，使合同产生相应的法律效力，必须符合有效条件。按照保险合同订立的一般原则，保险合同的有效条件有以下几个。

一是合同主体必须具有保险合同的主体资格。在保险合同中，保险人、投保人、被保险人、受益人都必须具备法律所规定的主体资格，否则会引起保险合同全部无效或部分无效。

二是主体合意。所谓主体合意主要指签订保险合同的当事人双方要合意，而且合意是当事人双方必须具有主体资格基础上的合意，是建立在最大诚信基础上的合意。任何一方对他方的限制和强迫命令，都可使保险合同无效。

三是客体合法。所谓客体合法是指投保人对于投保的标的所具有的保险利益必须符合法律规定，符合社会公共利益要求，能够在法律上有所主张，为法律保护，否则保险合同无效。

四是合同内容合法。所谓内容合法是指保险合同的内容不得与法律和行政法规的强制性或禁止性规定相抵触，也不能滥用法律的授权性或任意性规定达到规避法律规范的目的。

（2）保险合同的无效，是指保险合同不具有法律效力，不被国家保护。保险合同无效须由人民法院或仲裁机构进行确认。导致保险合同无效的主要原因有以下几个。

一是保险合同主体资格不符合法律规定，如投保人没有民事行为能力或对投保标的不具有保险利益，保险人未取得经营保险业务的许可证或超越经营范围经营保险业务等。

二是保险合同的内容不合法，如投保人以非法据有的保险标的投保；未成年人父母以外的投保人未经同意，为无民事行为能力人订立的以死亡为保险金给付条件的保险合同；以死亡为给付保险金条件的保险合同，未经被保险人书面同意并认可保险金额；保险条款内容违反国家法律及行政法规等。

三是保险合同当事人意思表示不真实，即保险合同不能反映当事人的真实意志，如采取欺诈、胁迫等手段订立的保险合同、重大误解的保险合同、无效代理的保险合同等。

四是保险合同违反国家利益和社会公共利益，如为非法利益提供保障的保险合同等。

保险合同的无效可以分为全部无效和部分无效。保险合同的全部无效是指其约定的全部权利和义务自始不产生法律效力，如投保人对保险标的不具有保险利益或违反国家利益和社会公共利益的保险合同或保险标的不合法的保险合同等均属于全部无效的保险合同。保险合同部分无效是指保险合同某些条款的内容无效，但合同的其他部分仍然有效，如善意的超额保险中，超额部分无效，保险金额以内部分仍然有效。

保险合同的无效不同于保险合同的失效。保险合同被确认无效后，即自始无效，是绝对无效；而保险合同失效则是由于某种事件的发生，使保险合同的效力暂时中止，而非绝对无效，待条件具备时合同效力仍可恢复。对于无效保险合同的处理方式，依合同无效的影响程度不同而不同。一般的无效保险合同采取返还财产的方式，即保险人将收取的保险费退还给投保人，被保险人将保险人赔付的保险金退还给保险人；对给当事人造成损失的无效保险合同采取赔偿损失的方式，即按照过错原则由有过错的一方向另一方赔偿，如果双方均有过错，则相互赔偿；对有违反国家利益和社会公共利益的保险合同采取追缴财产的方式，即追缴故意违反国家利益和社会公共利益的一方已经通过保险合同取得和约定取得的财产，收归国库。

2.4 保险合同的履行

2.4.1 投保人义务的履行

1. 如实告知的义务

该项义务要求投保人在合同订立前、订立时及在合同有效期内，对已知或应知的与危险和标的有关的实质性重要事实向保险人作真实陈述。如实告知是投保人必须履行的基本义务，也是保险人实现其权利的必要条件。《保险法》第十六条规定："订立保险合同，保险人就保险标的或者被保险人的有关情况提出询问的，投保人应当如实告知。"这说明我国对投保人告知义务的履行实行"询问告知"原则，即指投保人只需对保险人所询问的问题作如实回答，而对询问以外的问题投保人无须告知，不能视为违反告知义务。

2. 交纳保险费的义务

交纳保险费是投保人的最基本的义务，通常也是保险合同生效的前提条件之一。投保人如果未按保险合同的约定履行此项义务，将要承担由此造成的法律后果：以交付保险费为保险合同生效条件的，保险合同不生效；对已经成立的财产保险合同不仅要补交保险费，同时，还要承担相应的利息损失，否则，保险合同终止；约定分期交付保险费的人身保险合同，未能按时交纳续期保险费，保险合同将中止，在合同中止期间发生的保险事故，保险人不承担责任，超过中止期（一般为2年）未复效者，保险合同终止。

3. 防灾防损的义务

保险合同订立后，财产保险合同的投保人、被保险人应当遵守国家有关消防、安全、生产操作和劳动保护等方面的规定，维护保险标的的安全，保险人有权对保险标的的安全工作进行检查，经被保险人同意，可以对保险标的采取安全防范措施。投保人、被保险人未按约定维护保险标的的安全的，保险人有权要求增加保险费或解除保险合同。

4. 危险增加的通知义务

《保险法》第五十二条规定："在合同有效期内，保险标的的危险程度显著增加的，被保险人应当按照合同约定及时通知保险人。"保险人可根据危险增加的程度决定是否增收保险费或解除保险合同。若被保险人未履行危险增加的通知义务，保险人对因危险程度增加而导致的保险标的的损失可以不承担赔偿责任。

5. 保险事故发生后及时通知的义务

保险的基本职能是对保险事故发生造成的被保险人保险标的的损失承担赔付责任。为了保证这一基本职能的体现，投保人、被保险人或受益人在知道保险事故发生后，应当及时将保险事故发生的时间、地点、原因及保险标的的情况、保险单证号码等通知保险人。这既是被保险人或受益人的一项义务，也是其获得保险赔付的必要程序之一。保险事故发生后通知义务的履行，可以采取书面形式或口头形式，但法律要求采取书面形式的必须采取书面形式。"及时"应以合同约定为准，合同没有约定的，应根据实际情况确定合理的时限。

6. 损失的施救义务

保险事故发生时，被保险人有责任尽力采取必要的合理措施，进行损失的施救，以防止或减少损失。保险人可以承担被保险人为防止或减少损失而支付的必要的合理费用。

7. 提供单证义务

保险事故发生后，投保人、被保险人或受益人向保险人提出索赔时，应当按照保险合同规定向保险人提供其所能提供的与确认保险事故的性质、原因、损失程度等有关的证明和资料，包括保险单、批单、检验报告和损失证明材料等。

8. 协助追偿义务

当财产保险中由于第三人行为造成保险事故发生时，被保险人应当保留对保险事故责任方请求赔偿的权利，并协助保险人行使代位求偿权。被保险人应向保险人提供代位求偿所需的文件及其所知道的有关情况。

2.4.2 保险人义务的履行

1. 承担赔偿或给付保险金的义务

赔偿或给付保险金是保险人最基本的义务。这一义务在财产保险中表现为对被保险人因保险事故发生而遭受的损失的赔偿，在人身保险中表现为对被保险人死亡、伤残、疾病或者达到合同约定的年龄和期限时给付保险金。需要特别指出的是，财产保险中的赔偿包括以下两方面内容。

一方面，赔偿被保险人因保险事故造成的经济损失，包括财产保险中保险标的及其相关利益的损失、责任保险中被保险人依法对第三者承担的经济赔偿责任、信用保险中权利人因义务人违约造成的经济损失。

另一方面，赔偿被保险人因保险事故发生而引起的各种费用，包括财产保险中被保险人为防止或减少保险标的的损失所支付的必要的合理的费用、责任保险中被保险人支付的仲裁或诉讼费用和其他必要的合理的费用以及为了确定保险责任范围内的损失被保险人所支付的受损标的的查勘、检验、鉴定、估价等其他费用。

2. 说明合同内容

订立保险合同时，保险人应当向投保人说明保险合同的条款内容，特别是对责任免除条款必须明确说明，否则，责任免除条款不产生效力。

3. 及时签单的义务

保险合同成立后，及时签发保险单证是保险人的法定义务。保险单证既是保险合同成立的证明，也是履行保险合同的依据。保险单证中应当载明保险当事人双方约定的合同内容。

4. 为投保人或被保险人保密的义务

保险人在办理保险业务中对知道的投保人或被保险人的业务情况、财产情况、家庭状况和身体健康状况等，负有保密的义务。为投保人或被保险人保密，也是保险人的一项法定义务。

★ 扩展阅读 2-7

说明义务履行不到位，保险合同免责条款不生效

2018 年 7 月 6 日，刘某为其小轿车向保险公司投保了第三者责任险并支付保费，保险金额为 20 万元。保险期间，刘某驾驶被保险车辆与第三者马某相撞，造成马某重伤，产生医疗费用 14 万余元。刘某向马某支付医疗费后，向保险公司索赔。保险公司同意赔偿 11 万元，但对医疗费用中的自费金额拒绝赔付。刘某遂将保险公司诉至法院。

保险公司辩称，保险合同中明确约定"保险人按照国家基本医疗保险的标准核定医疗费用的赔偿金额"。签约时，保险公司已向投保人刘某交付条款，并以黑体字提示其注意该条款内容。刘某也在投保人声明处签字，该处载明：保险人已对条款中免除保险人责任的条款进行了明确说明，本人已充分理解并接受上述内容，同意以此作为订立保险合同的依据。

庭审中，刘某提出，投保人声明处确系本人签字，但保险公司并未对有关条款进行明确说明，他本人对该条款导致的医疗费自费金额不予赔偿的法律后果并不了解。

法院经审理认为，双方争议条款属于免责条款。保险人未就该条款向投保人尽到明确说明义务，故该条款对投保人刘某不发生法律效力，保险公司应当赔付医疗费用中的自费部分。

2.5 保险合同的变更、中止及终止

2.5.1 保险合同的变更

保险合同的变更是指保险合同没有履行或没有完全履行之前，当事人根据情况变化，按照法律规定的条件和程序，对保险合同的某些条款或事项进行修改或补充。保险合同的变更主要包括保险合同主体的变更和内容的变更。

1. 保险合同主体的变更

保险合同主体的变更指保险人及投保人、被保险人以及受益人的变更。

（1）保险人的变更，是指保险企业因破产、解散、合并、分立而发生的变更，经国家保险管理机关批准，将其所承担的全部保险合同责任转移给其他保险人或政府有关基金承担。

（2）在保险实践活动中，投保人、被保险人和受益人的变更最为常见，而且在财产保险合同与人身保险合同中情况各不相同。

在财产保险中，由于保险财产的买卖、转让、继承等法律行为而引起保险标的所有权转移，从而引起投保人或被保险人的变更。由于保险合同的主要形式是保险单，因此，投保人或被保险人的变更又会涉及保险单的转让。对此，有两种不同的做法。一是允许保险单随保险标的所有权的转移而自动转让，因此，投保人、被保险人也可随保险标的转让而自动变更，无须征得保险人的同意，保险合同继续有效。如货物运输保险合同，由于货物在运输过程中，不是由被保险人而是由承运人所保管，加之货物所有权随着货物运输过程中提单的转移屡次发生转移，因此，保险标的所面临的风险与被保险人没有直接的关系，所以，允许保险单随着货物所有权的转移而自动转让，无须征得保险人的同意。二是保险单的转让要征得

保险人的同意方为有效。对大多数财产保险合同而言，由于保险单不是保险标的的附属物，保险标的所有权转移后，新的财产所有人是否符合保险人的承保条件，能否成为新的被保险人，需要进行考察，以决定保险单能否转让给新的财产所有人，所以，保险单不能随保险标的所有权的转移而自动转让，一般要由投保人或被保险人书面通知保险人，保险人经过选择，并在保险单上背书，转让才有效。因此，投保人或被保险人必须得到保险人同意后才可变更，保险合同才可继续有效，否则，保险合同将终止，保险人不再承担保险责任。

在人身保险中，因为被保险人本人的寿命或身体就是保险标的，所以，被保险人变更可能导致保险合同终止，因此，人寿保险中，一般不允许变更被保险人，所以，人身保险合同主体变更主要涉及投保人与受益人的变更。

一是投保人的变更。只要新的投保人对被保险人具有保险利益，而且愿意并能够交付保险费，无须经保险人同意，但必须告知保险人，但是，如果是以死亡为给付保险金条件的保险合同，必须经被保险人本人书面同意，才能变更投保人。

二是受益人的变更。受益人是由被保险人指定的，或经被保险人同意由投保人指定的，其变更主要取决于被保险人的意志。被保险人或者投保人可以随时变更受益人，无须经保险人同意，但投保人变更受益人时须经被保险人同意。但无论如何，受益人的变更，要书面通知保险人，保险人收到变更受益人的书面通知后，应当在保险单上批注。

2. 保险合同内容的变更

保险合同内容的变更是指保险合同主体享受的权利和承担的义务所发生的变更，表现为保险合同条款及事项的变更。《保险法》第二十条规定："投保人和保险人可以协商变更合同内容。变更保险合同的，应当由保险人在保险单或者其他保险凭证上批注或者附贴批单，或者由投保人和保险人订立变更的书面协议。"这说明投保人和保险人均有变更保险合同内容的权利。保险人变更保险合同内容主要是修订保险条款，但是，由于保险合同的保障性和附合性的特征，在保险实践中，一般不允许保险人擅自对已经成立的保险合同条款做出修订，因而其修订后的条款只能约束新签单的投保人和被保险人，对修订前的保险合同的投保人和被保险人并不具有约束力，因此，保险合同内容的变更主要是由投保方原因引起的，具体包括以下几方面内容。

（1）保险标的的数量、价值增减而引起的保险金额的增减。

（2）保险标的的种类、存放地点、占用性质、航程和航期等的变更引起风险程度的变化，从而导致保险费率的调整。

（3）保险期限的变更。

（4）人寿保险合同中被保险人职业和居住地点的变化等。

保险合同的变更，一种情况是投保人根据自己的实际需要提出变更合同内容；另一种情况是投保人必须进行的变更，如风险程度增加的变更，否则，投保人会因违背合同义务而承担法律后果。

3. 保险合同变更的程序与形式

无论是保险合同内容的变更还是主体变更，都要遵循法律、法规规定的程序，采取一定的形式完成。

（1）保险合同变更必须经过一定的程序才可完成。在原保险合同的基础上投保人及时提出变更保险合同事项的要求,保险人审核,并按规定增减保险费,最后签发书面单证,变更完成。

(2)保险合同变更必须采用书面形式,对原保单进行批注。对此一般要出具批单或者由投保人和保险人订立变更的书面协议,以注明保险单的变动事项。

★ 扩展阅读2-8

保险变更不知情　投保十年索赔难

2018年8月中旬,长乐市第七中学学生许某在长乐第二医院门诊被查出患有肝病。2018年9月1日,许某到福州传染病院被留院治疗了3个多月,住院治疗费16 000多元。

由于参加了社会统筹医疗保险,并投保了学生险,按规定医保中心予以报销4 000多元,余下12 000多元由学生许某母亲刘女士要求保险公司按"学生险"理赔,但保险公司以该学生保险合同于2018年8月31日到期之后没有续保为由拒绝理赔。

刘女士找到学校才知道,其女儿的保险被班主任转到中国平安人寿保险股份有限公司福建分公司长乐营销服务部,但该公司以许某保险启用时间是2018年9月17日,而其住院是2018年9月1日,因此,该服务部也拒绝理赔。

刘女士表示,女儿从幼儿园开始就投保,十多年从未间断过,年缴保费40多元,现在碰到出险时却遭遇理赔难。无奈之下,刘女士向长乐市消费者委员会(以下简称"消委会")投诉。消委会调查后得知,学生保险属于团体办理的险种,班主任变更保险公司造成"赔付空档期",消费者并不知情。

于是,长乐市消委会多次召集保险公司、校方、消费者反复协调。平安人寿保险公司考虑到许某所在的学校赔付率较低,而其家境困难,破例予以赔付4 500元,班主任则个人补偿许某1 000元,刘女士表示接受该调解结果。

2.5.2　保险合同的中止

保险合同中止是指在保险合同存续期间,由于某种原因的发生而使保险合同的效力暂时失效。在保险合同中止期间发生的保险事故,保险人不承担赔偿或给付保险金的责任。保险合同的中止,在人寿保险合同中最常见。人寿保险合同大多期限较长,由数年至数十年不等,故其保险费的交付大都是分期交纳。如果投保人在约定的保险费交付时间内没有按时交纳,且在宽限期内(一般为60天)仍未交纳,则保险合同中止。各国保险法均规定,被中止的保险合同可以在合同中止后的2年内申请复效。满足复效条件复效后的合同与原合同具有同样的效力,可以继续履行。当然,被中止的保险合同也可能因投保人不提出复效申请或保险人不能接受已发生变化的保险标的(如被保险人在合同中止期间患有保险人不能按条件承保的疾病)或其他原因而被解除,不再有效。

2.5.3　保险合同的终止

保险合同的终止是指保险合同成立后,因法定的或约定的事由发生,使合同确定的当事人之间的权利义务关系不再继续,法律效力完全消灭的事实。终止是保险合同发展的最终结果。

1. 自然终止

其是指因保险合同期限届满而终止。这是保险合同终止的最普遍和最基本的原因。凡保险合同订明的保险期限届满的，无论在保险期限内是否发生过保险事故以及是否得到过保险赔付，保险期限届满后，保险合同按时终止。保险合同期满后，需要继续获得保险保障的，要重新签订保险合同，即续保，但是这里所指的续保并不意味着保险期限的延长或是原保险合同的继续，而是另一个新保险合同的签订。

2. 因保险人完全履行赔偿或给付义务而终止

其是指保险人已经履行赔偿或给付全部保险金义务后，如无特别约定，保险合同即告终止，即使保险期限尚未届满，合同也告终止。

3. 因合同主体行使合同终止权而终止

在法律规定中，有时会授予合同主体在合同履行期间，遇有某种特定情况，享有终止合同的权利，无须征得对方同意，这就是合同的终止权。《保险法》中就有类似规定，如第五十八条规定，"保险标的发生部分损失的，自保险人赔偿之日起30日内，投保人可以解除合同；除合同另有约定外，保险人也可以解除合同，但应当提前15日通知投保人。合同解除的，保险人应当将保险标的未受损失部分的保险费，按照合同约定扣除自保险责任开始之日起至合同解除之日止应收的部分后，退还投保人。"这一规定主要是指财产保险中的保险标的发生部分损失后，保险标的本身的状态及面临的风险已经有所变化，因此，允许双方当事人在法定期间内行使保险合同终止权。

4. 因保险标的全部灭失而终止

其是指由于非保险事故发生，造成保险标的灭失，保险标的实际已不存在，保险合同自然终止，如人身意外伤害保险中，被保险人因疾病而死亡就属于这种情况。

5. 因解除而终止

其是指在保险合同有效期尚未届满前，合同一方当事人依照法律或约定解除原有的法律关系，提前终止保险合同效力的法律行为。保险合同的解除可以分为约定解除、协商解除、法定解除和裁决解除。

（1）约定解除，是指合同当事人在订立保险合同时约定，在合同履行过程中，某种情形出现时，合同一方当事人可行使解除权，使合同的效力消灭。

（2）协商解除，是指在保险合同履行过程中，某种在保险合同订立时未曾预料的情形出现，导致合同双方当事人无法履行各自的责任或合同履行的意义已丧失，于是通过友好协商，解除保险合同。

（3）法定解除，是指在保险合同履行过程中，法律规定的解除情形出现时，合同一方当事人或者双方当事人都有权解除保险合同，终止合同效力。

（4）裁决解除，是指产生解除保险合同纠纷，纠纷当事人根据合同约定或法律规定提请仲裁或向人民法院提起诉讼时，人民法院或仲裁机构裁决解除保险合同。

对于投保人来说，除《保险法》另有规定或者保险合同另有约定外，保险合同成立后，投保人有权随时解除保险合同；但保险人不得解除保险合同，除非发现投保方有违法或违约行为；但是对于货物运输保险合同和运输工具航程保险合同，保险责任开始后，合同当事人都不得解除保险合同。

★ 扩展阅读 2-9

市民 3 年后才知保险被终止，保险公司管理制度遭质疑

2013 年 9 月，市民钱女士在鞍山一家银行网点购买了某保险公司的一款分红险产品，保险期限为 10 年。按照约定，钱女士每年定期往一个专用账户里存入 1 000 元，过后由保险公司账户划走。2018 年 9 月，当钱女士往账户里存入第 6 期保费时，银行的存折打印机缺墨，账户上的余额看不清楚。

钱女士为了查询存款是否出现问题，打电话给保险公司的客服，结果对方的说法让钱女士大吃一惊：早在 2016 年，钱女士的保险合同因为缴存保费不及时，已经被终止了。这时钱女士才发现，自己缴的钱并没有被保险公司划走，而是留在了银行的账面上。钱女士一怒之下找到保险公司，对方表示愿意承担一部分责任，把之前的保费返还给钱女士。

对于客户的保险被终止却没有得到任何通知，保险公司表示发现账户异常后，曾经通过钱女士留下的账户和身份证信息联系过钱女士，但一直没有联系成功，而且由于时间太久，已经无法找到当初帮钱女士办理保险的业务人员，因此，保险公司也很为难。对此业内人士建议，采用这种缴费方式的保险客户，最好在缴费后定期查看自己的银行账户和保险账户，一旦发现异常，应及时与保险公司沟通。

2.6 保险合同的解释与争议的处理

保险合同的解释是指当对合同条款的意思发生歧义时，法院或者仲裁机构按照一定的方法和规则对其作出的确定性判断。保险合同争议是指当保险合同成立后，合同主体就合同履行时的具体做法产生的意见分歧或纠纷。这种意见分歧或纠纷有些是由于合同双方对合同条款的理解互异造成的，有些则是由于违约造成的。不管是什么原因，发生争议后都需要按照一定的原则和方式来处理和解决。

2.6.1 保险合同条款的解释

1. 保险合同条款的解释原则

（1）文义解释原则，即按照保险合同条款通常的文字含义并结合上下文解释的原则，如果同一词语出现在不同地方，前后解释应一致，专门术语应按本行业的通用含义解释。

（2）意图解释原则，是指必须尊重双方当事人在订约时的真实意图进行解释的原则。这一原则一般只能适用于文义不清，条款用词不准确和混乱模糊的情形，解释时要根据保险合同的文字、订约时的背景和客观实际情况进行分析推定。

（3）有利于被保险人和受益人的原则，按照国际惯例，对于单方面起草的合同进行解释时，应遵循此原则。由于保险合同条款大多是由保险人拟定的，当保险条款出现含糊不清的意思时，应做有利于被保险人和受益人的解释。但这种解释应有一定的规则，不能随意滥用。此外，采用保险协议书形式订立保险合同时，由保险人与投保人共同拟定的保险条款，如果因含义不清而发生争议，并非保险人一方的过错，其不利的后果不能仅由保险人一方承担；如果一律作对于被保险人有利的解释，显然是不公平的。

（4）批注优于正文，后批优于先批的解释原则。保险合同是标准化文本，条款统一，但在具体实践中，合同双方当事人往往会就各种条件变化进一步磋商，对此大多采用批注、附加条款、加贴批单等形式对原合同条款进行修正。当修改与原合同条款相矛盾时，遵循批注优于正文、后批优于先批、书写优于打印、加贴批注优于正文批注的解释原则。

（5）补充解释原则，是指当保险合同条款约定内容有遗漏或不完整时，借助商业习惯、国际惯例、公平原则等对保险合同的内容进行务实、合理的补充解释，以便合同的继续执行。

★扩展阅读 2-10

保单约定存在歧义　保险公司拒赔败诉

2017 年 10 月下旬，崔某在某保险公司成都分公司为其小轿车投保了含多种险种的机动车损失保险，该保险合同第五条载明，因雷击、暴风、暴雨、洪水、龙卷风等原因造成保险机动车的全部或部分损失，保险人依照合同约定负责赔偿；第九条第五项又载明，发动机进水后导致的发动机损坏，保险人不负责赔偿并加黑标注作特别提示。

2018 年 9 月 10 日上午，崔某投保的车辆在四川泸州当地行驶时突遇暴雨，致使车辆发动机进水损坏。出险当日，其投保的保险公司出具了估损单并加盖了该公司的理赔专用章，后经出险当地一汽车销售服务公司维修，共产生 37 896 元维修费和 400 元施救费。

随后，崔某向保险公司申请理赔，保险公司却以被保险车辆系因发动机进水而受损，属保险合同约定的免责情形为由不予理赔，从而引起纠纷。

法院审理后认为，对合同条款有两种以上解释的，依法应作出有利于被保险人解释，因暴雨造成车辆受损应当包括暴雨导致发动机进水造成的车辆受损，故判决保险公司赔偿车主崔某车辆维修费及施救费共计 38 296 元。

2. 保险合同条款的解释效力

对于保险合同条款的解释，依据解释者身份的不同，可以分为有权解释和无权解释。

（1）有权解释，是指具有法律约束力的解释，其解释可以作为处理保险合同条款争议的依据。对保险条款有权解释的机关主要包括全国人大及其工作机关、人民法院、仲裁机构和保险监督管理部门。有权解释可以分为立法解释、司法解释、行政解释和仲裁解释。

立法解释是指国家最高权力机关的常设机关——全国人大常委会对保险法的解释。全国人大是全国的最高权力机关，也是最高立法机关，因此，只有全国人大常委会对《保险法》的解释才是最具有法律效力的解释，其他解释不能与此相冲突，否则无效。

司法解释是指国家最高司法机关在适用法律的过程中，对于具体应用法律问题所做的解释。国家最高司法机关是最高人民法院。对于保险合同条款中有关保险法的内容，在适用法律时，必须遵守司法解释。

行政解释是指国家最高行政机关及其主管部门对自己根据宪法和法律所制定的行政法规及部门规章所做的解释。银保监会是中国保险业的最高行政主管机关，其有权解释保险合同条款中有关规章类或视同规章部分，有权解释由中国银行保险监督管理委员会审批的保险条款。这些解释虽对法院的判决具有重要的影响，但不具有必须执行的强制力。

仲裁解释是指保险合同争议的双方当事人达成协议把争议提交仲裁机构仲裁后，仲裁机构对保险合同条款的解释。仲裁机构对保险合同条款的解释同样具有约束力。当一方当事人不执行时，另一方当事人可以申请人民法院强制执行。

(2) 无权解释，是指不具有法律约束力的解释。除有权解释外，其他单位和个人对保险条款的解释均为无权解释。保险合同争议的当事人双方均可对保险条款作出自己的理解和解释。对于这些解释，法院在判决时可以参考，但不具有法律上的约束力。一般社会团体、专家学者等均可对保险条款提出自己的理解和解释。对于这部分的解释，一般称为学理解释。学理解释同样只能作为仲裁和审判过程中的参考，不具有法律效力。

2.6.2 保险合同争议的处理方式

1. 协商

协商是指合同双方在自愿、互谅、实事求是的基础之上，对出现的争议直接沟通，友好磋商，消除纠纷，求大同存小异，对所争议问题达成一致意见，自行解决争议的办法。协商解决争议不仅可以节约时间和费用，更重要的是可以在协商过程中，增进彼此的了解，强化了双方互相信任，有利于圆满解决纠纷并继续执行合同。

2. 仲裁

仲裁是指由仲裁机构的仲裁员对当事人双方发生的争执、纠纷进行居中调解并作出裁决。仲裁作出的裁决，由国家规定的合同管理机关制作仲裁决定书。申请仲裁必须以双方自愿基础上达成的仲裁协议为前提。仲裁协议可以是订立合同时列明的仲裁条款，也可以是在争议发生前、发生时或发生后达成的仲裁协议。仲裁机构主要是指依法设立的仲裁委员会，是独立于国家行政机关的民间团体，而且不实行级别管辖和地域管辖。仲裁委员会由争议双方当事人协议选定，不受级别管辖和地域管辖的限制。仲裁裁决具有法律效力，当事人必须执行。仲裁实行"一裁终局"的制度，即裁决书作出之日即发生法律效力，一方不履行仲裁裁决的，另一方当事人可以根据民事诉讼的有关规定向法院申请执行仲裁裁决。当事人就同一纠纷不得向同一仲裁委员会或其他仲裁委员会再次提出仲裁申请，也不得向法院提起诉讼，仲裁委员会和法院也不予受理，除非当事人申请撤销原仲裁裁决。

3. 诉讼

诉讼是指保险合同当事人的任何一方按法律程序，通过法院对另一方当事人提出权益主张，由人民法院依法定程序解决争议并进行裁决的一种方式。这是解决争议最激烈的方式。在我国，保险合同纠纷案属民事诉讼法规范畴。与仲裁发生不同，法院在受理案件时，实行级别管辖和地域管辖、专属管辖和选择管辖相结合的方式。《中华人民共和国民事诉讼法》第二十四条的规定："因保险合同纠纷提起的诉讼，由被告住所地或者保险标的物所在地人民法院管辖"，所以，保险合同双方当事人只能选择有权受理的法院起诉。我国现行保险合同纠纷诉讼案件与其他诉讼案一样实行的是两审终审制，即当事人不服一审法院判决的，可以在法定的上诉期内向高一级人民法院上诉申请再审。第二审判决为最终判决。一经终审判决，立即发生法律效力，当事人必须执行，否则，法院有权强制执行。当事人对二审判决还不服的，只能通过申诉和抗诉程序解决。

★ 扩展阅读 2-11

仲裁与诉讼的比较

保险争议属于经济合同纠纷,对其进行仲裁或诉讼在形式上有类似之处,但两者有本质区别。仲裁是保险双方当事人根据仲裁协议,若争议发生后,如果通过协商或调解仍达不成协议,则双方自愿提交仲裁协议;如果双方当事人事先没有仲裁协议,而事后又对仲裁协议达不成共识,则任何一方都不得强制他方进行仲裁。任何仲裁机构或临时仲裁庭接受仲裁时也必须以双方当事人已经达成的仲裁协议为前提予以受理。因此仲裁属于双方行为。仲裁机构是民间性质的组织,没有法定的管辖权,不像法官那样严格执行法规,而更多的是考虑保险的商业习惯,因此,对于保险合同的当事人来说,仲裁比诉讼更加灵活和自由而且比较及时,对双方的商业关系和信誉的影响也较小。

诉讼属于单方行为,其原因是一方当事人向法院诉讼时不需要征得另一方的同意,可由有管辖权的法院发出传票,传唤对方出庭,而另一方必须应诉。诉讼是一种官方的强制性行为或做法,其判决可以公布于众,对败方非常不利,无疑会损害保险双方当事人的感情,从而影响未来的商业关系。

项目小结

保险合同是投保人与保险人约定保险权利义务关系的协议。保险合同除有一般合同的特点外,其专业性较强,还具有有偿性、保障型、双务性、附合性、射幸性、最大诚信性等特点。

保险合同的种类主要有:补偿性保险合同和给付性保险合同;定值保险合同和不定值保险合同;单一风险合同、综合风险合同和一切险合同;足额保险合同、不足额保险合同与超额保险合同;财产保险合同和人身保险合同;原保险合同与再保险合同。

保险合同由保险合同的主体、客体和内容组成。保险合同的主体包括保险人与投保人等当事人、被保险人和受益人等关系人。保险合同的客体是保险利益。保险合同的内容可分为基本条款和附加条款,法定条款和任意条款。保险合同的基本条款主要包括:保险人的名称和住所;投保人、被保险人、受益人的名称和住所;保险标的;保险责任和责任免除;保险期间和保险责任开始时间;保险价值;保险金额;保险费及其支付的办法;保险金赔偿或给付办法;违约责任和争议处理等。保险合同采用书面形式,包括投保单、保险单、暂保单、保险凭证、批单和其他书面形式等。

保险合同要依法订立、变更、履行和终止。保险合同的解除可以分为约定解除、协商解除、法定解除和裁决解除。如果发生了合同纠纷,可以选择双方协商、仲裁与诉讼等途径解决。

实训任务

一、单项选择题

1. 保险合同的双方当事人是保险人和（　　）。
A. 受益人　　　　　B. 被保险人　　　　　C. 投保人　　　　　D. 再保险人

2. 属于给付性保险合同的是（　　）。
   A. 财产保险合同　　　　　　　　　　B. 各类寿险合同
   C. 责任保险合同　　　　　　　　　　D. 信用保险合同
3. 不足额保险合同的保险金额（　　）保险事故发生时保险标的的实际价值。
   A. 大于　　　　B. 小于　　　　C. 等于　　　　D. 大于或等于
4. 受益人中途可以变更，但若是投保人指定或变更受益人，必须征得（　　）的同意。
   A. 被保险人　　B. 受益人　　　C. 保险人　　　D. 继承人
5. 保险合同的客体是（　　）。
   A. 保险标的　　　　　　　　　　　　B. 保险利益
   C. 保险人和投保人　　　　　　　　　D. 受益人和被保险人
6. 在保险合同履行过程中，其争议处理的最激烈的方式是（　　）。
   A. 协商　　　　B. 仲裁　　　　C. 诉讼　　　　D. 调解
7. 保险双方当事人协商修改和变更保险单内容的一种单证，也是保险合同变更时最常见的书面单证称为（　　）。
   A. 保单　　　　B. 账单　　　　C. 批单　　　　D. 保条
8. 依法成立的保险合同条款对合同当事人产生的约束力的情况属于（　　）。
   A. 保险合同成立　　　　　　　　　　B. 保险合同生效
   C. 保险合同中止　　　　　　　　　　D. 保险合同续效
9. 保险合同成立后，因法定的或约定的事由发生，使合同确定的当事人之间的权利义务关系不再继续，法律效力完全消灭的事实，属于（　　）。
   A. 保险合同变更　　　　　　　　　　B. 保险合同撤销
   C. 保险合同中止　　　　　　　　　　D. 保险合同终止
10. 国家最高权力机关的常设机关——全国人大常委会对《保险法》的解释属于（　　）。
    A. 学理解释　　　　　　　　　　　　B. 立法解释
    C. 司法解释的　　　　　　　　　　　D. 行政解释

二、判断题
1. 保险合同中保险人的基本权利是收取保险费。（　　）
2. 在订立保险合同时，投保人和保险人即已确定保险标的的保险价值，并将其载明于合同中的保险合同属于足额保险合同。（　　）
3. 在保险合同中，保险标的的作用是保险合同的客体。（　　）
4. 保险人计算保险费的依据，也是保险人承担赔偿或者给付保险金责任的最高限额称为保险金额。（　　）
5. 在保险合同订立过程中，作出承诺的一方只能是投保人。（　　）
6. 在我国货物运输保险、团体人寿保险和机动车辆第三者责任保险中，大量使用的保险合同形式是保险凭证。（　　）
7. 投保人和被保险人未按约定维护保险标的安全的，保险人有权要求拒绝支付赔款或解除保险合同。（　　）
8. 保险合同发展的最终结果是终止。（　　）

9. 保险合同纠纷诉讼案实行的审判制度是两审终审制。 （   ）
10. 按照保险合同条款通常的文字含义并结合上下文进行解释的原则属于意图解释原则。 （   ）

三、重点名词解释
保险合同　双务合同　射幸合同　附合合同　财产保险合同　人身保险合同　损失补偿合同　定额给付合同　定值保险合同　不定值保险合同　超额保险合同　保险人　投保人　被保险人　受益人　保险标的　保险金额　可保利益　保险单　暂保单　除外责任　保险合同的变更　保险合同的解除　保险合同的无效　保险合同的复效　保险合同的终止　仲裁

四、思考讨论题
1. 如何订立保险合同？
2. 保险合同的特征有哪些？
3. 保险合同的种类有哪些？
4. 保险合同中为什么要规定除外责任？
5. 保险合同的主体、客体和内容各是什么？
6. 保险合同的成立要件和生效要件是什么？
7. 保险人和投保人分别有哪些义务？
8. 哪些原因可能导致保险合同终止？
9. 保险合同出现争议和纠纷时，该如何处理？

五、案例分析题
1. 王先生4年前投保了20万元保额的寿险，指定他的妻子陈女士为受益人。投保后，王先生与陈女士离异，与周女士结婚并生有一子，但王先生并未申请变更受益人。王先生发生意外事故后，其妻周女士、儿子及前妻陈女士都向保险公司提出了索赔申请，但保险公司经审核后，拒绝了王先生现任妻子周女士及其儿子的申请，将保险金给付陈女士。王先生的妻子周女士气愤难平，丈夫车祸身亡，可得到保险金的不是可怜的妻儿，而是已反目成仇的前妻。

请问：这样处理合理吗？

2. 2016年6月10日，郑某到某保险公司为自己的轿车投保了机动车辆保险，保险期限为一年。因在国外出差，郑某2017年6月24日才到该保险公司办理继续投保手续，保险期限仍为一年。该保险公司经办人为了使保险期限衔接，便把起保日期填为：2017年6月10日，终止期限为2018年6月9日。郑某拿着保单也未仔细验看。2018年6月17日，郑某投保的车辆发生事故，郑某立即报案。保险公司以该份保单过期为由不予受理。郑某认为应将起保日期按实际情况填写，而保险公司以合同是经过协商自愿订立的为理由而拒绝。郑某多次交涉未果，便起诉到了法院。

问：法院应如何判决？请说明理由。

项目三
认识保险的基本原则

3.1 认识保险利益原则

3.1.1 保险利益及其构成条件

1. 保险利益的含义

保险利益，也称可保利益，是指投保人或被保险人对其所投保的保险标的具有的法律上承认的利益，其体现的是投保人或被保险人与保险标的之间的经济利害关系。当保险标的完好时，投保人或被保险人对保险标的的利益也存在；当保险标的因事故而致损害时，投保人或被保险人会因此遭受经济损失。例如，某人拥有一幢房屋，当房屋安全时，他可以居住或也可以出租、出售房屋而获得利益；如果房屋因故损毁，他就无法居住，更无法将其出租或出售，经济上就会受到损失，因此，该人对他所拥有的房屋具有保险利益。那些不会因房屋被损毁而遭受经济损失的人则对该房屋没有保险利益。

2. 保险利益的构成条件

保险利益的确立必须具备三个条件。

（1）保险利益必须是合法利益。保险利益必须是被法律认可并受到法律保护的利益。一般而言，保险利益产生于国家制定的法律法规以及符合法律规定的有效合同。例如，只有当人们对某项财产依法获得所有权或使用权、占有权、收益权等权益或依合法有效的合同而负有安全责任时，才对该财产具有保险利益。通过盗窃、诈骗、贪污等违法行为而获得的利益，不能构成保险利益。

（2）保险利益必须是确定的利益。确定的利益包括已经确定和能够确定的利益。已经确定的利益称为现有利益，是指事实上或客观上已经享有的经济利益，如已取得的财产所有权或使用权。能够确定的利益称为期待利益，是指基于现有利益而产生的利益。期待利益必须是建立在客观物质基础上的，而不是主观臆断或凭空想象的利益，如企业合理合法的预期利润、租金和运费等。投保人可以为现有利益投保，也可以为期待利益投保，但是，在人身保险中，投保人对被保险人的保险利益必须是现有利益，即投保人在投保时必须与被保险人之间存在已经确定的利害关系，如亲属关系和雇佣关系等。

（3）保险利益必须是经济利益。保险利益必须是能够用货币来计算、衡量和估价的利益。由于被保险人在保险事故发生后所丧失的是其对保险标的所具有的经济利益，需要得到补偿，因此，保险利益必须具有经济价值，并且其价值可以用货币来计算，能够被客观所承认且数额合理，否则就难以确定应予补偿的标准。不能用货币衡量其价值大小的利益不是保险利益，如精神创伤等。但是，对于一些古董、名人字画等，虽为无价之宝，却可以通过投保人和保险人双方约定其价值来确定保险利益。人的生命无价，难以用货币来衡量，也可以约定一个金额确定保险利益；而债权人对债务人生命的保险利益则是可以计算的，保险利益的大小以其债权金额为限。

3.1.2 保险利益原则的含义及意义

1. 保险利益原则的含义

保险利益原则是指在签订或履行保险合同的过程中，投保人或被保险人对保险标的应当具有保险利益。具体而言，人身保险在订立合同时，投保人对被保险人必须具有保险利益，否则合同无效；财产保险在保险事故发生时，被保险人对保险标的必须具有保险利益，否则不得向保险人请求赔偿保险金。

该原则表明，人身保险中投保人对被保险人具有保险利益是订立保险合同的前提条件，投保人只有对被保险人有保险利益才有资格与保险人订立保险合同，签订的保险合同才能生效。而财产保险中，投保人对保险标的具有保险利益不是订立保险合同的必要条件，但却是被保险人向保险人请求赔偿保险金的前提条件，即在财产保险中，对保险标的没有保险利益的人也可以投保财产保险，但在发生保险事故时，如果被保险人对保险标的没有保险利益，则无权得到保险人的赔偿。

2. 保险利益原则的意义

（1）使保险区别于赌博。保险和赌博都是基于偶然事件的发生，且支出与所得不对等。就保险而言，个别被保险人是否获得保险金有赖于保险期间是否发生约定的保险事故，而一旦获得保险金，其数额远远超过所缴纳的保险费，但如果不发生保险事故，投保人或被保险人虽缴纳了保险费也得不到任何赔付。就赌博而言，参与者的输赢也取决于偶然因素，赢了会获得额外利益，输了则会损失赌资，但是，赌博完全是靠碰运气而获取金钱的行为，具有很强的投机性。如果允许人们为与自己没有保险利益的人身投保，或者与其没有保险利益的财产被损毁时获得补偿，则就是一种赌博行为，因为当保险事故发生时被保险人并未遭受经济损失，但却可以获得高于所缴纳保险费若干倍的保险赔偿，其可能会诱发某些人为了获得远高于保险费的保险金而人为制造保险事故，损害社会公共利益。保险利益的原则规定了投保人或被保险人对保险标的应当具有保险利益，且只有因保险事故遭受损失时才可以获得保险赔付，从根本上划清了保险与赌博的界限。

（2）限制保险保障和赔偿的程度。保险作为一种经济补偿制度，其宗旨在于当被保险人因保险标的出险而受损时能够获得经济补偿，但又不允许获得额外利益。为了使被保险人既能得到充分的经济补偿又不致获得额外利益，就必须以投保人或被保险人对保险标的所具有的保险利益作为保障的最高限度，也是保险人赔偿的最高限度。保险人所赔偿的金额，不得超过被保险人对保险标的所具有的保险利益金额。否则，被保险人会因较少的损失获得较多的赔偿，从而获得额外利益。

（3）防止道德危险的产生。道德危险是一种人为危险，是指由于被保险人的恶意行为或不良企图,有意识地使危险事故发生,以致造成损失结果或扩大损失程度。保险赔偿或给付是以保险标的遭受损失或保险事件的发生为条件的,如果投保人或被保险人对保险标的不具有保险利益,当保险标的受损时他不仅没有遭受损失,还可以获得保险赔付,这样就可能诱使其在订立合同后为谋取保险赔付而发生道德危险。如果被保险人对保险标的具有保险利益,当保险标的遭受保险事故致损时,被保险人所能获得的最高补偿是其对保险标的的保险利益,而不会额外获利,从而可以有效防止投保人或被保险人为了图谋保险金而人为制造保险事故。保险利益原则在人身保险中尤为重要,如果允许人们为与自己毫不相干的人投保以死亡为给付保险金条件的人身保险,则可能诱发严重的道德危险。

3.1.3 各类保险的保险利益

由于人身保险、财产保险、责任保险和信用保险所承保的风险责任不同,其保险利益的来源或表现形式也各不相同。

1. 人身保险的保险利益

人身保险的保险利益,是指投保人对被保险人的继续生存、死亡、疾病或残废具有的经济利害关系,因此,人身保险的保险利益主要来源于投保人与被保险人之间所具有的各种利害关系,表现为以下几方面。

(1) 人身关系。任何人对自己的生命和身体都具有最大的利害关系,因此,具有保险利益。人们可以为自己投保各种人身保险(但必须身体健康并符合有关的年龄限制条件)。

(2) 亲属关系。家庭成员之间由于具有婚姻、血缘、抚养或赡养关系而产生了经济上的利害关系,相互之间具有保险利益,主要包括两种情况。

①投保人对其配偶、子女、父母具有保险利益。一般认为,夫妻双方相互之间具有保险利益。根据《中华人民共和国婚姻法》(以下简称《婚姻法》)和《中华人民共和国继承法》(以下简称《继承法》)的规定,父母对子女有抚养教育的义务,子女对父母有赡养扶助的义务,因此,他们相互具有保险利益。

②投保人对与其有抚养、赡养或者扶养关系的家庭其他成员、近亲属具有保险利益。

(3) 雇佣关系。企业或雇主对其雇员在受雇期间从事本职工作时的人身安全负有责任,因此,具有保险利益。

(4) 合同、债权债务或财产管理关系。由于这三种关系的存在,合同中的权利人对义务人、债权人对债务人、财产所有人对财产管理人的生命、身体产生某种利害关系,因此,具有一定的保险利益。例如,在债权债务关系中,债权人对债务人有给付请求权,债务人的生存、安危影响着债权人的利益。因此,债权人对债务人有保险利益。

《保险法》对人身保险的保险利益进行了具体而明确的规定。《保险法》第三十一条规定:"投保人对下列人员具有保险利益:(一)本人;(二)配偶、子女、父母;(三)前项以外与投保人有抚养、赡养或者扶养关系的家庭其他成员、近亲属;(四)与投保人有劳动关系的劳动者。

除前款规定外,被保险人同意投保人为其订立合同的,视为投保人对被保险人具有保险利益。"

2. 财产保险的保险利益

财产保险的保险利益主要来源于投保人或被保险人对保险标的所拥有的各种权利。

（1）财产所有权。所有人对其所拥有的财产具有保险利益。

（2）财产经营权、使用权、占有权。财产本身虽不为其所有，但由于其对财产拥有经营权、使用权或占有权而享有由此产生的利益并承担相应的责任，因此，财产的经营者、使用者及占有者对其经营、使用或暂时占有的财产具有保险利益。例如，租车人对所承租的车辆具有保险利益；汽车修理厂对其所承揽维修的汽车具有保险利益；依照租约享有利益的房屋承租人，对租用的房屋具有保险利益。

（3）财产抵押权、留置权。在抵押关系中，债权人因债权债务关系对债务人抵押的财产有利害关系，对该项财产具有保险利益。在留置关系中，债务人将自己的财产交给债权人，债权人在债务清偿之前有权留置合法占有的财产，直到债务人清偿债务后再返还。当债务人不能如约清偿债务时，债权人有权变卖留置物，并从中优先受偿，所以，债权人对其合法留置财产具有保险利益。

（4）受托权、保管权和运输权。财产委托给某人保管时，受托人或保管人对该项财产的安全负有责任，因此，对该项财产具有保险利益。例如，旅店对旅客委托其保管的行李具有保险利益；仓储公司对受托存储的物品具有保险利益。船长或承运人对在运货物的安全负有责任，具有保险利益。

（5）收益权。人们对可估测的合理的运费、租金、收获、利润等的享有权是预期保险利益的存在形式。例如，承运人对抵达目的港可获得的运费、果农对自己种植果树的未来收成、企业对自己未来的经营利润等都存在相应的保险利益。

3. 责任保险的保险利益

责任方对其潜在的民事损害赔偿责任具有保险利益。例如，汽车驾驶员因疏忽、过失导致车祸，使第三者财损人亡，则其必须对受害者给予一定的经济赔偿，驾驶员对可能的赔偿责任有保险利益；雇主对雇员在工作中的人身安全责任具有保险利益等。

4. 信用保险的保险利益

信用保险的保险标的是人们的信用行为。在经济合同中，义务人因种种原因不履行其应尽义务，使权利人遭受经济损失，权利人对义务人的信用具有保险利益。例如，出口商对进口商的信用具有保险利益，可以投保出口信用保险，因进口商不履约而使其遭受经济损失时，由保险人负责赔偿。

3.1.4 保险利益原则的实务应用

由于保险对象不同，财产保险和人身保险在订立和履行保险合同过程中，对保险利益原则的要求亦有所不同。

1. 保险利益的来源不同

财产保险的保险利益主要来源于投保人或被保险人对保险标的所拥有的各种权利；人身保险的保险利益主要来源于投保人与被保险人之间所具有的各种利害关系（详见4.1.3）。

2. 对保险利益的时效要求不同

财产保险要求在发生保险事故时，被保险人对保险标的必须具有保险利益。如果投保人在订立合同时对保险标的有保险利益，但在发生保险事故时被保险人丧失了保险利益，则被保险人无权要求保险人承担经济赔偿责任。人身保险强调投保人在订立保险合同时必须对被保险人有保险利益，保险合同生效后，保险利益的变化不影响合同的效力。

因此，在财产保险中，保险利益并不是订立保险合同的前提条件，但却是被保险人获得保险金赔偿的必要条件；而在人身保险中，保险利益是保险合同订立的前提条件，但不是维持合同效力的条件。

3. 对保险利益的计算方式不同

财产保险的保险利益与保险标的的实际价值密切相关。一般地，保险标的的实际价值即是投保人或被保险人对保险标的具有的保险利益价值。在人身保险中，由于人的生命或身体无法用金钱来衡量，保险利益的大小取决于被保险人的现实需要和投保人的交费能力，通常由保险双方当事人协商确定。

3.2 认识最大诚信原则

3.2.1 最大诚信原则的含义及产生原因

1. 最大诚信原则的含义

诚信即是诚实、守信用。诚信原则是人们从事任何民事、商事活动都应遵循的基本原则，保险活动也不例外，但由于保险自身的特殊性，其对诚信的要求比一般的民事活动更为严格，要求"最大诚信"。

最大诚信原则可表述为：保险合同双方在签订和履行合同过程中应向对方提供影响其作出订约或履约决定的全部实质性重要事实，互不隐瞒和欺骗；同时，恪守合同的约定与承诺，否则，受损害的一方可以宣布合同无效或不承担合同规定的义务与责任，还可以对因此而受到的损害要求对方赔偿。

实质性重要事实也称重大事实，是指那些足以影响对方判断的事实。对保险人而言，是指影响谨慎的保险人决定是否承保及以什么条件承保的事实，如有关投保人和被保险人的详细情况和保险标的的详细情况等。对投保人而言，是指影响投保人作出投保决定的事实，如保险公司的经营情况、保险条款、保险费率等。

2. 最大诚信原则的产生原因

（1）保险经营中的信息不对称。在保险合同订立和履行过程中，投保人和保险人对有关保险的重要信息的拥有是不对称的。首先，保险标的具有广泛性和复杂性，保险人通常都远离保险标的，无法进行实地查勘，而投保人对投保标的的认识是主动的，对保险标的的风险及有关情况最为清楚。保险人只能依据投保人的告知与陈述来决定是否承保、如何承保及承保的费率。因此，投保人是否真实、准确地告知与陈述标的的风险情况会直接影响保险人的决定，这就要求投保人遵循最大诚信原则履行告知与保证义务。其次，保险合同条款具有专业性与复杂性，投保人难以理解与掌握，对保险费率是否合理、赔偿方式是否准确等也难以了解，而保险人对保险合同具体内容的了解远多于投保人，因此，投保人主要根据保险人的告知与陈述来决定是否投保及投保的险种，保险人是否恰当准确地向投保人讲解保险合同内容会直接影响投保人的投保决定，这就要求保险人基于最大诚信原则履行其应尽的义务与责任。

（2）保险合同的附和性和射幸性。保险合同是附和合同，合同内容由保险人单方制定，投保人只能选择同意或不同意，而保险合同条款又比较复杂，专业性很强，投保人难以理解，需要借助于保险人最大诚信基础上的讲解和说明来作出投保决策。保险合同的射幸性表明，保险合同签订时，保险双方对于未来保险事故能否发生都是不确定的；但是，一旦在保险期间发生了保险事故，被保险人可以获得数倍甚至几十倍于保险费的保险金赔付，而保险人所承担的保险责任远远高于其所收取的保险费（就单个合同而言）。如果投保人不遵循最大诚信原则，保险人将无法持续经营，最终影响投保人或被保险人的利益，因此，投保人应基于最大诚信履行其应尽的义务。

由于保险双方在保险活动中的地位是不同的，所以，尽管在理论上最大诚信原则对投保人和保险人同具约束力，但实际上主要是针对投保人而言的。

3.2.2 最大诚信原则的主要内容

最大诚信原则的内容包括告知、保证、弃权与禁止反言。

1. 告知

（1）告知的概念。告知或称陈述，是指在保险合同订立前、订立时及合同的有效期内，双方当事人应当实事求是地将实质性重要事实向对方作书面或口头陈述，即投保方对已知或应知的与标的和危险有关的实质性重要事实据实向保险方作口头或书面申告；保险方也应将对投保方有利害关系的实质性重要事实据实向投保方说明。

（2）投保人应告知的重大事实。在保险经营中，保险合同条款一般对投保方的告知项目作了具体详细的规定。投保人在投保时，必须按照保险人的要求对与保险标的危险情况有关的重大事实进行如实告知，以便保险人确定保险责任和保险费率。投保方应陈述的重大事实包括以下几个方面。

①在申请投保时，投保人应如实陈报投保标的以往和现在的真实危险情况、本人及对投保标的危险有重大影响的人或物的情况和被保险人情况。

②在保险有效期内，被保险人将保险标的危险的变化情况及时通知保险人。

③保险标的转移或保险合同有关事项有变动时，投保人或被保险人应及时通知保险人。

④在发生保险合同责任范围内的事故时，被保险人应将事故发生的情况及时通知保险人；造成损失后向保险公司索赔时，被保险人应如实向保险人申报其对保险标的所具有的经济上的利害关系，同时提供保险人所要求的各种真实证明和单据。

⑤有重复保险的，投保人应将重复保险的有关情况通知保险人。

我国《保险法》对投保人的告知义务进行了明确的规定。《保险法》第十六条规定："订立保险合同，保险人就保险标的的或者被保险人的有关情况提出询问的，投保人应当如实告知。"第五十二条规定："在合同有效期内，保险标的的危险程度显著增加的，被保险人应当按照合同约定及时通知保险人。"第四十一条规定："被保险人或者投保人可以变更受益人并书面通知保险人。"第四十九条规定："保险标的转让的，被保险人或者受让人应当及时通知保险人，但货物运输保险合同和另有约定的合同除外。"第五十六条规定："重复保险的投保人应当将重复保险的有关情况通知各保险人。"第二十一条规定："投保人、被保险人或者受益人知道保险事故发生后，应当及时通知保险人。"第二十二条规定："保险事故发生后，按照保险合同请求保险人赔偿或者给付保险金时，投保人、被保险人或者受益人应当向保险人提供其所能提供的与确认保险事故的性质、原因、损失程度等有关的证明和资料。"

（3）保险人应告知的重大事实。保险人应告知的重大事实主要包括以下两方面。

①订立保险合同时保险人应当恰当地说明保险条款。这是保险人履行告知义务的主要内容，尤其是对于免责条款，保险人应明确说明。我国《保险法》第十七条规定："订立保险合同，采用保险人提供的格式条款的，保险人向投保人提供的投保单应当附格式条款，保险人应当向投保人说明合同的内容。

对保险合同中免除保险人责任的条款，保险人在订立合同时应当在投保单、保险单或者其他保险凭证上作出足以引起投保人注意的提示，并对该条款的内容以书面或者口头形式向投保人作出明确说明。"

②保险事故发生或达到合同约定条件时，保险人应按合同约定履行赔偿或给付保险金义务。

（4）告知的方式。在保险实务中，投保人和保险人采取不同的方式履行告知义务。

①投保人告知的方式。投保人告知通常有两种方式：一是无限告知，又称客观告知，是指法律或保险人对告知的内容没有明确的规定，投保方应将与保险标的的危险状况及有关重要事实如实告知保险人；二是询问告知，又称主观告知，是指投保方只对保险人所询问的问题必须如实回答，而对询问以外的问题无须告知。在保险实务中，通常是由保险人在投保单中制作问题表，列出其认为重要的问题，要求投保人如实填写。当然，对表中没有详尽的问题，保险人仍可以要求投保人如实申报。我国保险实务中采取询问告知的方式。

②保险人告知的方式。保险人的告知有明确列明和明确说明两种方式。明确列明是指保险人只需将保险合同的主要内容明确列在合同中，即视为已告知投保人；明确说明是指保险人不仅应将保险合同的主要内容明确列在合同中，还必须对投保人进行正确的解释。我国保险实务采用明确说明的方式，要求保险人对保险合同的主要条款（尤其是免责条款）不仅要明确列明，还要明确说明。

2. 保证

保证是指保险人在签发保单或承担责任之前要求投保人或被保险人对某种事情的作为或不作为、某种状态的存在或不存在作出的许诺。保证是保险人接受投保或者承担保险责任的条件。换言之，如果投保方不作出许诺或不履行许诺的话，保险人就不接受投保或不承担任何保险责任，或者可以使保险合同无效。保证可以分为明示保证和默示保证。

（1）明示保证。明示保证是以基本条款、特约条款或附加条款形式记载于保险合同内，成为保险合同条款的保证。明示保证包括确认保证和承诺保证。

确认保证是指投保人或被保险人对过去或现在某一特定事实的存在或不存在所作出的许

诺。例如，投保人寿保险时要求被保险人身体健康，这是对被保险人在保险合同订立前和订立时的保证，即只有被保险人在订立合同前和订立合同时是健康的，合同才能成立。至于将来被保险人在保险有效期内生病甚至死亡，并不破坏保证，却可能正是保险人给予保障的责任。

承诺保证是指投保人或被保险人对将来某一事项的作为或不作为作出的许诺。例如，汽车保险条款规定，被保险人或其雇佣的司机应对投保汽车妥善维护，使其经常处于适宜驾驶的状态，以防止事故发生。这一条款是对被保险人要求的承诺性保证。

（2）默示保证。默示保证是指保证虽然没在保险合同中载明，但从习惯上是社会公认的投保人或被保险人的作为或不作为，一般都是按照国家法律和有关管理条例及国际公约等必须遵守的事实。默示保证一般在海上保险中运用较多，主要有三项：船舶的适航、适货保证；按预定航线航行的保证；从事合法运输的保证。

明示保证和默示保证具有同等的法律效力，投保人或被保险人必须遵守，如果违反或破坏明示保证和默示保证，保险人可宣告保险合同无效。

3. 弃权与禁止反言

在保险实务中，告知和保证更多的是用来约束或限制投保人和被保险人的，从而使保险人在保险合同的解除和保险金的赔付上享有了更多的抗辩权利。为了保障被保险人的利益，通常用弃权和禁止反言的规定来约束保险人及其代理人的行为。

（1）弃权。弃权是指保险合同当事人一方放弃他在合同中可以主张的某种权利，通常是保险人放弃因投保人或被保险人违反告知义务或保证条款而产生的合同解除权或拒赔权。构成弃权必须具备两个条件：一是保险人必须知道权利的存在，即保险人确切知道因投保人或被保险人违反告知或破坏保证因而享有合同解除权或抗辩权；二是保险人必须有弃权的意思表示，包括明示表示和默示表示。明示弃权是保险人以明确方式表示放弃某种权利，默示弃权可以从保险人的行为中推断。例如，在保险合同有效期限内，保险标的危险增加，保险人有权解除合同或者增加保险费，当保险人请求增加保险费或者继续收取保险费时，则视为其放弃了合同的解除权。保险事故发生后，保险人明知被保险人或受益人所提供的与确认保险事故的性质、原因、损失程度等有关的证明和资料有纰漏，仍无条件接受的，可视为放弃了"因证明材料不真实而拒赔的权利"。

（2）禁止反言。禁止反言是指保险人既已放弃其在合同中的某种权利，便不得再要求主张这种权利。弃权一经表示，无论是直接还是间接、有意还是无意，此后都不得再要求享有该项权利。

在保险实务中，禁止反言主要用来约束保险人，以使保险人为自己及其代理人的行为负责。例如，保险合同成立后，投保人将保险标的危险程度增加的事实通知了保险代理人，但保险代理人并未适当处理，保险人就不能以保险标的危险程度增加而投保人未及时通知为理由解除保险合同或拒绝承担赔付责任。再如，保险代理人为了争取业务，对投保人告知的某种足以妨碍合同订立的事实表示无关紧要，签发保险单并收取保险费，代理人的行为构成了弃权。

3.2.3 违反最大诚信原则的法律后果

1. 投保方违反最大诚信原则的法律后果

投保人或被保险人违反最大诚信原则的行为，包括违反告知和破坏保证两方面。

（1）投保方违反告知义务的法律后果。如果投保方违反告知义务，会不同程度地损害保险人的利益，因此，各国都以法律形式规定投保人或被保险人违反告知义务应承担相应的法律责任。《保险法》对此进行了明确的规定，具体包括以下几个方面。

①投保人故意不履行如实告知义务的法律后果。《保险法》第十六条规定："如果投保人隐瞒重大事实，故意不履行如实告知义务，其法律后果是：保险人有权解除保险合同；对于合同解除前发生的保险事故造成的损失，保险人不承担赔偿或给付责任；保险人不向投保人退还保险费。"

②投保人因过失不履行如实告知义务的法律后果。《保险法》第十六条规定："如果投保人因过失而未如实告知重大事实，对保险事故的发生有严重影响的，其法律后果是：保险人可以解除保险合同；对合同解除前发生的保险事故所致的损失，不承担赔偿或给付责任，但可以退还保险费。"

对于人身保险，《保险法》第三十二条规定："投保人申报的被保险人年龄不真实，并且其真实年龄不符合合同约定的年龄限制的，保险人可以解除合同，并按照合同约定退还保险单的现金价值。投保人申报的被保险人年龄不真实，致使投保人支付的保险费少于应付保险费的，保险人有权更正并要求投保人补交保险费，或者在给付保险金时按照实付保险费与应付保险费的比例支付。投保人申报的被保险人年龄不真实，致使投保人支付的保险费多于应付保险费的，保险人应当将多收的保险费退还投保人。"

③保险标的危险程度增加投保方未及时通知的法律后果。《保险法》第五十二条规定："当财产保险的保险标的的危险程度增加时，被保险人未及时通知保险人，其法律后果是：因保险标的的危险程度显著增加而发生的保险事故，保险人不承担赔偿保险金的责任。"

④发生保险事故未及时通知的法律后果。《保险法》第二十一条规定："投保人、被保险人或者受益人知道保险事故发生后，应当及时通知保险人。故意或者因重大过失未及时通知，致使保险事故的性质、原因、损失程度等难以确定的，保险人对无法确定的部分，不承担赔偿或者给付保险金的责任，但保险人通过其他途径已经及时知道或者应当及时知道保险事故发生的除外。"

⑤投保方伪造事实的法律后果。投保方伪造事实的行为包括：捏造保险事故；故意制造保险事故；夸大事故损失。其法律后果有以下几个。

未发生保险事故，被保险人或者受益人谎称发生了保险事故，向保险人提出赔偿或者给付保险金请求的，保险人有权解除合同，并不退还保险费。

投保人、被保险人故意制造保险事故的，保险人有权解除合同，不承担赔偿或者给付保险金的责任；除已生效两年以上的寿险保单退还现金价值外，也不退还保险费。人身保险中，投保人故意造成被保险人死亡、伤残或者疾病的，保险人不承担给付保险金的责任。投保人已交足两年以上保险费的，保险人应当按照合同约定向其他权利人退还保险单的现金价值。受益人故意造成被保险人死亡、伤残、疾病的，或者故意杀害被保险人未遂的，该受益人丧失受益权。被保险人故意犯罪或者抗拒依法采取的刑事强制措施导致其伤残或者死亡的，保险人不承担给付保险金的责任。投保人已交足两年以上保险费的，保险人应当按照合同约定退还保险单的现金价值。

保险事故发生后，投保人、被保险人或者受益人以伪造、变造的有关证明、资料或者其他证据，编造虚假的事故原因或者夸大损失程度的，保险人对其虚报的部分不承担赔偿或者给付保险金的责任。投保人、被保险人或者受益人有前三款规定行为之一，致使保险人支付保险金或者支出费用的，应当退回或者赔偿。

上述规定并不意味着只要投保人违反了告知义务保险人就有权解除合同，保险人解除保险合同必须在可抗辩期内，这是因为，投保人在订立保险合同时故意或因重大过失违反了如实告知义务，足以影响保险人决定是否同意承保或者提高保险费率的，保险人有权解除合同。这是保险人因投保人不履行如实告知义务而享有的权利。但是保险人的这种权利不是永久的，而要受"不可抗辩条款"的限制。该条款规定，在保险人知道投保人违反如实告知义务或保险合同生效一定时期后，保险人不得以投保人在投保时没有履行如实告知义务等为理由而主张保险合同自始无效；保险人在订立合同时已经知道投保人未尽如实告知义务的，不得解除合同，发生事故时仍应承担赔偿或给付保险金的责任。这实质上是为了维护被保险人的利益。

（2）投保人或被保险人违反保证的法律后果。任何不遵守保证条款或保证约定，不信守合同约定的允诺或担保的行为，均属于违反保证。例如，火灾保险的被保险人承诺绝不在房屋内放置易燃物品，但却将房屋用作汽油仓库，这就违反了保证。

保险合同所涉及的所有保证内容都是重要的，投保人和被保险人都必须严格遵守。如果违反了保证，其法律后果是：保险人有权解除保险合同，并不退还保险费（已生效两年以上的人寿保险合同除外）；保险人不承担赔偿或给付保险金的责任。

但是，在某种情况下，如果被保险人违反保证条件只部分地损害了保险人的利益，保险人只应就违反保证部分拒绝承担履行赔偿义务。例如，保险合同中有"被保险人外出时必须锁门"的保证条款，如果某被保险人在一次外出时违反该保证而引发了保险事故，则保险人可对此次事故的损失拒绝赔偿，但并不解除合同。

2. 保险人违反最大诚信原则的法律后果

（1）保险人未明确说明免责条款的法律后果。如果保险人在订立保险合同时未履行对免责条款明确说明的义务，则免责条款无效。《保险法》第十七条规定："订立保险合同，采用保险人提供的格式条款的，保险人向投保人提供的投保单应当附格式条款，保险人应当向投保人说明合同的内容。对保险合同中免除保险人责任的条款，保险人在订立合同时应当在投保单、保险单或者其他保险凭证上作出足以引起投保人注意的提示，并对该条款的内容以书面或者口头形式向投保人作出明确说明；未作提示或者明确说明的，该条款不产生效力。"

（2）保险人不履行及时赔付义务的法律后果。《保险法》第二十三条规定："保险人收到被保险人或者受益人的赔偿或者给付保险金的请求后，应当及时作出核定；情形复杂的，应当在30日内作出核定，但合同另有约定的除外。保险人应当将核定结果通知被保险人或者受益人；对属于保险责任的，在与被保险人或者受益人达成赔偿或者给付保险金的协议后

10 日内，履行赔偿或者给付保险金义务。保险合同对赔偿或者给付保险金的期限有约定的，保险人应当按照约定履行赔偿或者给付保险金义务。保险人未及时履行前款规定义务的，除支付保险金外，应当赔偿被保险人或者受益人因此受到的损失。"

3.3 认识近因原则

3.3.1 近因原则的含义

1. 近因

一般认为，近因是造成某种结果的直接有效、起决定性作用的原因；仅对结果起间接、次要作用的是远因。保险意义上的近因，是指造成保险标的损害的直接有效、起决定作用的危险因素或危险事故。在这里，直接有效、起决定作用的原因，并不一定是与损害发生时间或空间最接近的原因，不论时空距离，只论效果。例如，在航行中，一艘满载皮革和烟草的货船突然船舱进水，海水腐蚀了皮革，但没有浸湿烟草，也没有浸湿包装烟草的纸箱。尽管如此，腐烂皮革散发出的臭气仍毁坏了烟草，船舱进水是导致烟草损失的近因。

2. 近因原则的含义

当保险标的因事故而致损害时，被保险人或受益人能否获得赔偿或给付，取决于造成保险标的损害的原因是否是保险责任，若属于保险责任，保险人必须承担赔偿或给付保险金的责任；若不属于保险责任，保险人可以拒绝承担赔付责任。但在保险实践中，造成保险标的损害的原因经常是错综复杂的，有时是连续发生，有时是同时发生，而且这些原因有的属于保险责任，有的属于除外责任。对这类因果关系比较复杂的赔案，保险人应以近因原则作为依据来作出判断和处理。

近因原则是在处理赔案时决定保险人是否承担赔偿与给付保险金责任的重要原则，其含义可以表述为：保险人承担赔偿与给付保险金责任的先决条件是，造成保险标的损害后果的近因必须是保险责任事故。

该原则表明，在处理保险索赔案时，必须勘查、判断导致保险标的损害的近因，然后将近因与保险单约定的保险责任相对照，该致损近因是保险责任事故，保险人承担赔偿或给付保险金的责任；该近因不是保险责任事故，或者保险责任事故仅在致损过程中起间接作用，保险人不承担赔偿或给付责任。

3.3.2 近因原则的应用

由于造成保险标的致损的原因是各种各样的，因此，对于近因的判定及运用应根据具体情况进行具体分析。

1. 单一原因致损近因的判断

如果造成保险标的损害的原因只有一个，那么这一原因就是损失的近因。只需确认该原因是否是保险责任事故，便可决定保险人是否承担保险赔偿与给付责任。例如，货物在运输过程中遭受雨淋而受损，如果只投了水渍险，保险人不负赔偿责任；如果在水渍险基础上加保了淡水雨淋险，则保险人应负赔偿责任。

2. 多种原因连续致损近因的判断

如果保险标的致损是因两个或两个以上的危险事故，各事故依次发生且它们之间的前因后果关系连续不断，直至最后损害结果的产生，则最先发生的危险事故是损害的近因，其后发生的危险事故均为远因。在此情况下，无须对照其后的危险事故是否是保险责任，只要认定最先发生的事故是否是保险责任事故，便可确定保险人是否承担赔偿或给付保险金的责任。例如，地震倾覆了煤油炉，溅出的油遇到燃烧的炉芯使房屋起火，热辐射燃着了第二座房屋，火花与燃屑随风而飘，燃着了第三座房屋……最后，大火殃及距第一起火点500米以外的一座建筑物，则引起最后一座建筑物起火的近因是地震，而地震属于财产保险的除外责任，因此，保险人不承担该建筑物的损失。

3. 多种原因同时致损近因的判断

有些情况下，保险标的损害是由两个或两个以上互不相关的因素同时发生所致。例如，火灾发生在风暴过程中，并造成了损失；骚乱过程中发生了火灾，火灾及骚乱者趁势纵火均造成了损失。在这种情况下，保险人处理赔案时应遵循以下原则。

如果这两个或两个以上的危险事故都是保险责任，或都不是保险责任，则无须追究致损的近因，便可决定保险人完全承担或完全不承担赔偿或保险金给付责任。前例中火灾和风暴同时发生，且彼此互相独立，由于火灾和风暴都是保险责任事故，所以所有的损失都由保险人负责赔偿。

如果这两个或两个以上的危险事故兼有保险责任与除外责任，则应以"直接有效、起决定作用"为判断标准分析近因。如果近因是保险责任，则保险人承担赔偿或给付责任；如果近因不是保险责任，保险人不承担任何责任；如果无法判定近因或各个危险事故在致损过程中作用均衡时，便应进一步勘查损失可否按成因进行划分；如果能区分开，保险人仅承担保险责任事故引起的部分损害的赔偿或给付；如果不能区分开，保险人不负任何赔偿责任，因为这里涉及了除外责任。前例中，火灾与暴乱同时发生造成了损失，火灾是保险责任，暴乱是除外责任，由于无法区分哪些损失是由火灾引起，哪些损失是由暴乱造成的，保险人不负赔偿责任。

4. 多种原因间断发生致损近因的判断

多种原因间断发生，是指在一连串发生的危险事故中，若有一种新的独立因素介入，使原有的前因后果关系中断并导致损失，则新介入的因素是近因；若近因属于保险责任，保险人就承担赔付责任；反之，若近因不属于保险责任，保险人不承担任何责任。

3.4 认识损失补偿原则

3.4.1 损失补偿原则的含义

所谓损失补偿原则，是指在补偿性保险合同中，保险标的遭受保险责任事故而致损时，被保险人从保险人处获得的经济补偿金额不能超过其实际损失，即保险人的赔偿只能使被保险人在经济上恢复到受损前的状态，而不能通过保险赔偿获得额外利益。

该原则表明，被保险人在保险期限内遭受到保险责任事故而致损时，有权向保险人索赔，保险人也必须承担保险合同所约定的赔偿义务，赔偿金额除受保险金额、保险利益的限制外，还应坚持损失多少赔偿多少，以防止被保险人获得额外利益。

3.4.2 损失补偿原则的内容

1. 被保险人请求损失赔偿的条件

当被保险人的财产遭受保险责任范围内的损失后，有权向保险人提出索赔。在实际业务中，被保险人要获得赔偿必须具备以下条件。

（1）保险标的必须是在保险期间遭受保险责任范围内的事故受到损失，保险人才履行经济赔偿责任。首先，只有在保险合同有效期限内发生事故造成了损失，保险人才负责赔偿；其次，保险标的参加了保险，并不意味着保险人对标的的所有损失都予以负责，而只负责赔偿保险合同约定的保险责任事故造成的标的损失。如果保险标的的损失是由非保险责任所致，则保险人不负责赔偿。

（2）被保险人只有对保险标的具有保险利益才能获得赔偿。根据保险利益原则，保险财产发生保险事故时，被保险人对保险标的不具有保险利益的，不得向保险人请求赔偿保险金。例如，银行将借款人抵押的一幢房屋投保，如果银行在保险事故发生前已收回全部贷款，则即使保险事故发生在保险合同有效期内，银行也不能从保险人处获得赔偿，因为此时银行对房屋已无保险利益。

（3）被保险人遭受的损失必须能用货币来衡量。如果被保险人遭受的损失不能用货币来衡量，保险人就无法确定应赔偿多少，也就无法实施赔偿。

2. 保险人赔偿的金额限度

保险人在确定赔偿金额时应考虑以下因素。

（1）以实际损失为限。保险财产发生保险责任范围内的事故遭受损失，保险人的赔偿应使被保险人在经济上能够恢复到保险事故发生前的水平。如果保险人对被保险人的损失赔偿得太少，标的物就得不到完全恢复；如果赔偿太多，容易导致道德危险。

一般地，实际损失的确定应以保险标的的市场价格为依据。例如，某台机器按照实际价值10万元投保，保险期限为1年，6个月后因意外灾害造成全损，此时该机器的市场价格为9万元，因此，被保险人遭受的实际损失为9万元，保险人赔偿被保险人9万元，不必再考虑保险金额是多少。

（2）以保险金额为限。保险金额是保险人承担经济补偿的最高限额，被保险人因保险标的遭灾受损所获得的经济补偿数额，只能小于或等于而不能大于保险金额。例如，投保的机器，保险金额为10万元，在保险期限内遭灾全部损毁，损失当时机器的市场价格为11万元，因此，被保险人的实际经济损失为11万元，但由于保险金额为10万元，保险人只赔偿10万元。

（3）以保险利益为限。保险财产发生保险事故，被保险人进行索赔时，对保险标的必须具有保险利益，而且保险人赔偿金额不能超过被保险人对该项标的所具有的保险利益。例如，某人以20万元的房屋作抵押向银行申请10万元贷款，银行将受押的房屋投保了财产保险，投保房屋在保险期内遭受火灾全部损毁。此时这栋房屋的实际价值为20万元，但由于银行的贷款额是10万元，其对房屋的保险利益也就只有10万元，因此，保险人只能赔偿银行10万元。

综上所述，当保险标的因保险事故遭受损失时，保险人的赔偿金额以实际损失为限，以保险金额为限，以被保险人对保险标的的保险利益为限，三者之中，以最低者为限。

为了避免被保险人通过保险赔偿获得额外利益，在赔偿实务中保险人应注意以下几点。

第一，保险标的遭受部分损失后仍有残值的，保险人在计算赔款时，应对残值作相应的扣除。通常是将残余部分折价给被保险人，并在赔款中扣除。

第二，如果保险事故是由第三者责任造成的，保险人在对被保险人进行赔偿后，应依法取得向责任方的追偿权。

第三，如果某一保险标的存在重复保险，发生保险事故后，各保险人应按其保险金额占全部保险金额总和的比例承担赔偿责任。

3. 损失赔偿方式

通常情况下，保险人有权在订立保险合同时，针对承保标的的实际情况选择不同的方法计算赔偿金额。由于投保方式不同，保险人对标的损失的赔款计算方式也不相同。

（1）比例分摊赔偿方式。在不定值保险中，当保险金额小于保险标的实际价值时，称为不足额保险。不足额保险发生损失时，采取比例分摊赔偿方式，按照保险金额与保险标的实际价值的比例计算出保障程度，再按其损失额比例赔偿。其计算公式为：

赔偿金额 = 损失金额 × 保障程度

保障程度 = 保险金额 ÷ 实际价值 × 100%

损失金额 = 损失当时完好财产实际价值 − 残值

例如，某企业财产估价投保，保险金额为100万元，标的在保险期限内发生损失，损失额为30万元，损失当时保险标的的实际价值为150万元，则：

保险人赔偿金额 = 30 ×（100 ÷ 150）× 100% = 20（万元）

不足额保险之所以采取比例分摊赔偿方式计算赔款，是由于财产保险中保险费率是建立在保险标的足额投保的基础上，不足额保险意味着投保人所付保险费比足额投保交的少。被保险人对其财产不足额投保，标的损失后也不应得到足额赔偿。保险人采取比例分摊赔偿方式的目的是使投保人尽量按照财产的实际价值足额投保，因此，保险标的一旦被损毁，被保险人能够得到充分的经济补偿。

当保险金额等于保险标的实际价值时，称为足额保险。发生损失时，保险人按损失金额赔偿。

保险金额大于保险标的实际价值的是超额保险。当出现超额保险时，保险人一般按足额保险对待，主张超过部分无效，并退还超过部分金额的保险费。

（2）第一损失赔偿方式。第一损失赔偿方式是把保险财产价值分为两部分：与保险金额相等的部分，称为第一危险责任，发生的损失称为第一损失；超过保险金额的部分，称为第二危险责任，发生的损失称为第二损失。

第一损失赔偿方式，是指保险财产发生损失后，不论保险金额占全部应保财产实际价值的比例是多少，只要损失在保险金额限度内，保险人均按实际损失赔偿。第二损失由被保人自负。这种赔偿方式的特点是赔偿金额等于损失金额，但不得超过保险金额，其公式如下：

当损失金额≤保险金额时，赔偿金额＝损失金额

当损失金额＞保险金额时，赔偿金额＝保险金额

该赔偿方式主要适用于家庭财产保险的室内财产损失赔偿。

(3) 限额赔偿方式。限额赔偿方式是保险人在订立合同时便规定保险保障的标准限额，保险人负责赔偿实际价值与标准保障限额的差额，又可分为两种形式。

①损失超过一定限额的赔偿。保险标的的损失在规定的标准限额内，保险人不负责赔偿，只有损失超过规定限额，保险人才负赔偿责任。这里所说的规定限额通常称为免赔额，是指在保险人根据保险合同作出赔偿之前，先由被保险人负责承担的一部分损失。免赔额有相对免赔额和绝对免赔额两种情况。相对免赔额下，当保险财产损失超过免赔额时，保险人按全部损失进行赔偿，其公式为：

赔偿金额＝损失额

绝对免赔额下，当保险财产损失超过免赔额时，保险人仅就超过免赔额的那部分损失进行赔偿。其公式为：

赔偿金额＝损失金额－免赔额

例如，某货物投保货物运输保险，保险金额为 100 000 元，保险合同约定的免赔率为 1%，则免赔额为 100 000 ×1% ＝1 000（元）。现假设损失为 2 000 元，如果执行相对免赔额，保险人承担全部经济损失 2 000 元；如果实行绝对免赔额，则保险人只负责赔偿其差额部分 1 000 元。

②收获量不足一定限额的赔偿。这种赔偿方式主要适用于农作物收获保险。当收获量没有达到保险合同约定的限额时，由保险人补足其差额部分；收获量超过约定限额时，被保险人无论是否遭受灾害，保险人均不负赔偿责任。例如，李某将一亩（1 亩 ＝666.67 平方米）小麦投保收获保险，保险合同中约定的保险人的承保限额是 300 千克，价值为 600 元，由于遭受灾害，小麦减产，亩产量只有 100 千克，价值为 200 元。这样保险人应赔偿承保限额与实际收获价值的差额 400 元。但如果受灾后小麦亩产量仍在 300 千克以上，收获价值不低于 600 元，保险人就不必再负赔偿责任。

3.4.3 损失补偿原则的例外

损失补偿原则虽然是财产保险（广义）的一项基本原则，但在保险实务中还存在着一些保险人的赔款有可能超过被保险人实际损失的情况，就构成了损失补偿原则的例外。

1. 定值保险

定值保险是保险双方当事人事先约定被保险财产的保险价值作为保险金额，发生保险事故造成被保险财产损失时，不论损失当时保险财产的实际价值是多少，保险人按合同约定的价值赔偿，无须再进行估价。

在定值保险中，保险人按保险合同约定的保险金额计算赔款。其中，发生全部损失时按保险金额赔偿。如运输中的货物保险价值为 1 200 万元，保险金额为 1 200 万元，货物出险全损，损失当时货物的实际价值为 1 100 万元，但保险人按保险金额赔偿 1 200 万元。

如果发生保险事故造成保险财产部分损失，则按损失程度赔偿，其计算公式如下：

$$赔偿金额 = 保险金额 \times 损失程度$$

$$损失程度 = \frac{保险标的损失当时的完好价值或实际价值 - 残值}{保险标的损失当时的完好价值或实际价值} \times 100\%$$

假设上例中的货物发生部分损失，损失当时货物的实际价值为1 100万元，残值为220万元，则：

$$损失程度 = (1\,100 - 220) \div 1\,100 \times 100\% = 80\%$$

$$保险赔偿金额 = 1\,200 \times 80\% = 960（万元）$$

定值保险一般适用于运输货物保险以及那些难以估价的名画、古董等艺术品类的财产保险。

2. 重置价值保险

重置价值保险是指以被保险人重置或重建保险标的所需费用或成本确定保险金额的保险。在重置价值保险情况下，发生损失时，按重置费用或成本赔付，可能出现保险赔款大于实际损失的情况。

3. 施救费用的赔偿

被保险人为抢救保险标的支付的必要的、合理的费用，由保险人承担，其赔偿数额在损失赔偿金额以外另行计算，因此，损失和费用的赔偿总和可能超过保险金额。

需要注意的是，如果保险财产损失采取比例分摊赔偿方式计算赔款，费用的赔偿应采取相同的比例。

3.4.4 损失补偿原则不适用于人身保险

除医疗保险外，人身保险均属于给付性合同，不适用于补偿原则，因此，保险事件发生时，保险人不必考虑被保险人有无损失以及损失金额是多少，只按保险合同约定的金额给付保险金。具体地说，当被保险人遭遇保险事故而致死亡或保险期限届满或达到合同约定年龄时，保险人按保险合同约定的保险金额全额给付保险金；当因保险事故而致被保险人残疾时，则根据其伤残程度按保险金额的一定比例来计算残疾保险金。

人身保险中的医疗保险是补偿性保险，是以被保险人实际支付的医疗费用作为保险人赔偿的条件和依据，而医疗费用的支付是有确定数目的，因此，医疗保险是人身保险的例外，适用于损失补偿原则，保险人只对被保险人实际支付的医疗费进行补偿。

3.5 认识损失补偿原则的派生原则

3.5.1 代位原则

1. 代位原则的含义

代位，即取代别人的某种位置。保险的代位，是指保险人取代被保险人的地位，向责任方追偿。

代位原则是指在补偿性保险合同中，当保险标的由于第三者责任导致保险事故发生遭受损失，或者保险标的因保险事故造成推定全损，保险人按照保险合同的约定履行赔偿责任后，依法取得对保险标的损失负有责任的第三者的追偿权或对该项标的的所有权。当保险标的发生保险责任范围内事故遭受损失，而该事故又是由于第三者的疏忽、过失或故意行为所致，则一方面，被保险人可以按照保险合同的规定，向保险人要求赔款，这是由保险合同产生的权利；另一方面，被保险人可以受害人身份依法向责任方（第三者）要求赔偿，这是基于法律而产生的权利。

被保险人的两种权利都符合法律规定，并受法律保护。在这两种权利依法并存的情况下，被保险人既可以向保险人请求赔偿，也可以向责任方要求赔偿，从而获得双重利益，这违反了保险的损失补偿原则。为了解决这一矛盾，便产生了代位追偿原则。可见，代位追偿原则的规定，可以防止被保险人在同一次灾害损失中取得重复赔偿，同时使肇事者承担其依法应负的民事损害经济赔偿责任。

同样，当保险标的发生推定全损，保险人按全部损失进行赔偿后，取得对保险标的的所有权，可以防止被保险人获得标的残值的额外利益。

代位原则的主要内容包括权利代位和物上代位。

2. 权利代位

权利代位是指在补偿性保险合同中，保险标的发生保险事故受损，根据法律规定或有关约定，应由第三者负责赔偿的，保险人予以赔偿后，应当在赔款金额限度内，依法取得被保险人向第三者请求赔偿的权利。

（1）保险人取得代位追偿权的条件有以下几个。

①保险标的发生保险责任事故遭受损失。只有保险责任范围内的事故造成的保险标的损失，保险人才负责赔偿。如果由于第三者责任造成保险标的损失，但不属于保险责任，那么被保险人只能向责任方要求赔偿，而无权要求保险人赔偿，也就谈不上代位追偿。

②保险事故是由第三者责任所致。只有当保险事故是由第三者责任造成时，受害人（即被保险人）才有权利向第三者（即责任方）要求赔偿并在取得保险赔偿后将向第三者要求赔偿的权利转移给保险人，由保险人进行代位追偿。如果是由于自然灾害或意外事故造成保险标的损失，而不是由第三者过失、疏忽或故意行为所致，那么就不存在代位追偿问题，保险人只是按照保险合同规定履行经济赔偿义务。

③保险人的先行赔偿。保险标的发生保险事故遭受损失后，保险人承认被保险人的损失赔偿请求并履行全部赔款义务后才能取得代位追偿权，即保险人的先行赔款是其取得代位追偿权的先决条件。

（2）被保险人向保险人转移追偿权的限度。被保险人转移追偿权，是有一定限度的，他只转让属于保险责任范围内保险人负责赔偿的部分，对不属于保险人承担的赔偿责任，应由第三者负责赔偿的损失，被保险人应保留其赔偿请求权。《保险法》第六十条第二款规定："保险人行使代位请求赔偿的权利，不影响被保险人就未取得赔偿的部分向第三者请求赔偿的权利。"

（3）保险人行使代位追偿权的权益范围。保险人在代位追偿中享有的权益以其对被保险人赔偿的金额为限。首先，保险人在代位追偿中仅享有被保险人可以享有的权益。例如，在船舶保险中，保险船舶与另一船舶相撞，双方各负 50% 的责任，若该保险船舶损失 200 万元，则该被保险人只有向对方船东要求赔偿 100 万元的权利，保险人获得的代位追偿权益也不能超过 100 万元。其次，保险人在代位追偿中获得的利益，通常不能超过被保险人实际得到的赔款。如果保险人从第三者追偿的金额小于或等于其赔款金额，则全部归保险人所有；如果高于保险人的赔偿金额，则应将超过的部分退还给被保险人。

（4）保险人取得代位追偿权的方式。保险人可以通过两种方式取得代位追偿权：一是法定方式，即保险人在履行赔偿保险金责任时即可取得代位追偿权；二是"权益转让书"方式，即保险人在被保险人签署权益转让书后才取得代位追偿权。《保险法》第六十条第一款规定："我国保险人是通过法定方式取得代位追偿权的。但在保险实践中，保险人支付保险赔款后，通常要求被保险人出具权益转让书，用以确认保险人代位追偿的时间和向第三者追偿的最高金额。"

（5）被保险人不能损害保险人的代位追偿权。《保险法》第六十一条规定："保险事故发生后，保险人未赔偿保险金之前，被保险人放弃对第三者请求赔偿权利的，保险人不承担赔偿保险金的责任；保险人向被保险人赔偿保险金后，被保险人未经保险人同意放弃对第三者请求赔偿权利的行为无效；被保险人故意或者因重大过失致使保险人不能行使代位请求赔偿权利的，保险人可以扣减或者要求返还相应的保险金。"

代位追偿权，是随着保险人实际支付赔款后出现的，是保险人的合法权益，如果被保险人放弃对第三者的赔偿请求权，就侵犯了保险人的利益，保险人有权免除赔偿责任，因此，为了保证代位追偿权的顺利实现，保险人有权要求被保险人履行某些义务，归纳起来有两点。

①根据被保险人所获取的经济赔偿，要求其履行帮助保险人的义务。被保险人得到经济赔偿，应当依法将向第三者的追偿权转移给保险人，并协助保险人追偿。我国《保险法》第六十三条规定："保险人向第三者行使代位请求赔偿的权利时，被保险人应当向保险人提供必要的文件和所知道的有关情况。"

②保险人为了追偿顺利，可向执法部门申请，限制被保险人做出有损于保险人追偿权利实现的行为。

（6）保险人代位追偿的对象。保险人代位追偿的对象是对保险事故的发生和保险标的的损失负有民事赔偿责任的第三者，可以是法人，也可以是自然人。对代位追偿的对象，许多国家都以立法形式加以限制，《保险法》第六十二条规定："除被保险人的家庭成员或者其组成人员故意造成本法第六十条第一款规定的保险事故外，保险人不得对被保险人的家庭成员或者其组成人员行使代位请求赔偿的权利。"

（7）代位追偿原则不适用于医疗保险以外的人身保险。代位追偿原则只适用于补偿性保险合同，而不适用于给付性保险合同。在医疗保险以外的人身保险中，如果由于第三者责任造成被保险人的伤害，被保险人或受益人既可向保险人申请保险金，同时可要求责任方承担赔偿责任。保险人不能以给付保险金为由，向肇事方行使代位追偿，而肇事方也不能因保险人已给付保险金，而不承担过失责任。《保险法》第四十六条规定："被保险人因第三者的行为而发生死亡、伤残或者疾病等保险事故的，保险人向被保险人或者受益人给付保险金后，不享有向第三者追偿的权利，但被保险人或者受益人仍有权向第三者请求赔偿。"

3. 物上代位

物上代位是指保险标的遭受保险责任范围内的损失，保险人按保险金额全数赔偿后，依法取得对该项标的的所有权。

（1）物上代位的产生。物上代位通常产生于对保险标的作推定全损处理。推定全损是指保险标的遭受保险事故尚未达到完全损毁或灭失的程度，但实际全损已不可避免，或者为防止实际全损发生而支付的费用将超过保险价值或者修理受损保险标的的费用将超过修复后的价值，保险人按照全损赔偿的一种推定性损失。由于推定全损是保险标的并未完全损毁或灭失，即还有残值，所以保险人在按全损支付保险赔款后，理应取得保险标的的所有权，否则被保险人就可能由此而获得额外利益。

（2）物上代位权的取得。保险人的物上代位权是通过委付来取得的。委付是指保险标的发生推定全损时，被保险人要求保险人按全损赔偿，并以明确方式表示将标的的所有权全部转移给保险人的行为。

委付是一种放弃物权的法律行为，是海上保险独有的一种处理保险标的损失的手段。

①委付的条件。委付的成立必须具备一定的条件。

第一，委付必须以推定全损为条件。因为委付包含着全额赔偿和转移保险标的的一切权利义务两重内容，所以必须是在推定全损时才能适用。

第二，委付必须由被保险人向保险人提出。按照国际海上保险惯例，被保险人可以通过书面或口头形式，向保险人或其授权的经纪人提出委付申请。在我国海上保险实践中，委付必须是以书面形式向保险人提出。被保险人不向保险人提出委付的，保险人只对保险标的按部分损失处理。

第三，委付必须就保险标的的全部。委付具有不可分割性，不能仅就保险标的的一部分进行委付，否则容易产生纠纷。

第四，委付不得附有条件。如果允许委付附带任何条件，将会增加保险合同双方关系的复杂性，并可能引起保险人和被保险人之间的纠纷。

第五，委付必须经过保险人的同意。被保险人向保险人提出的委付申请，必须经过保险人的同意才能生效。在保险实务中，保险人在赔偿保险金之前应从被保险人处取得权益转让书。

②委付的效力。首先，委付不得撤回。委付一经成立，便对保险人和被保险人产生了法律约束力。委付成立后，保险人和被保险人都不能撤销。其次，保险人接受委付后，不仅获得了因该标的而产生的权益；同时，也要承担与该标的相关的民事责任，因此，保险人在接受委付时必须慎重。

（3）保险人在物上代位中的权益范围。保险人在物上代位中的权益范围可能会由于保险标的保障程度的不同而有所不同。在足额保险中，保险人按保险金额支付保险金后，即取得对保险标的的全部所有权，因此，保险人在处理标的物时所获得的利益如果超过其所支付的赔偿金额，超过部分归保险人所有；如有对第三者损害赔偿请求权，索赔金额超过其支付的保险赔偿金额，也同样归保险人所有，而在不足额保险中，保险人只能按照保险金额与实际价值的比例取得受损标的的部分权利。由于保险标的的不可分割性，保险人在依法取得受损标的的部分权利后，通常将其折价给被保险人，并在保险赔偿金中作相应的扣除。

《保险法》第五十九条规定："保险事故发生后，保险人已支付了全部保险金额并且保险金额等于保险价值的，受损保险标的的全部权利归于保险人；保险金额低于保险价值的，保险人按照保险金额与保险价值的比例取得受损保险标的的部分权利。"

3.5.2 分摊原则

1. 分摊原则的含义

在重复保险的情况下，当发生保险事故造成保险标的损失时，各保险人应采取适当的分摊方法承担赔偿责任，使被保险人既能得到充分的补偿，又不致获得额外利益。

由于重复保险是投保人就同一保险标的的与几个保险人签订保险合同，且保险金额总和超过保险标的的价值，这就有可能使被保险人在保险标的发生损失时从不同的保险人处获得多重赔偿，从而违背了损失补偿原则。为了防止被保险人由于重复保险而获得额外利益，在重复保险的情况下应遵循分摊原则。

2. 重复保险的赔偿方式

在重复保险中，如果发生保险事故，保险标的的损失应由各保险人进行分摊。分摊的方式有三种：比例责任方式、限额责任方式和顺序责任方式。

（1）比例责任方式。这是一种最常用的重复保险的损失分摊方式，是指保险标的遭受损失时，各个保险人按其保险金额占重复保险金额之和的比例分担保险赔偿责任，以保险价值为限。

公式如下：

$$某保险人应负赔偿的责任 = 损失金额 \times \frac{该保险人承保金额}{各保险人承保金额之和} \times 100\%$$

例如，某企业一价值 1 800 万元的厂房，向 A、B、C 三家保险公司投保 1 年期火灾保险，三家公司的承保金额分别为 1 000 万元、600 万元、400 万元。在保险期限内因发生火灾造成损失 800 万元，A、B、C 三家公司的赔款额分别为：

A 公司赔款额 = 800×1 000/（1 000＋600＋400）×100% = 400（万元）
B 公司赔款额 = 800×600/（1 000＋600＋400）×100% = 240（万元）
C 公司赔款额 = 800×400/（1 000＋600＋400）×100% = 160（万元）

（2）限额责任方式。限额责任方式，是指各保险人对于损失的分摊，不以保险金额为基础，而是假设在没有重复保险的情况下，各保险人按其单独应负的最高赔款限额与各保险人应负最高赔偿限额总和的比例承担责任。计算公式如下：

$$某保险人赔款额 = 损失金额 \times 该保险人赔款比率$$

$$= 损失金额 \times \frac{该保险人最高赔款限额}{各保险人最高赔款限额总和} \times 100\%$$

前例中，按限额责任方式，A、B、C 三家公司应承担的赔款额为：

A 公司赔款 = 800×800/（800＋600＋400）×100% = 355.56（万元）
B 公司赔款 = 800×600/（800＋600＋400）×100% = 266.66（万元）
C 公司赔款 = 800×400/（800＋600＋400）×100% = 177.78（万元）

（3）顺序责任方式。顺序责任方式是指保险标的受损后，根据各个保险人出立保单的时间顺序来确定赔偿责任，即由第一家出立保单的保险公司在其保险金额限度内首先承担赔偿责任，后出立保单的保险公司只有在财产损失额超过第一家保险公司的保险金额时，才依次承担超出的部分。以此类推，直到被保险人的全部损失获得赔偿。

《保险法》第五十六条第二款规定："重复保险的各保险人赔偿保险金的总和不得超过保险价值。除合同另有约定外，各保险人按照其保险金额与保险金额总和的比例承担赔偿保险金的责任。"这说明，按照《保险法》的规定，在保险合同没有特别约定的情况下，重复保险采取比例责任方式分摊损失。

需要说明的是，人身保险不受重复保险的限制，即如果人们向几家保险公司投保多份同一种类的人身保险，在发生保险事件时可以取得多份保险金。

项目小结

1. 保险利益原则是指在签订或履行保险合同的过程中，投保人或被保险人对保险标的应当具有保险利益。具体而言，人身保险在订立合同时，投保人对被保险人必须具有保险利益，否则合同无效；财产保险在保险事故发生时，被保险人对保险标的必须具有保险利益，否则不得向保险人请求赔偿保险金。遵循保险利益原则有利于避免把保险变成赌博行为、限制保险保障和赔偿的程度以及防止道德危险的产生。保险利益原则在财产保险和人身保险实务应用中有所不同，表现为保险利益的来源不同、时效要求不同、保险利益价值的计算方式不同。

2. 最大诚信原则要求保险双方在签订和履行保险合同时，必须保持最大限度的诚意，双方都应恪守信用，互不欺骗和隐瞒，如实公布有关情况，严格履行合同规定的义务，否则合同无效。最大诚信原则的内容主要是告知、保证、弃权和禁止反言。投保方违反最大诚信原则，要承担相应的法律后果。

3. 近因原则是保险赔偿与给付的先决条件是，造成保险标的损害后果的近因必须是保险责任事故。当保险标的因事故而致损害时，被保险人或受益人能否获得赔偿或给付，取决于造成保险标的损害的近因是否是保险责任。若属于保险责任，保险人必须承担赔偿或给付保险金的责任；若不属于保险责任，保险人可以拒绝承担赔付责任。

4. 损失补偿原则是指在补偿性保险合同中，保险标的遭受保险责任范围的损失时，被保险人从保险人处获得的经济补偿金额不能超过其实际损失，即保险人的赔偿只能使被保险人在经济上恢复到受损前的状态，而不能通过赔付获得额外利益。保险人的赔偿金额要考虑保险金额、保险利益和实际损失等因素。保险人可以采取比例分摊赔偿方式、第一损失赔偿方式和限额赔偿方式等计算赔款。定值保险、重置价值保险和施救费用的赔偿及人身保险的给付构成了损失补偿原则的例外。

5. 代位原则是在补偿性保险中，保险标的发生保险事故造成推定全损，或者保险标的由于第三者责任导致保险损失，保险人按照保险合同的约定履行赔偿责任后，依法取得对保险标的的所有权或对保险标的损失负有责任的第三者的追偿权。代位原则主要包括权利代位和物上代位。

6. 分摊原则是在重复保险的情况下，当保险事故发生时，各保险人应采取适当的分摊方法分配赔偿责任，使被保险人既能得到充分的补偿，又不致获得额外利益。保险人可以采取比例责任方式、限额责任方式和顺序责任方式三种方法来分摊损失责任。分摊原则不适用于人身保险。

实训任务

一、单项选择题

1. 下列哪些利益可作为保险利益（　　）。
   A. 违反法律规定或社会公共利益而获取的利益
   B. 精神创伤
   C. 根据有效的租赁合同所产生的对预期租金的收益
   D. 刑事处罚

2. 保险利益为确定经济利益，即指（　　）。
   A. 现有利益　　　　　　　　　　B. 期待利益
   C. 现有利益和期待利益　　　　　D. 任何经济利益

3. 投保人因过失未履行如实告知义务，对保险事故发生有严重影响时，保险人对于保险合同解除前发生的保险事故（　　）。
   A. 应承担赔偿或给付保险金的责任
   B. 不承担保险赔偿或给付保险金的责任，并不退保费
   C. 不承担赔偿或给付保险金的责任，但可退还保费
   D. 部分承担赔偿或给付保险金的责任

4. 保险人在支付了 9 000 元的保险赔款后向负有责任的第三方追偿，追偿所得为 10 000 元，则（　　）。
   A. 10 000 元全部退还给被保险人
   B. 将 1 000 元退还给被保险人
   C. 10 000 元全部归保险人
   D. 多余的 1 000 元由保险双方平均享有

5. 除（　　）外，保险人不得行使代位求偿权。
   A. 人寿保险　　　　　　　　　　B. 意外伤害保险
   C. 医疗保险　　　　　　　　　　D. 第三者责任保险

二、多项选择题

1. 根据最大诚信原则，要求（　　）。
   A. 投保人在订立合同时如实告知保险标的的重要事宜
   B. 投保人在订立合同后严格履行保险合同
   C. 保险人在订立合同时，向投保人说明保险合同的主要内容
   D. 在保险事故发生后，保险人有足够的偿付能力

2. 投保人的告知形式是（　　）。
   A. 无限告知　　B. 明确告知　　C. 明确说明　　D. 询问告知

3. 投保人对下列人员中具有可保利益的是（　　）。
   A. 债权人　　　B. 债务人　　　C. 本人　　　　D. 父母

4. 人身保险合同没有（　　）概念。

A. 保险金额　　　　　B. 保险价值　　　　　C. 重复保险　　　　　D. 保险期限

5. 财产保险合同中，投保人对（　　）具有可保利益。
   A. 拥有所有权的财产　　　　　　　　B. 受押财产
   C. 保管他人财产　　　　　　　　　　D. 已出售的财产

6. 下列有关代位求偿的说法错误的是（　　）。
   A. 被保险人有权就未取得保险人赔偿的部分向第三者请求赔偿
   B. 适用于财产保险和人身保险
   C. 保险人代位求偿取得第三人的赔偿金额超过赔偿金额，超过的部分应归保险人所有
   D. 在任何情况下，保险人不得对被保险人的家庭成员或者其组成人员行使代位求偿权

7. 保险人在确定赔款金额时的限制因素包括（　　）。
   A. 以实际损失为限　　　　　　　　　B. 以保险金额为限
   C. 以保险标的的净值为限　　　　　　D. 以保险利益为限

8. 下列原则中不适用于人身保险合同的有（　　）。
   A. 保险利益原则　　　　　　　　　　B. 损害赔偿原则
   C. 最大诚信原则　　　　　　　　　　D. 代位追偿原则

9. 关于近因原则的表述正确的是（　　）。
   A. 近因是造成保险标的损失最直接、最有效的、起决定作用的原因
   B. 近因是空间上离损失最近的原因
   C. 近因是时间上离损失最近的原因
   D. 近因原则是在保险理赔过程中必须遵循的原则

三、判断题

1. 明示保证与默示保证具有同等的法律效力。（　　）
2. 保险人通过委付所得利益超过其支付给被保险人的部分必须返还被保险人。（　　）
3. 保险人通过代位追偿所得利益超过其支付给被保险人的部分应返还被保险人。（　　）
4. 人身险的保险利益必须在保险合同订立时存在，而不要求在事故发生时存在。（　　）
5. 定值保险的被保险人有可能获得超过实际损失的赔偿。（　　）
6. 财产保险中在订立保险合同时，投保人对保险标的没有保险利益也可投保。（　　）

四、问答题

1. 保险利益的概念及其构成条件？
2. 保险利益原则的含义及意义？
3. 人身保险和财产保险在应用保险利益原则上的区别？
4. 最大诚信原则的含义和主要内容？
5. 违反最大诚信原则的法律后果？
6. 近因原则的含义及其具体运用？
7. 损失补偿原则的含义及保险人确定赔款金额的限制因素？
8. 保险人进行损失补偿的计算方法？

9. 代位原则的含义及内容？
10. 分摊原则的含义及分摊方式？

五、案例分析与计算

1. 2009年10月，李某为其妻子张某投保某款寿险，保险期限20年，保险金额为10万元，合同中指定受益人为李某。后二人离婚，离婚后各自再婚。2010年11月，李某在一次出差中因交通事故不幸身故。此时，在得知张某生前购买保险的事实后，张某家人及李某都向保险公司提出保险金的请求。请问保险公司应如何处理？为什么？

（提示：依据人身保险的保险利益时效规定来分析）

2. 一批财产在投保时按市场价确定保险金额为600万元，后因发生保险事故，损失为200万元，被保险人支出施救费用为5万元。这批财产在发生保险事故时市价为800万元。试计算保险公司应赔偿多少保险金。

（提示：按照比例分摊赔偿方式进行计算）

项目四

认识人身保险

4.1 认识人身保险

4.1.1 人身风险与人身保险

1. 人身风险

人身风险是指人的生命或身体遭受损害的风险,即人们所面临的生、老、病、死、伤、残等发生的不确定性,表现为费用的增加或收入的减少。人身风险包括生命风险和健康风险。

(1) 生命风险。生命风险是与人的生存与否有关的风险。对此,一个人会面临两种情况:早逝风险和年老风险。早逝风险是指一个人"活得太短"的风险。如果一个人去世太早,则与死亡本身相关的费用支出和收入的丧失会给依赖其收入生活的人造成经济负担或经济困难。老年风险是指一个人"活得太久"的风险。人老后,就面临退休问题,这时个人虽仍生存但收入来源已中断,对于那些到退休时没有储蓄或储蓄不足的人来说,无法满足其退休后老有所养的需要,这会给其家人或社会造成一定的经济负担。

(2) 健康风险。健康风险主要是指影响人的身体健康或健全程度的风险,包括疾病风险和残疾风险。疾病风险是指人体内部感染疾病的可能性。残疾风险是指由于疾病、伤害事故等导致人体肌体损伤、组织器官缺损或功能障碍等的可能性。二者对个人或家庭经济方面的影响主要表现为两方面:一是医疗费用的增加;二是收入的减少或中断,疾病或伤害的发生对人体造成损害,会引起暂时或永久性劳动能力的丧失甚至死亡。

2. 人身保险

人身保险是以人的生命或身体作为保险标的,当被保险人发生死亡、伤残、疾病、年老等事件或达到合同约定的年龄和期限时,由保险人按合同的约定承担给付保险金责任的保险。

(1) 人身保险的保险标的。人身保险的保险标的包括人的生命和身体两部分。当以人的生命作为保险标的时,以生存和死亡两种状态存在;当以人的身体作为保险标的时,其存在状态表现为人的健康状况、生理功能和劳动能力(人赖以谋生的手段)等方面。

(2) 人身保险的保险责任。人身风险的客观存在是人身保险产生、存在和发展的前提。

人身风险包括人的年老、疾病、伤残、死亡等，因此人身保险的保险责任包括人的生存、死亡、伤残、疾病、年老等方面。当被保险人发生死亡、伤残、疾病、年老等保险事件或合同期限届满或达到合同约定的年龄后，由保险人根据保险合同的约定，向被保险人或受益人给付保险金。

4.1.2 人身保险的特征

人身保险的特征可以从两方面理解：一是与财产保险相比较人身保险的特殊性；二是与社会保险相比较人身保险的特殊性。

1. 人身保险与财产保险的比较

人身保险和财产保险（广义）是两类不同性质的保险，各具有自身不同的特性。与财产保险相比较，人身保险具有以下几方面的特征。

（1）保险标的具有特殊性。人身保险以人的生命或身体为保险标的，人的生命或身体不能用货币来衡量其价值的大小；而财产保险以财产及其相关的利益、责任、信用为保险标的，可以用货币来衡量其价值的大小。

（2）人身保险是定额保险。人身保险的保险标的不能用货币来衡量其实际价值的大小，因此，人身保险的保险金额是由投保人依据被保险人的风险保障需要和自身的交费能力与保险人协商确定。一般情况下，人们对人身保险的需要包括丧葬费用、医疗费用、子女教育费用、遗属生活费用、退休养老费用和债务等。投保人的交费能力则与其收入水平和负担状况有关，而财产保险中，保险金额是根据保险标的在投保时的实际价值来确定的。

（3）生命风险具有相对稳定性和变动性。生命风险的相对稳定性是指人身保险所承保的生命风险发生的概率波动相对较规则。人们根据对若干人生命规律的跟踪调查制成了生命表，发现同一年龄段人们所面临的死亡率相差不大，并以此作为厘定人身保险费率的基础，而财产保险由于保险标的种类繁多，影响保险标的的因素更是复杂多样，其风险发生极不规则，存在较大偶然性，因此，财产保险事故的发生规律不易确定。

生命风险的变动性是指人身保险所承保的死亡风险随着年龄的增长而上升，是逐年变动的，特别是人到晚年死亡率更是加速度上升。如果单纯按死亡率来确定费率，则被保险人在不同的年龄所适用的费率不同，年龄越大，保费越高。为了避免被保险人在其晚年可能会由于无力承担高额保费而丧失保险保障，在保险实务中采取"均衡保费"的做法，将投保人应缴纳的保费在缴费期内重新均摊，使投保人每年缴纳的保费相同。而财产保险中，在社会环境、管理条件不变的情况下，财产在每年遭受风险损失的概率基本上变化不大，无须频繁地调整费率。

（4）保险期限具有长期性。在人身保险中，占其业务绝大部分的人寿保险都是长期保险，其保险期限短则几年，长则十几年、几十年甚至终身，而财产保险的保险期限为一年或一年以内，是短期保险。

（5）保险利益具有特殊性。首先，人身保险的保险利益没有量的规定性。从理论上讲，由于人的生命和身体不能用货币来衡量其价值大小，因此，人身保险的保险利益没有量的规定性，所以，人身保险中一般只考虑有无保险利益，而不考虑保险利益的金额是多少，保险利益一般是无限的，但在某些特殊情况下，人身保险的保险利益有量的规定性，如债权人以债务人为被保险人投保死亡保险，保险利益以其债权金额为限。而财产保险的保险利益是以保险标的的实际价值为依据来确定的。其次，人身保险对保险利益的时效要求具有特殊性。在人身保险中，要求投保人在投保时必须对保险标的具有保险利益，保险合同生效后，保险利益的变化不影响合同的效力，而财产保险中，要求在保险事故发生时被保险人对保险标的必须具有保险利益，否则被保险人无权要求保险人赔偿。

（6）人身保险在保险合同中指定受益人。人身保险的绝大多数险种都包括死亡责任，即在保险有效期限内当被保险人死亡时，保险人承担给付保险金的责任。这就要求在订立保险合同时明确当被保险人死亡时领取保险金的人，因此，投保人身保险时，应当由被保险人或者投保人指定受益人，投保人指定受益人时应征得被保险人同意。而投保财产保险，保险合同中通常不需要指定受益人，发生保险事故造成保险财产损失时，由被保险人本人领取保险金。

（7）人身保险具有储蓄性。储蓄最基本的特征是返还性和收益性。人身保险具有储蓄性。首先，人身保险最基本的保险责任是死亡，而按照人的生命规律，人最终都将走向死亡，从而使人身保险的死亡给付具有了某种必然性。其次，由于人身保险期限较长，在实际业务中采取均衡保费，这使得投保人在保险期限的前一阶段实际支付的保险费大于应交保险费，形成了保险费的预交（称为储蓄保费），这部分保费从所有权归属上仍属于投保人所有，但由保险人保管使用，并取得收益。收益的一部分应以利息的形式返还给投保人，从而使投保人获得了一定的收益，而财产保险的保险期限一般比较短，保险事故发生频繁且具有不确定性，因此，保险人向投保人收取的保险费不能进行长期投资，财产保险不具有储蓄性。

（8）人身保险定额给付保险金。人身保险是定额给付性保险（医疗保险除外），发生保险合同约定的保险事件时，不论被保险人有无损失及损失金额是多少，保险人按照保险合同约定的金额给付保险金，因此，人身保险不适用补偿原则，不存在代位追偿问题，也不受重复保险的限制，而财产保险中，只有当发生保险责任范围内的保险事故造成保险标的损失时，保险人才负责赔偿，而且赔偿金额不能超过其实际损失。

2. 人身保险与社会保险的比较

社会保险是国家通过立法采取强制手段对国民收入进行的再分配，形成专门的保险基金，对劳动者因为年老、疾病、生育、伤残、死亡等原因丧失劳动能力或因失业而中断劳动，本人和家庭失去收入来源时，由国家（社会）提供必要的物质帮助以保障其基本生活的一种社会保障制度。社会保险包括养老保险、工伤保险、生育保险、失业保险和医疗保险。

人身保险与社会保险既相互联系，具有一定的共同点，又相互区别。

（1）人身保险与社会保险的联系。首先，社会保险是人身保险进一步发展的产物。从时间上看，人身保险产生于17—18世纪的英国，而社会保险产生于19世纪的德国。当时，人身保险还从属于海上保险，风险非常大，多数人由于无力支付高额保费，因此不能通过参加人身保险获得保险保障，从而引发了社会矛盾，统治者为缓和矛盾，实施了社会保险政策。其次，人身保险和社会保险相互补充。人身保险的保障功能存在一定的局限性，通过人身保险获得风险保障要受一定条件限制，即并不是所有人都有资格和能力参加人身保险，人身保险也不是能对所有的风险都提供保障，社会保险是弥补人身保险的不足而产生的。同样，受经济发展水平的制约，社会保险只对人们最基本的生活需求提供保障，水平不能太高，范围和项目有限，不能充分满足人们的保障需求，更高层次的保障则需通过人身保险来实现。

(2) 人身保险与社会保险的共同点。从产生原因看，人身保险与社会保险均以风险的存在为前提；从保障内容看，均以人的生命或身体作为保险标的，以生、老、病、死、残为保险事故；在经营技术上以概率论和大数法则为制定费率的数理基础；以建立保险基金作为提供保障的物质基础；最终目的一致，二者共同为人民生活的安定和社会再生产的顺利进行、社会稳定和经济繁荣提供保障。

(3) 人身保险与社会保险的区别。

①性质不同。第一，行为依据不同。人身保险是依合同实施的商业行为，权利义务关系由民法调整；社会保险是依据立法实施的政府行为，是宪法确定的劳动者的一项基本权利。第二，实施方式不同。人身保险具有自愿性；社会保险具有强制性。第三，保障目标不同。人身保险是在保险金额限度内按保险事故所致损害程度给付保险金；社会保险则只保障人们的基本生活。第四，经营目的不同。人身保险由保险公司经营管理，以盈利为目的，独立核算，自负盈亏；社会保险由国家领导下的各级政府主管部门和下设的社会保险机构直接实施管理，不以营利为目的，以国家财政做后盾。

②保障对象和职能不同。人身保险以自然人为保险对象，受益人在投保时由被保险人（或投保人）指定，且可以变更；其职能是当发生保险合同约定保险事件时按合同规定给付保险金，与被保险人的生活和收入水平无关。社会保险以劳动者及其供养的直系亲属为保险对象，其受益人是被保险人或其合法继承人，不能转让或赠与；其主要职能是保障劳动者在病、老、伤残、丧失劳动能力、丧失劳动机会或死亡以后本人及其直系亲属的基本生活，以维持社会劳动力再生产的顺利进行。

③权利和义务的对等关系不同。人身保险强调的是"个人公平"原则，以多投多保、少投少保、不投不保的等价交换为前提；社会保险强调的是"社会公平"原则，只要劳动者履行了为社会劳动的义务，就能获得享受社会保险待遇的权利，劳动贡献与个人缴费的多少同保险待遇没有严格的对等关系。

④保费的负担不同。人身保险保费由个人负担。社会保险保费由国家、企业、个人三方合理负担，个人负担多少不取决于将来给付的需要。

⑤给付水平不同。人身保险的给付取决于缴费的多少和实际受伤害的程度。社会保险保障水平的确定要考虑劳动者原有生活水平、社会平均消费水平、在职职工平均工资的提高幅度、物价上涨、财政负担能力等，通常情况下以当地最低生活标准为准绳，不问缴费多少和实际损害的大小。

4.1.3 人身保险的分类

人身保险可以从不同的角度，按不同的标准分类。

1. 按照保险标的分类

按照保险标的，人身保险可分为人寿保险、人身意外伤害保险和健康保险。

（1）人寿保险。人寿保险是以人的生命为保险标的，以被保险人在保险期限内死亡或生存至保险期满为给付保险金条件的人身保险。在全部的人身保险业务中，人寿保险占绝大部分，因此，是人身保险的主要和基本险种。

（2）人身意外伤害保险。人身意外伤害保险是以人的身体为保险标的，以被保险人在保险期限内因遭受意外伤害事故导致死亡或残疾为给付保险金条件的人身保险。

（3）健康保险。健康保险是以人的身体为保险标的，保险人对被保险人因疾病或意外事故或生育等所致的医疗费用支出或因疾病、伤害丧失工作能力导致收入减少承担赔偿或给付保险金责任的人身保险。

2. 按照保险期限分类

按照保险期限，人身保险一般分为长期人身保险与短期人身保险。

（1）长期人身保险。长期人身保险是指保险期限超过一年的人身保险业务。

（2）短期人身保险。短期人身保险是指保险期限在一年以内的人身保险业务。

人寿保险通常是长期业务，保险期限一般是几年、十几年、几十年直至终身。人身意外伤害保险一般是一年期业务，也有只保一次航程、一次旅程的游客、旅客或公共场所游客意外伤害保险。健康保险中的重大疾病保险一般是长期业务，医疗保险及收入损失保障保险等一般为短期业务。

3. 按照投保方式分类

按照投保方式，人身保险一般分为个人人身保险、联合人身保险和团体人身保险。

（1）个人人身保险。个人人身保险是一张保险单只为一个人提供保险保障的人身保险。

（2）联合人身保险。联合人身保险是由存在一定利害关系的两个或两个以上的人作为联合被保险人同时投保的人身保险，如父母、夫妻、子女等可以作为联合被保险人同时投保。联合人身保险中，在保险期限内当第一个被保险人死亡，保险人将保险金给付给其他生存的人；如果在保险期限内无人死亡，保险金给付给所有被保险人或其指定的受益人。

（3）团体人身保险。团体人身保险是一张保险单为某一单位所有或大部分在职职工提供保险保障的人身保险。在团体人身保险中，投保人是团体组织，被保险人是团体中的在职人员，由团体组织缴纳保费为其职工投保。团体人身保险包括团体人寿保险、团体意外伤害保险和团体健康保险等。

4. 按照被保险人的风险程度分类

按照被保险人的风险程度，人身保险可分为健体保险与次健体保险。

健体保险。健体保险又称为标准体保险，是指对于身体、职业、道德等方面没有明显缺陷的被保险人，保险人按照所制定的标准费率来承保的人身保险。

次健体保险。次健体保险又称为弱体保险，是指被保险人的风险程度超过了标准体的风险程度，不能用正常或标准费率承保，但可以附加特别条件来承保的人身保险。

4.2 认识人寿保险

4.2.1 人寿保险的概念

人寿保险又称生命保险，简称寿险，是以人的生命（或寿命）为保险标的，以被保险人在保险期限内死亡或生存至保险期满为给付保险金条件的人身保险。投保人寿保险后，被保险人在保险期限内死亡或满期生存，都构成保险责任，由保险人按照保险合同的约定给付死亡保险金或生存保险金。

投保人寿保险，可以为自己的生命投保，也可以为他人的生命投保，如父母为子女投保或子女为父母投保。人们可以为自己投保任何种类的寿险，但为他人投保以死亡为给付保险金条件的人寿保险时，有两方面的限制：一是被保险人必须具有完全行为能力；二是必须征得被保险人的同意并认可所保的金额，否则，合同无效。

投保人寿保险，可以为自己的利益投保，也可以为他人的利益投保。如为自己投保生存保险，或者为他人投保死亡保险而指定自己为受益人的是为自己的利益而投保；如为自己投保死亡保险，指定他人为受益人，或为他人投保生存保险，则是为他人的利益投保，不论为谁的利益投保，都应在合同中指定受益人。

4.2.2 人寿保险的特征

人寿保险是人身保险最基本、最主要的组成部分，具备人身保险的一般特征，但与人身意外伤害保险和健康保险相比较，人寿保险还具有一些自身特征。

1. 以人的生命为保险标的

人寿保险以人的生命为保险标的，以生命的两种存在状态，即生存和死亡为给付条件。

2. 承保风险的特殊性和风险变动的规律性

人寿保险承保的是生命风险，生命风险与人的年龄密切相关，同一年龄段的人有相对稳定的死亡率，且随着年龄的增长，人的死亡概率也在逐年增大，从而使死亡概率呈现较强的规律性。

3. 人寿保险是长期保险

人寿保险的保险期限都比较长，有几年、十几年、几十年或者终身，由投保人根据需要进行选择。

4. 人寿具有保障和储蓄双重性

人寿保险的纯保费一般由危险保费和储蓄保费两部分构成。危险保费即是自然保费，用于承担当年度的保险责任。投保人寿保险后，当达到合同约定的给付条件时，由保险人给付保险金，从而为被保险人提供保险保障。储蓄保费即是投保人缴纳的超过自然保费的部分，保险人可以对其加以运用，并对投保人给予一定的利息或分红。

5. 保险技术要求高

人寿保险费的计算要借助于生命表、利息、终值、现值等计算工具，以预定死亡率、预定利率、预定费用率为基础进行科学计算。不仅如此，人寿保险采用均衡保费，还需将保费在缴费期内进行均摊，以使投保人在缴费期间每一年缴纳的保险费数额相等。

4.2.3 人寿保险的种类

从功能角度看，人寿保险包括传统人寿保险和创新型人寿保险。传统人寿保险又可分为普通人寿保险和特种人寿保险；创新型人寿保险包括分红人寿保险、万能人寿保险和变额人寿保险。

1. 传统人寿保险

（1）普通人寿保险。普通人寿保险是以个人为投保对象的生存、死亡保险和两全保险的总称。

①生存保险。生存保险是被保险人在保险期限届满或达到约定年龄仍生存，保险人依照合同约定给付保险金的一种人寿保险。生存保险以被保险人的生存为给付条件，如果被保险人在保险期限内死亡，保险人就不必承担给付责任，也不退还保险费。

②死亡保险。死亡保险是以被保险人在保险期限内死亡为给付保险金条件的人寿保险。按照保险期限的不同，死亡保险分为定期死亡保险和终身死亡保险。

定期死亡保险又称定期寿险，是被保险人在规定的保险期限内死亡保险人给付保险金的人寿保险。如果被保险人在保险期限届满时仍生存，保险人不给付保险金，也不退保险费。

终身死亡保险又称终身寿险，或不定期死亡保险，是指以死亡为给付保险金条件，且保险期限为终身的人寿保险。在终身寿险中，保险人对被保险人终身提供死亡保障，无论被保险人何时死亡，保险人都要给付保险金。终身寿险依据缴费方式的不同，可以分为满期缴费终身寿险和限期缴费终身寿险。

满期缴费终身寿险又叫普通终身寿险，是指保险合同生效后，投保人必须终身定期缴纳保险费，直到被保险人死亡时保险人给付保险金为止。如果投保人中途停缴保险费，除合同另有规定外，将会影响保单的效力。

限期缴费终身寿险是在一定年限内分期缴纳保险费的终身寿险，即在保险合同中约定一个缴费期限，投保人在约定的期限内支付全部保险费。约定缴费期限有两种形式：一是规定一定的年限，如5年、10年、15年或20年，由投保人在投保时选择，年限越长，每年支付的保险费越少；二是约定缴费期满时被保险人的年龄，如合同中约定在被保险人60岁前缴清全部保险费。

在保险实务中，多数投保人选择限期缴费方式投保，这样可以减轻投保人年老时的缴费负担。

③两全保险。两全保险又称生死合险，是以被保险人的生存或死亡为给付保险金条件的保险。即被保险人在保险期限内死亡，保险人按照保险合同的约定给付死亡保险金；被保险人生存至保险期限届满，保险人按合同的约定给付生存保险金。

两全保险是将生存保险和死亡保险合二为一的保险，因此，投保两全保险所缴纳的纯保费是同一时期生存保险和死亡保险纯保费之和。

（2）特种人寿保险。特种人寿保险是指在保单条款的某一方面或某几方面作出特殊规定的人寿保险，其主要形式包括以下几个。

①简易人寿保险。简易人寿保险是一种低保费、低保额、免验体的人寿保险。因其承保手续简单，称之为简易人寿保险。

简易人寿保险的保险金额比较低，按份计算，投保人至少投保1份，可投保多份。每一份的保险金额依被保险人的性别、年龄和保险期限而有所不同。由于保险金额低，所以在承保时不要求被保险人体检，只要被保险人自我感觉良好，能正常工作、正常劳动的，就视为健康，从而简化了投保手续。简易人寿保险的保险费低且缴费次数频繁，一般每月缴费一次。保险合同中对保险期限有明确的规定，投保人从条款规定的期限档次中选择保险期限。由于简易人寿保险不查体，这样可能会使一些在投保时已患病但感觉不到的人也参加了保险，从而使保险赔付的可能性增加。因此简易人寿保险的费率高于一般寿险费率。

②年金保险。年金保险是在被保险人生存期间，保险人按照合同的规定每年给付（或每月给付）一定的生存保险金的保险。它与生存保险一样，都以被保险人的生存为给付保险金的条件。所不同的是，年金保险是在保险期限内被保险人生存，保险人定期给付（如每年或每月支付一次）保险金，而生存保险则是被保险人生存至保险期满时保险人按保险合同约定的金额一次性给付生存保险金。

一般地，年金保险可以按给付期限不同分为定期年金保险、终身年金保险和最低保证年金保险。

定期年金保险是在合同中规定给付期限，被保险人在给付期限内生存，保险人按期给付约定的年金额；若被保险人在规定期限内死亡或给付期限届满，保险人停止给付年金（两者以先发生的日期为准）。

终身年金保险是指被保险人到达约定年龄时，保险人开始给付年金直至被保险人死亡为止。

最低保证年金保险是为了防止被保险人过早死亡而由其受益人按规定继续领取年金的一种方式。年金的给付有两种方式：一是规定最低给付年限，即若在规定期限内被保险人死亡，由其受益人继续领取年金直至达到规定的最低年限；二是规定给付的最低金额，即当被保险人死亡时，其领取的年金总额低于最低保证金额的，可由其受益人领取差额。

③子女保险。子女保险是指由父母或扶养人作为投保人，以其未成年子女为被保险人的人寿保险。子女保险主要采取两全保险和终身寿险两种形式。子女保险主要有以下特征。第一，保险责任主要以生存给付为主。投保子女保险的目的主要是使子女在达到一定年龄时（如18～22岁上大学期间或大学毕业时）能有一笔可观的资金，以供其接受教育、创业或结婚之用。第二，规定最高保险金额。父母为子女投保人寿保险一般都规定可投保的最高限额。如《保险法》第三十三条规定："投保人不得为无民事行为能力人投保以死亡为给付保险金条件的人身保险，保险人也不得承保。父母为其未成年子女投保的人身保险，不受前款规定限制，但是，因被保险人死亡给付的保险金总和不得超过国务院保险监督管理机构规定的限额。"第三，豁免保费。在子女保险中通常规定，作为投保人的父母如果在缴费期内不幸死亡或全残，可以免缴以后各期保费，保险合同仍然有效。

④弱体保险。弱体保险又称次健体保险，是以身体有缺陷或风险程度（即死亡率）超过正常情况的人为被保险人的一种保险。如以有遗传病史者、从事高风险职业者等作为保险对象的保险，即为弱体保险。

由于弱体保险被保险人面临的风险程度高，保险人不能按标准费率承保，必须附加一定条件，一般是在标准体保险费的基础上再加收一定数额的保险费。

⑤团体人寿保险。团体人寿保险是以团体为对象，以团体的所有成员或大部分成员为被保险人的一种人寿保险。在团体人寿保险中，通常由团体的负责人作为团体的代表，向保险公司办理投保手续，保险公司只签发一张保险单。

团体人寿保险对每个被保险人的保险金额作统一规定，而不是由被保险人自行选择。保险费率依据投保团体从事工作的性质、职业特点、以往的索赔情况等确定，团体内的被保险人实行同一费率。

2. 创新型人寿保险

创新型人寿保险又称为投资型人寿保险，是保险人为增加保险产品竞争力而在传统寿险产品基础上进行创新开发的一系列新型寿险产品。该类产品具有保障性和投资性双重功能。常见的创新型人寿保险包括分红寿险、万能寿险和变额寿险。

（1）分红寿险。分红寿险是保险人在每个会计年度结束后，将该年度的部分可分配盈余，按一定的比例，以现金红利或增值红利的方式分配给保单持有人的一种人寿保险。

与传统寿险相比，分红寿险有以下特点。

①保险公司与客户之间利益共享。分红寿险的投资风险由保险公司承担，但如果保险公司有可分配盈余，客户在享受基本保障和一定水平的保底预定利率的基础上还可以获得红利。传统寿险是由保险公司承担各类风险，并且独享其收益。

②保险金额随着红利的获得而增加。分红寿险的保险金额可依据分红情况进行相应的增加，基本保险金额加分红即形成了保险合同的有效保险金额。传统寿险的保险金额一般是固定不变的。

③设立单独的投资账户，运作有一定的透明度。分红寿险的保险费要分别在两个独立的账户内运作，一个是保障账户，负责传统的保障功能；另一个是投资账户，追求增值，每个会计年度末保险公司都要计算投资账户价值情况，并决定分红方案，运作有一定的透明度。传统寿险只设一个综合性账户，所有的保费收入、保险金给付以及其他的资金往来都通过综合性账户进行。

分红寿险的红利主要来源于利差益、死差益和费差益。其中，利差益是实际投资回报率大于预定利率所产生的盈余；死差益是实际死亡率小于预定死亡率所产生的盈余；费差益是实际费用率小于预定费用率所产生的盈余。

（2）万能寿险。万能寿险是一种缴费灵活、保险金额可调整的人寿保险。该险种是为了满足消费者灵活缴纳保费的需要而设计的。其主要特点有以下几个。

①缴费方式灵活。保单持有人可以在保险公司规定的幅度内选择任何一个数额，在任何时候缴纳保费。一般是规定一个首期保险费限额，投保人在支付了首期保险费之后，只要保险单的现金价值能够支付其应负担的成本与保障费用，保险合同就继续有效，续期保险费的缴付时间、数额可以由保单持有人自己决定。

②保险金额可按约定调整。保单所有人可以自行确定保险金额，而且可以提高和降低保险金额，但在提高保险金额时通常要提供可保证明，目的是为了防止逆选择。

③设立独立投资账户，有固定的保证利率。万能寿险设立独立的投资账户，并且个人投资账户的价值有固定的保证利率，但是，当个人账户的实际资产投资回报率高于保证利率

时,寿险公司要与客户分享高于保证利率部分的收益。

④保险单运作透明。保险人定期向保单持有人公开组成账户价格的各种因素,用以说明保险费、保险金额、利息、保险成本、各项费用以及保单现金价值的数额与变动状况,便于客户进行不同产品的比较并监督保险人的经营状况。

(3) 变额寿险。变额寿险是保险费固定、保险金额可以变动的长期性人寿保险,其保险金额可以随着投资账户中投资结果的变动而进行调整。在变额寿险中,寿险公司将客户缴纳的保险费分成保障和投资两个部分,设立保障账户和投资账户,其中主要部分进入投资账户,投资资金通过投资专家进行运作,获取较高的投资回报,使客户受益,但是,投资部分的回报率是不固定的,保险金额随投资收益的变化而变化。与传统寿险相比,变额寿险具有以下特点。

①具有保障和投资双重功能。变额寿险具有保障和投资双重功能,并且从某种程度上说更侧重于其投资功能;传统寿险只有保障功能。

②保险金额是可变动的。变额寿险的保险金额由基本保险金额和额外保险金额两部分构成。基本保险金额是合同规定的最低死亡给付金额,是固定不变的,是被保险人无论如何都能得到的最低保障金额;额外保险金额随投资账户资金运用情况而变动。传统寿险的保险金额在投保时确定,保障程度是固定的。

③保单现金价值依投资账户价值确定。变额寿险保单现金价值是保单拥有的所有"投资账户单位"的价值总和,是随着投资账户资金的投资情况而变动的;传统寿险保单的现金价值是在合同订立时就已确定了的。

④透明度高。变额寿险中,保险公司定期向客户公布有关信息,包括投资账户的设置及资金投向、投资收益率、投资单位价格、各项费用的收取比例等;传统寿险的客户不了解保险公司对其所交保险费是如何运作的。

⑤投保人承担投资风险。变额寿险的保险人只承担死亡率和费用率变动的风险,保单投资风险完全由投保人承担;传统寿险的保险人承担了包括利率变化、死亡率提高和费用增加等方面的风险。

4.2.4 人寿保险的常用条款

1. 不可争条款

(1) 不可争条款的含义。不可争条款又称不可抗辩条款,是指人寿保险合同中,在保险人知道投保人违反如实告知义务或保险合同生效一定时期后,保险人不得以投保人在投保时没有履行如实告知义务等为理由而主张保险合同自始无效;或者保险人在订立合同时已经知道投保人未尽如实告知义务的,不得解除合同,发生事故时仍应承担给付保险金的责任。

该条款说明,如果保险人发现投保人投保时违反如实告知义务,误告、漏告、隐瞒某些重大事实,足以影响其决定是否承保或以什么费率条件承保,主张保险合同自始无效的,必须在一定时期内提出,如在合同生效两年内提出。保险合同生效两年后,成为不可争议的文件,即使保险人发现投保人有违反最大诚信原则的行为也不能主张合同自始无效。

(2) 不可争条款的意义。在人寿保险合同中规定不可争条款有利于保护被保险人的利益。根据最大诚信原则的规定,投保人在投保人寿保险时,要如实申报被保险人的职业、年龄、健康状况等，以便保险人作出承保决策。如果投保人隐瞒真实情况，保险人有权主张合同无效，不承担保险责任，这保障了保险人的正常利益。但是，保险人主张合同无效有一定的时间界限，以保险人知道解除事由之日起的 30 天或保险合同生效后的两年为限，这是因为人寿保险合同的保险期限一般比较长，如果保险合同生效许多年以后，还允许保险人以投保人在投保时违反最大诚信原则为理由而主张合同无效，那么被保险人可能年龄已大，身体健康状况发生变化，不再符合投保条件，或者虽符合投保条件，但已无力缴纳保险费，从而失去保险保障，而且还可能会发生这种情况：保险人知道投保人在投保时隐瞒了一些真实情况，但仍予以承保，如果不发生保险事故，则按期收取保险费；如果发生保险事故，则主张合同无效，不履行给付保险金义务。这对被保险人来说显然是不公平的。

（3）不可争条款的法律规定。《保险法》第十六条第三款规定："……合同解除权，自保险人知道有解除事由之日起，超过 30 日不行使而消灭。自合同成立之日起超过两年的，保险人不得解除合同；发生保险事故的，保险人应当承担赔偿或者给付保险金的责任。"第六款规定："保险人在合同订立时已经知道投保人未如实告知的情况的，保险人不得解除合同；发生保险事故的，保险人应当承担赔偿或者给付保险金的责任。"

不可争条款同样适用于保单效力中止后的复效，复效后的保单在两年后也是不可抗辩的。

2. 年龄误告条款

（1）年龄误告条款的含义。如果投保人在投保时错误地申报了被保险人的年龄，保险金额将根据真实年龄予以调整。如果被保险人的实际年龄已超过条款规定的年龄界限的，保险人可以解除合同，并将已收保费无息退还，但需要在可抗辩期内（保险合同生效两年内）完成。

（2）年龄误告条款的内容。按照《保险法》第三十二条的有关规定，年龄误告条款包括以下 3 方面内容。

①投保人申报的被保险人年龄不真实，并且其真实年龄不符合合同约定的年龄限制的，保险人可以解除合同，并按照合同约定退还保险单的现金价值。保险人行使合同解除权，适用本法第十六条第三款、第六款的规定的有关规定。

②投保人申报的被保险人年龄不真实，致使投保人支付的保险费少于应付保险费的，保险人有权更正并要求投保人补交保险费，或者在给付保险金时按照实付保险费与应付保险费的比例支付。调整的公式为：

实际给付的保险金 = 约定保险金额 × 实交保费/应交保费

假设某人投保 20 年期的定期寿险，保险金额为 10 万元，保险费的缴纳方式是 10 年限缴，投保年龄为 40 岁，年缴保费 2 540 元。若干年后，此被保险人死亡。

保险人在理赔时发现被保险人投保时的实际年龄为 42 岁，而 42 岁的被保险人年缴保费为 2 760 元。所以，实际保险金额应调整为：

100 000 × (2 540/2 760) = 92 029（元）

即保险人给付受益人的保险金是 92 029 元，而不是 10 万元。

③投保人申报的被保险人年龄不真实，致使投保人支付的保险费多于应付保险费的，保险人应当将多收的保险费退还投保人。

3. 宽限期条款

（1）宽限期条款的含义。宽限期条款是指分期缴费的人寿保险合同自投保人缴纳首期保险费合同生效后，当投保人未按期缴纳第二期或以后某期的保险费时，在宽限期内，保险合同仍然有效，如发生保险事件，保险人仍负责任，但要从其支付的保险金中扣回所欠保险费。

（2）宽限期条款的法律规定。《保险法》第三十六条规定："合同约定分期支付保险费，投保人支付首期保险费后，除合同另有约定外，投保人自保险人催告之日起超过 30 日未支付当期保险费，或者超过约定的期限 60 日未支付当期保险费在前款规定期限内发生保险事故的，保险人应当按照合同约定给付保险金，但可以扣减欠交的保险费。"

4. 复效条款

（1）复效条款的含义。复效条款是指人寿保险合同约定分期支付保险费的，投保人支付首期保险费后，除合同另有约定外，超过规定的日期未支付当期保险费而使合同效力中止的，经投保人与保险人协商并达成协议，在投保人补缴保险费本息后，合同效力恢复。但是，自合同效力中止之日起一定时期内双方未达成复效协议的，保险人有权解除合同。解除合同时，投保人已缴足两年以上保险费的，保险人应当退还保单的现金价值；投保人未缴足两年保险费的，保险人应当扣除手续费后，退还保险费。

合同效力中止不是合同的失效，而是因投保人未按期缴纳保险费导致的合同效力的暂时中断。如果投保人未在保险合同规定的缴费日前缴纳保险费，则保险合同自该缴费日的次日起效力中止；如果合同中有宽限期的规定，则保险合同自宽限期结束的次日起效力中止。保险合同效力中止期间发生保险事故，保险人不负责任，但这并不意味着保险合同永久失去效力，投保人可以在规定的期限内申请恢复合同的效力。投保人向保险人提出复效申请，经保险人审查同意后，投保人补缴保费本息即可恢复合同效力。

保险合同的复效，并不变更原有合同的各项权利义务，这比建立新合同对投保人更有利。但是，申请复效有时可能会隐含逆选择因素，因此保险人应谨慎对待，可以提出一些限制性条件，如要求在合同效力中止两年内复效，以保证被保险人的身体健康状况符合保险人的承保条件。

（2）复效条款的法律规定。《保险法》第三十七条第一、第二款规定："合同效力依照本法第三十六条规定中止的，经保险人与投保人协商并达成协议，在投保人补交保险费后，合同效力恢复，但是，自合同效力中止之日起满二年双方未达成协议的，保险人有权解除合同。保险人依照前款规定解除合同的，应当按照合同约定退还保险单的现金价值。"

5. 不丧失价值任选条款

（1）不丧失价值任选条款的含义。不丧失价值任选条款是指分期缴费的人寿保险合同，当投保人无力或不愿继续缴纳保险费，提出退保或者保险人解除合同时，对于保单的现金价值的返还方式由投保人选择。

该条款表明，投保人享有保单现金价值的权利，不因保单效力的变化而丧失。投保人可以任选一种形式取得保单的现金价值。

现金价值是指带有储蓄性的人寿保险单所具有的价值。在人寿保险合同中，由于实行均衡保险费，投保人在保险期限的前期，实际缴纳的保险费大于应缴保险费，形成保险费的预缴，预缴的保险费加上利息逐年积存的责任准备金形成了保单的现金价值。现金价值数额为保单的责任准备金减去退保手续费。人寿保险中除定期死亡保险外的大部分保单，投保人缴足两年以上保险费后都具有现金价值。

通常情况下，保险公司都将保单的现金价值表附在保险合同中，说明计算方法及采用的利率，使投保人可以随时了解保单的现金价值量。

(2) 现金价值的返还方式。保单的现金价值属于投保人所有，当投保人或者保险人解除保险合同时，投保人可以通过3种方式取得现金价值。

①现金返还。对于那些不想继续参加保险的投保人，可以向保险人提出退保，领取退保金。

②将原保单改为缴清保单。缴清保单（或减额缴清保单）是原保单的保险责任、保险期限不变，只依据保单的现金价值数额相应降低保险金额，投保人不必再缴纳保险费的保单。即投保人可以将保单的现金价值作为趸缴保险费，投保与原保单保险责任相同的人寿保险，保险期限自停缴保险费时起至原保单期满时止，保险金额则依据趸缴的保险费数额相应减少。

采用"缴清保单"的处理方法，对于被保险人而言，可以连续不断地享有保险保障；对于保险人而言，不必付出现金，业务关系也不致中断。

③将原保单改为展期保单。展期保单是将保单改为与原保单的保险金额相同的死亡保险，保险期限相应缩短，投保人不必再缴纳保险费的保单。即以保单的现金价值作为趸缴保险费，投保死亡保险，保险金额与原保单相同，保险期限依据保险费数额而定，但不能超过原保单的保险期限。如：某人于1989年4月20日投保了20年期的两全保险，合同生效5年后（即1994年4月20日）投保人决定将其改为死亡保险，则保险期限最长不超过15年。如果保单的现金价值作为趸缴保险费投保死亡保险后仍有剩余，则可以剩余部分作为保险费投保其他保险，或者以现金方式返还给投保人。

采用"展期保单"的处理方法，对于投保人来说，无须再支付保险费，但被保险人仍能获得保险保障；而对保险人来说，由于保险金额不变，保险责任缩小，保险期限也不延长，所以既不增加保险人承担的风险，又可避免保险业务量的减少。

6. 自动垫交保费条款

自动垫交保费条款是指分期支付保险费的人寿保险合同，合同生效两年后，如果投保人逾期未支付当期保险费，保险人则自动以保单的现金价值垫缴保险费。对于此项垫缴保险费，投保人要偿还并支付利息。在垫缴保险费期间，如果发生保险事故，保险人仍承担责任，但要从支付的保险金中扣除垫缴的保险费及利息。当垫缴的保险费及利息达到保单的现金价值数额时，保险合同自行终止，投保人不能再要求保险人退还保单的现金价值。

保险人以保单的现金价值自动垫缴保险费时，必须事先征得投保人的同意，即在保险合同中事先约定，或者由投保人签章委托，否则，投保人并不承认在停缴保险费期间保险人仍然提供保险保障，双方在退保金的数额上可能会发生争议。

7. 保单贷款条款

保单贷款条款是在人寿保险中，投保人缴足两年以上保险费后，投保人或受益人可以具有现金价值的人寿保险单为质押向保险人申请贷款。贷款数额以该保单的现金价值为限。投保人或受益人应按期归还贷款并支付利息,当贷款不能按期归还时,保单的现金价值按法定程序归保险人所有。如果在归还贷款本息之前发生了保险事故或退保,保险人有权从其所支付的保险金或退保金中扣还贷款本息。当贷款本息达到保单的现金价值数额时,保险合同自行终止,保险人应向投保人或被保险人发出终止保险合同的书面通知。

当投保人或受益人以保单为质押向保险人申请贷款时,应将保单移交给保险人占有,但以死亡为给付保险金条件的人寿保险单的质押,必须征得被保险人的书面同意。

8. 自杀条款

(1) 含义。自杀条款是指在保险合同生效后(包括复效)的一定时期内(一般为两年),被保险人因自杀死亡属于除外责任,保险人不给付保险金,仅退还投保人缴纳的保险费(扣除手续费);保险合同生效一定时期后被保险人因自杀死亡的,保险人按照保险合同的约定给付保险金。

自杀是指法律意义上的自杀,即故意用某种手段终结自己生命的各种行为。自杀必须符合两个条件:一是主观上有终结自己生命的意图;二是客观上实施了足以使自己死亡的行为。二者缺一不可。

(2) 法律规定。《保险法》第四十四条第一、第二款规定:"以被保险人死亡为给付保险金条件的合同,自合同成立或者合同效力恢复之日起两年内,被保险人自杀的,保险人不承担给付保险金的责任,但被保险人自杀时为无民事行为能力人的除外。保险人依照前款规定不承担给付保险金责任的,应当按照合同约定退还保险单的现金价值。"

4.3 认识人身意外伤害保险

4.3.1 人身意外伤害保险的概念

1. 意外伤害

人身意外伤害保险的意外伤害是指在被保险人没有预见到或违背被保险人意愿的情况下,突然发生的外来致害物明显、剧烈地侵害被保险人身体的客观事实。意外伤害由意外和伤害两个必要条件构成,只有主观上的意外而无伤害的客观事实,不能构成意外伤害;反之,只有伤害的客观事实而无主观上的意外,也不能构成意外伤害。只有在意外情况下发生的伤害,才能构成意外伤害。

(1) 意外。意外是针对人们的主观状态而言,它是指侵害的发生是人们事先没有预见到,或违背人们的主观意愿。意外事故,是指外来的、突然的、非本意的事故。

(2) 伤害。伤害是指外来致害物使人的身体受到侵害的客观事实。伤害由致害物、侵害对象、侵害事实3个要素构成,三者缺一不可。

致害物是造成伤害的物体或物质。侵害对象是致害物侵害的客体,即人的身体。侵害事实是致害物伤害人的身体的客观事实,如爆炸使人体受伤,即构成了伤害。

我国寿险公司条款中对意外伤害的界定是:意外伤害是指遭受外来的、突发的、非本意的、非疾病的使被保险人身体受到剧烈伤害的客观事件。

2. 人身意外伤害保险

人身意外伤害保险是当被保险人在保险期限内遭受意外伤害事故而致死亡或残废时，保险人依照保险合同的约定给付保险金的保险。从定义中可知，意外伤害保险是以意外伤害造成被保险人的死亡或伤残为给付保险金的条件，其他原因如疾病等造成的死亡或伤残，或意外伤害事故造成的其他损失如医疗费用、收入减少等，保险人都不负责。

4.3.2 人身意外伤害保险的特点

与人寿保险相比较，人身意外伤害保险具有以下特点。

1. 保险金的给付条件更为严格

人身意外伤害保险是以被保险人在保险期限内遭受意外伤害事故而致其在责任期限内死亡或残废为给付保险金的条件。责任期限是指自被保险人遭受意外伤害事故之日起的一定时期（如90天、180天、1年等）。被保险人遭受意外伤害事故后，只有在责任期限内死亡或残废的，保险人才给付保险金。

2. 保险期限短

人身意外伤害保险的保险期限一般是一年或一年以内，有的只有几个月甚至更短。

3. 纯费率依据职业和生活环境而定

人身意外伤害保险中，意外伤害事故的发生与人的年龄关系不大，而与被保险人的职业特点和生活环境关系密切。所以，其纯费率是根据不同地区、不同职业人们的意外事故的统计资料计算的，从事高危险性职业的被保险人，保险费率也相对较高。

4. 定额给付具有特殊性

在人身意外伤害保险中，当被保险人因遭受意外伤害事故而致死亡时，保险人按合同约定的保险金额给付保险金；当被保险人因意外伤害事故而致残废时，保险人按其规定的伤残程度给付比例乘以保险金额给付保险金。

4.3.3 人身意外伤害保险的内容

1. 人身意外伤害保险的保险责任及其构成条件

人身意外伤害保险的基本责任是当被保险人因意外伤害事故而致死亡或残废时，保险人负责给付保险金。其派生责任包括因意外伤害而造成的医疗费用给付、误工给付等。构成意外伤害保险责任必须具备一定的条件。

（1）被保险人在保险期限内遭受了意外伤害。首先，被保险人遭受意外伤害必须是客观发生的事实，而不是臆想的或推测的；其次，被保险人遭受意外伤害的客观事实必须发生在保险期限之内。

（2）被保险人在责任期限内死亡或残废。首先，被保险人发生了死亡或残废的结果。死亡是指机体生命活动和新陈代谢的终止。在法律上发生效力的死亡包括两种情况：一是生理死亡；二是宣告死亡，即按照法律程序推定的死亡。残废包括两种情况：一是人体组织的永久性残缺（或称缺损）；二是人体器官正常机能的永久丧失。其次，被保险人的死亡、残废发生在责任期限之内。如果被保险人在保险期限内遭受意外伤害，在责任期限内死亡，则构成保险责任，但是，如果被保险人在保险期限内因意外伤害事故下落不明的，通常规定超过一定期限（如3个月或6个月）时，视同被保险人死亡，由保险人给付保险金；如果被保险人以后生还，则应将保险金退还给保险人。

责任期限对于意外伤害造成的残废实际上是确定残疾程度的期限。如果被保险人在保险期限内遭受意外伤害，在责任期限内治疗结束的，按治疗结束时确定的残疾程度给付残疾保险金；如果被保险人在保险期限内遭受意外伤害，在责任期限结束时治疗仍未结束的，则按照责任期限结束这一时点上的情况确定被保险人的残疾程度，并据此给付残疾保险金。

（3）意外伤害是被保险人死亡或残废的直接原因或近因。在人身意外伤害保险中，保险期限内发生了意外伤害事故，并且被保险人在责任期限内死亡或残废，但并不必然构成保险责任。只有当意外伤害与死亡或残废之间存在因果关系时，才构成保险责任，包括以下两种情况。

①意外伤害是死亡、残废的直接原因。意外伤害事故直接造成了被保险人的死亡或残废，构成保险责任，保险人按保险合同的约定给付保险金。

②意外伤害是死亡或残废的近因。当被保险人的死亡或残疾是由多种原因造成，但运用近因原则推定意外伤害是被保险人死亡或残废的近因时，构成了保险责任。

当意外伤害造成被保险人原有疾病发作而致其死亡或残废时，则构成了死亡或残废的诱因。这时，保险人不是按照保险金额和被保险人的最终后果给付保险金，而是比照身体健康的人遭受这种意外伤害会造成何种后果处理。

2. 人身意外伤害保险金的给付

（1）死亡保险金的给付。人身意外伤害保险中，当被保险人在保险有效期内因遭受意外伤害事故而致其在责任期限内死亡时，保险人按照保险合同的规定如数给付保险金。

（2）残疾保险金的给付。人身意外伤害保险中，当被保险人在保险有效期内因遭受意外伤害事故而致残废时，保险人按照保险合同的规定给付残疾保险金。残疾保险金的数额由保险金额和残疾程度给付比率两个因素确定，其计算公式为：

残疾保险金 = 保险金额 × 残疾程度给付比率

需要说明的是，在意外伤害保险中，保险金额既是每次事故的给付最高金额，也是保险期限内累计给付最高限额。即保险人给付每一被保险人的死亡保险金和残疾保险金，累计以不超过保险金额为限。当被保险人在保险有效期内因遭受意外伤害事故而在责任期限内死亡时，保险人按照保险合同规定给付保险金额的100%后，保险责任即告终止；如果在给付死亡保险金之前，已给付过残疾保险金，则应当从死亡保险金中扣除已支付的残疾保险金；如果一次意外伤害造成被保险人身体若干部位残疾时，保险人按保险金额与被保险人身体各部位残疾程度给付比率之和的乘积计算残疾保险金，如果各部位残疾程度百分率之和超过100%，则按保险金额给付残疾保险金；如果被保险人在保险期限内多次遭受意外伤害，则保险人对每次意外伤害造成的残疾或死亡均按保险合同的规定给付保险金，但累计以不超过保险金额为限。

4.4 认识健康保险

4.4.1 健康保险的概念

健康保险又称疾病保险,是以人的身体为保险对象,当被保险人因疾病或意外事故受到伤害造成医疗费用支出或收入损失时,由保险人负责补偿的一种人身保险。

健康保险承保的事故包括疾病和意外伤害。疾病是由于人体内部的原因,造成身体或精神的痛苦或不健全。构成疾病的条件有3方面:第一,疾病必须是由于明显非外来原因所造成的;第二,疾病必须是非先天性的原因所造成的;第三,疾病必须是由于非长存的原因所造成的。意外伤害是在被保险人没有预见到或违背被保险人意愿的情况下,突然发生的外来致害物明显、剧烈地侵害被保险人身体的客观事实,意外伤害由意外和伤害两个必要条件构成。

一般来说,健康保险的保障项目包括两类:一是被保险人因疾病或意外事故引起的医疗费用支出,即通常所说的医疗保险或医疗费用保险;二是因疾病或意外事故导致的收入损失,即收入损失补偿保险。

2006年8月,银保监会颁布的《健康保险管理办法》第二条规定:"健康保险,是商业保险公司通过疾病保险、医疗保险、失能收入损失保险和护理保险等方式对因健康因素导致损失给付保险金的保险。按此规定,健康保险的内容主要包括疾病保险、医疗保险、失能收入损失保险和护理保险。"

4.4.2 健康保险的特征

与人寿保险和意外伤害保险相比较,健康保险有以下特征。

1. 保险标的、保险事故具有特殊性

健康保险以人的身体为保险标的,以疾病或意外伤害引起的医疗费用、收入损失以及由于疾病致残、失能或死亡为保险事故。

我国《健康保险管理办法》第十四条规定:"长期健康保险中的疾病保险产品,可以包含死亡保险责任,但死亡给付金额不得高于疾病最高给付金额;前款规定以外的健康保险产品不得包含死亡保险责任,但因疾病引发的死亡保险责任除外;医疗保险产品和疾病保险产品不得包含生存给付责任。"

2. 保险经营内容具有特殊性

首先,健康保险的承保标准复杂。由于健康保险承保事故的特殊性,健康保险的承保条件比其他人身保险要复杂和严格得多,因此,在健康保险的承保实务中,保险人按照风险程度将被保险人分为标准体保险和非标准体保险两类。标准体是按正常费率予以承保的保险;非标准体则通过提高保费或重新规定承保范围来予以承保。而对于患有特殊疾病的人们,保险人制定特种条款,从而既可以使保险人的经营范围拓宽,又不至于给保险经营带来过大的风险压力。有时,还实行非保体规定,将完全不符合承保条件的人们视为拒保体不予以承保，而对由于特殊原因暂时不符合承保要求、经过一定时期后可能符合要求的人们（如孕产妇）则进行延期保险。在健康保险的核保中，需要综合考虑被保险人的年龄、既往病症、现病症、家族病史、职业、居住环境及生活方式等多种因素。

其次，厘定保险费率的因素复杂。影响人体健康的因素多而复杂，因此，在厘定健康保险费率时，不仅要考虑疾病的发生率、疾病持续时间、残疾发生率、死亡率、续保率、附加费用、利率等因素，还要考虑保险公司展业方式、承保理赔管理、公司主要目标以及道德风险、逆选择等因素对费率的影响。

3. 健康保险多为短期保险

短期健康保险是指保险期间在一年及一年以下且不含有保证续保条款的健康保险。保证续保条款是指在前一保险期间届满后，投保人提出续保申请，保险公司必须按照约定费率和原条款继续承保的合同约定。

除重大疾病保险、特殊疾病保险和长期护理保险外，绝大多数健康保险（尤其是医疗费用保险）的保险期限均为11年。

4. 健康保险具有补偿性

健康保险虽然是以人的身体为保障对象，是人身保险的一种，但重大疾病保险以外的健康保险是以被保险人因疾病或意外事故所致的医疗费用支出和收入损失为保险责任，而医疗费用和收入损失都可以货币衡量其大小，有确定的数额。

因此，疾病保险以外的健康保险具有补偿性，是补偿性保险，保险人支付的保险金不能超过被保险人实际支付的医疗费用或实际收入损失。同时，如果由于第三者的责任致使被保险人遭受意外事故而支付医疗费或收入减少，保险人补偿后，可以取得代位追偿权向责任方追偿。

《健康保险管理办法》第四条规定："医疗保险按照保险金的给付性质分为费用补偿型医疗保险和定额给付型医疗保险。费用补偿型医疗保险是指根据被保险人实际发生的医疗费用支出，按照约定的标准确定保险金数额的医疗保险，给付金额不得超过被保险人实际发生的医疗费用金额；定额给付型医疗保险是指按照约定的数额给付保险金的医疗保险。"

5. 健康保险实行成本分摊

由于健康保险有风险大、不易控制和难以预测的特性，因此，保险人对所承担的医疗保险金的给付责任往往带有很多限制或制约性条款，以使被保险人与保险人共同承担所发生的医疗费用支出。

4.4.3 健康保险的特殊条款

在健康保险中，由于其危险具有变动性和难以测定性，保险人的赔付经常发生。为了保护合同主体的利益，在健康保险合同中通常规定一些特殊条款。

1. 观察期条款

观察期也称试保期，是指健康保险合同成立之后到正式开始生效之前的一段时间。

在首次投保的健康保险单中通常要规定一个观察期（90天或180天等），观察期结束后保险单才正式生效。如果被保险人在观察期内因疾病或者其他免责事项死亡，则保险人在扣除手续费后退还保险费,保险合同终止。及时续保的健康保险合同不再设置观察期。

2. 犹豫期条款

投保人在收到保单之日起的 10 天内,可以无条件地要求保险公司退还保费,保险公司除收取最多 10 元的成本费以外,不得扣除任何费用。

《健康保险管理办法》第十五条规定:"长期健康保险产品应当设置合同犹豫期,并在保险条款中列明投保人在犹豫期内的权利。长期健康保险产品的犹豫期不得少于 10 天。"

3. 等待期条款

等待期,也称免赔期,是指健康保险中因疾病导致被保险人的病、残、亡发生后到保险金给付之前的一段时间,在等待期内的费用支出由被保险人自己承担。

健康保险合同中一般都有等待期的约定,但不同的健康保险种类规定的等待时间长短不同。短的只有 3~5 天,长的可达 90 天。

4. 免赔额条款

在健康保险中通常对医疗费用有免赔额的规定,即在合同规定的免赔额以内的医疗费用支出由被保险人自己负担,保险人不予赔付。只有当实际支付的医疗费用超过免赔额时,保险人才负责。在健康保险业务中通常采用绝对免赔额。

5. 比例给付条款

比例给付条款或称共保比例条款,是指在健康保险合同中,对超过免赔额以上的医疗费用部分采用保险人和被保险人共同分摊的比例给付办法。双方分摊的比例在合同中进行明确规定。如合同中规定共保比例为 85%,表明保险人对超过免赔额以上的医疗费用只承担 85%,被保险人自负 15%。

6. 给付限额条款

在补偿性健康保险合同中,通常规定保险人给付医疗保险金的最高限额,以控制总支出水平。可以规定单项疾病给付限额、住院给付限额、门诊费用给付限额等。

因此,在健康保险中,只有当实际支付的医疗费用超过免赔额时,保险人才负责。但对于超过免赔额以上的医疗费用,保险人并不全额负责,而是规定一定的给付比例。但给付数额不得超过合同中规定的给付限额。总之,在健康保险中,保险人只对超过免赔额部分的医疗费用按给付比例补偿,以给付限额为限。

4.4.4 健康保险的基本类型

从保障内容来看,健康保险包括医疗保险、疾病保险、收入保障保险和护理保险。

1. 医疗保险

(1) 医疗保险的概念。医疗保险是医疗费用保险的简称,是保险人对被保险人因疾病而支付的医疗费提供保障的保险。医疗保险是健康保险最重要的组成部分。

按照我国《健康保险管理办法》的规定,医疗保险是指以保险合同约定的医疗行为的发生为给付保险金条件,为被保险人接受诊疗期间的医疗费用支出提供保障的保险。

医疗费用是病人为了治病而发生的各种费用,一般包括医生的医疗费和手术费、药费、诊疗费、护理费、各种检查费和住院费及医院杂费等。

（2）医疗保险的主要险种。从保险保障范围来看，医疗保险包括普通医疗保险、住院医疗保险、手术医疗保险、综合医疗保险、门诊医疗保险等。

①普通医疗保险。普通医疗保险是对被保险人治疗疾病时所发生的一般性医疗费用提供保障的保险，主要包括门诊费用、医药费用和检查费用等。

普通医疗保险保费较低，适用于一般社会公众。但由于医药费用和检查费用的支出控制有一定的难度，这种保险一般采取补偿费用的方式给付保险金，有免赔额和共保比例规定，被保险人每次疾病所发生的费用累计超过约定保险金额时，保险人不再负责。

②住院医疗保险。住院医疗保险是保险人对被保险人因疾病或意外伤害住院而支出的各种医疗费用提供保障的保险。

住院医疗保险合同中对于首次投保或非连续投保住院医疗保险时有免责期的规定，且重大疾病住院免责期长于一般疾病，但因意外伤害住院和连续投保的则无免责期规定。这类合同通常还规定最长住院天数和每日给付金额。

③手术医疗保险。手术医疗保险是保险人对被保险人在治病过程中所必须进行的手术而产生的医疗费用提供保障的保险。保障范围包括手术费、麻醉师费、各种手术材料费、器械费和手术室费等。

④门诊医疗保险。门诊医疗保险是保险人对被保险人门诊治疗发生的诊断、治疗费用提供保障的一种保险。目前，门诊医疗保险仅限于被保险人住院前后一段时间内的门诊诊断和治疗费用的补偿，且主要采取团体方式承保。

⑤综合医疗保险。综合医疗保险是保险人为被保险人提供的一种保障范围较全面的医疗保险，其保障内容主要包括住院床位费、检查检验费、手术费、诊疗费和门诊费及某些康复治疗费用的补偿。

2. 疾病保险

（1）疾病保险的概念。疾病保险是指被保险人罹患合同约定的疾病时，保险人按合同约定的保险金额给付保险金的健康保险。这种保险以疾病为给付保险金条件，保险金额比较大，给付方式一般是在确诊为特种疾病后，立即一次性支付保险金。我国《健康保险管理办法》第二条规定："疾病保险是指以合同约定疾病的发生为给付保险金条件的保险。"

（2）疾病保险主要险种。疾病保险主要包括重大疾病保险和特种疾病保险。

①重大疾病保险。重大疾病保险是指当被保险人在保险合同有效期间内罹患合同所规定的重大疾病时，由保险人按合同的约定给付保险金的保险。重大疾病保险保障的疾病一般有心肌梗死、冠状动脉绕道（旁路）手术、癌症、脑中风（卒中）、尿毒症、严重烧伤、爆发性肝炎、瘫痪和重要器官移植手术、主动脉手术等。按保险期间划分，重大疾病保险可分为定期重大疾病保险和终身重大疾病保险。

②特种疾病保险。特种疾病保险是以被保险人罹患某些特殊疾病为给付条件，保险人按照合同约定金额给付保险金或者对被保险人治疗该种疾病的医疗费用进行补偿的保险。主要有生育保险、牙科费用保险、眼科保健保险、艾滋病保险、团体传染性非典型肺炎疾病保险、禽流感保险等。

3. 收入保障保险

（1）收入保障保险的概念。收入保障保险指以因意外伤害、疾病导致收入中断或减少为给付保险金条件的保险，即在保险合同有效期内，被保险人因疾病或意外伤害而致残疾，部分或全部丧失工作能力，或短期、永久丧失工作能力而造成其正常收入损失时，由保险人按合同约定的方式定期给付保险金的保险。

在我国，收入保障保险称为失能收入损失保险，是指以因保险合同约定的疾病或者意外伤害导致工作能力丧失为给付保险金条件，为被保险人在一定时期内收入减少或者中断提供保障的保险。

收入保障保险的目的是缓解被保险人及其家庭在遭受不幸事故时的经济压力，但是，并不是任何人都可以投保本保险，只有那些有固定的全职工作和收入的人才能成为本保险的被保险人；同时，该保险也不承保被保险人因疾病或意外伤害所发生的医疗费用。

收入保障保险一般可分为两种：一种是补偿因疾病而致残废的收入损失；另一种是补偿因意外伤害而致残废的收入损失。

（2）残疾的界定。在收入保障保险中，对于残疾的界定是正确理解其保险责任范围的首要问题。每一份收入保障保险单都要对残疾（尤其是全残）进行明确界定，并规定相应的保险金，被保险人只有符合残疾规定时才能领取保险金。残疾包括完全残疾和部分残疾两种情况。

①完全残疾。完全残疾或称全残，是指永久丧失全部劳动能力，不能参加工作（原来的工作或任何新工作）以获得工资收入。

这是一个对全残的传统定义，属于绝对全残。事实上，按此定义对于全残的界定，绝大多数被保险人均不能符合领取收入损失保障保险金的条件要求，因此，收入保障保险中对于全残的界定经历了一个由严格到宽松的发展过程。全残的定义主要有以下几种。

一是绝对全残。绝对全残被保险人永久丧失全部劳动能力，不能从事任何工作。现在绝大多数公司均不采用此种苛刻的定义。

二是原职业全残。原职业全残是指被保险人因疾病或意外伤害而丧失从事其原先工作的能力。即只要被保险人因残疾不能从事原有职业，就可以领取约定的保险金，而不论他是否从事其他有收入的工作。

三是现时通用的全残概念。大多数收入损失保险保单规定，如果在致残初期，被保险人不能完成其惯常职业的基本工作，则可认定为全残，领取全残收入保险金。在致残以后的约定时期内（通常为2～5年），若被保险人仍不能从事任何与其所受教育、训练或经验相当的职业时，还可认定为全残，领取相应保险金。

四是推定全残。如果被保险人的伤残在定残期限（通常为180天）届满时仍无明显好转征兆，将自动被认定为全残。推定全残时，保险人一次性给付保险金，即使被保险人以后痊愈并恢复了原职业也无须返还保险金。

五是列举式全残。在合同中列举全残的情况，并根据治疗结束后被保险人的情况由保险人指定的医疗机构对被保险人的全残做出鉴定。如果180天仍未结束治疗的，按第180天的情况鉴定。

②部分残废。部分残疾是指被保险人因疾病或意外伤害致残后部分丧失劳动能力，但尚能从事一些有收入的工作。

（3）给付金额。收入保障保险给付金额的确定有定额给付和比例给付两种方法。

①定额给付。定额给付是保险双方当事人在订立保险合同时协商确定保险金额（一般

按月确定），被保险人在保险期间发生保险事故而丧失工作能力时，保险人按合同约定的金额给付保险金。在确定保险金额时，需要考虑被保险人的税前劳动收入、非劳动收入、残疾期间其他收入、所得税率等因素，以防止道德风险的发生。定额给付方法主要用于个人收入保障保险。

②比例给付。保险事故发生之后，保险人根据被保险人的伤残程度给付一定比例的保险金。比例给付多用于团体收入保障保险中。对于被保险人全残的，保险人按原收入的一定比例（70%~80%）给付保险金；部分残疾的，保险人按照全残保险金的一定比例给付，计算公式为：

部分残废给付金 = 全残给付金 × （残废前的收入 – 残废后收入）/ 残废前的收入

（4）给付方式。收入保障保险的给付方式主要有一次性给付和分期给付两种方式。

①一次性给付。被保险人因疾病或意外伤害致残后丧失劳动能力的，保险人一次性给付保险金。

②分期给付。分期给付包括两种情况。一是按月或按周进行补偿，即每月或每周提供金额相等的收入补偿。从等待期末开始给付，直到最长给付期间。二是按给付期限给付，给付至被保险人年满60周岁或退休年龄，若此期间被保险人死亡，保险责任即告终止。

在收入保障保险合同中，通常规定一定的免责期，又称等待期或免赔期，是指在残疾失能开始后被保险人无保险金可领取的一段时间，即残废后的前一段时间，在这期间不给付任何补偿。免责期的规定主要用于首次投保或非连续投保的收入保障保险中。

4. 长期护理保险

长期护理保险又称老年看护健康保险，是保险人为因年老、疾病或伤残后生活无法自理而需要长期照顾的被保险人提供护理服务费用补偿的健康保险。

《健康保险管理办法》第二条将护理保险定义为：护理保险是指以因保险合同约定的日常生活能力障碍引发护理需要为给付保险金条件，为被保险人的护理支出提供保障的保险。

目前在国外，长期护理保险已成为健康保险市场上最重要的保险产品之一。

按保险人所承担的护理费用划分，长期护理保险可分为专门护理和家庭护理两大类。专门护理是在医疗机构或康复机构由专业护理人员进行的护理；家庭护理是指在病人家中为病人提供的日常生活照顾。

项目小结

1. 人身保险以人的生命或身体作为保险标的。与财产保险相比较，人身保险具有保险标的特殊性、定额保险、生命风险的相对稳定性和变动性、长期性，保险利益特殊性、储蓄性等特征；与社会保险相比较，人身保险在性质、保障对象和职能、权利和义务对等关系、保费负担和给付水平等方面具有特殊性。

2. 人身保险按照保险标的可以分为人寿保险、人身意外伤害保险和健康保险；按照投保方式可分为个人保险、联合保险和团体保险；按照保险期限可以分为长期人身保险和短期人身保险；按照被保险人的风险程度可以分为健体保险和次健体保险。人寿保险主要包括传统人寿保险和创新型人寿保险。

3. 人寿保险合同有一些特殊的条款，主要包括不可争条款、年龄误告条款、宽限期条款、复效条款、不丧失价值任选条款、自动垫交保险费条款、保单贷款条款、自杀条款等。

4. 人身意外伤害保险是当被保险人在保险期限内遭受意外伤害事故而致死亡或残疾时，保险人依照保险合同的约定给付保险金的保险。意外伤害保险责任的构成条件有：被保险人在保险期间遭受了意外伤害；被保险人在责任期限内死亡或残废；意外伤害是死亡或残废的直接原因或近因。

5. 健康保险是以人的身体为对象，当被保险人因疾病或意外事故受到伤害造成医疗费用支出或收入损失时，由保险人负责补偿的一种人身保险。健康保险包括医疗保险、疾病保险、收入保障保险和长期护理保险。

实训任务

一、单项选择题

1. 以下四种保险中，保险责任最为全面的险种是（　　）。
   A. 定期保险　　　　B. 生存保险　　　　C. 两全保险　　　　D. 终身保险

2. 人身意外伤害保险合同中规定的被保险人自意外伤害事故发生之日起一定时期内发生死亡或残疾，保险人负责给付保险金。这个时期称为（　　）。
   A. 保险期限　　　　　　　　　　　　　B. 给付期限
   C. 有效期限　　　　　　　　　　　　　D. 责任期限

3. 投资连接保险中的投资风险是由（　　）承担的。
   A. 投保人　　　　　　　　　　　　　　B. 保险人
   C. 被保险人　　　　　　　　　　　　　D. 投保人和保险人

4. 与银行储蓄性表现不同，人寿保险的储蓄性表现为（　　）。
   A. 保险费的积累　　　　　　　　　　　B. 本金加利息之和
   C. 现金价值　　　　　　　　　　　　　D. 保险金额

5. 某被保险人由于意外事故造成一目永久完全失明，残废程度为50%，同时，两腿瘫痪，完全丧失功能，残废程度为100%。如果保险金额为20 000元，则该被保险人可以获得的保险金为（　　）元。
   A. 20 000　　　　B. 10 000　　　　C. 30 000　　　　D. 15 000

6. 根据贷款条款的规定，投保人缴足两年以上保费时，投保人可以以保险合同为质押向保险公司申请贷款，贷款数额以保单的（　　）为限。
   A. 现金价值　　　　B. 价值　　　　C. 保险金额　　　　D. 保险费

7. 某人于1999年4月20日投保了20年期的两全保险，合同生效5年后，即2004年4月20日，投保人决定将其改为死亡保险，则保险期限最长不超过（　　）。
   A. 5年　　　　B. 20年　　　　C. 15年　　　　D. 10年

8. 如果一个人想要获得意外事故或疾病所致的医疗费用支出或收入损失的赔偿，他应该购买（　　）。
   A. 健康保险　　　　B. 人寿保险　　　　C. 年金保险　　　　D. 医疗保险

9. 在人寿保险合同中，用以约束保险人以投保人在投保时违反如实告知义务为理由而解除保险合同的条款是（　　）。
　　A. 贷款条款　　　　B. 复效条款　　　　C. 不可抗辩条款　　　　D. 宽限期条款
　　10. 投保了意外伤害保险，即使被保险人因意外伤害造成的死亡超出（　　），保险人仍可能需要承担死亡保险金的给付责任。
　　A. 责任期限　　　　B. 给付期限　　　　C. 等待期限　　　　D. 保险期限
　　11. 下列险种中保险费率最高的是（　　）。
　　A. 定期寿险　　　　B. 终身寿险　　　　C. 生存保险　　　　D. 两全保险
　　12. 在合同中规定观察期（或等待期）的人身保险是（　　）。
　　A. 人寿保险　　　　　　　　　　　　　　B. 人身意外伤害保险
　　C. 健康保险　　　　　　　　　　　　　　D. 分红保险

二、多项选择题

1. 人身意外伤害保险的基本责任中保险人应承担的给付项目有（　　）。
　　A. 死亡保险金　　　　　　　　　　　　　B. 残疾保险金
　　C. 医疗保险金　　　　　　　　　　　　　D. 收入损失保险金
2. 下列陈述不正确的是（　　）。
　　A. 均衡保费将死亡风险所造成的损失均匀地分摊于整个保险期间
　　B. 采用均衡保费方式可以减轻投保人晚年的保费负担
　　C. 均衡费率可以反映被保险人当年的死亡率
　　D. 人寿保险早期的均衡保费高于自然保费，而后期的均衡保费低于自然保费
3. 在健康保险合同中，保险人为了避免赔款金额过大而规定的条款有（　　）。
　　A. 免赔额条款　　　　　　　　　　　　　B. 观察期条款
　　C. 比例给付条款　　　　　　　　　　　　D. 限额给付条款

三、判断题

1. 约定分期交费的长期人身保险合同，投保人支付首期保险费后，除合同另有约定外，投保人未按约定日期支付第二期或以后某期保费的，保险人有权解除合同。　　（　　）
2. 根据《保险法》的规定，人身保险的被保险人因自杀而死亡的，保险人不承担给付保险金责任。　　（　　）
3. 当投保人同时向两家保险公司投保两份人寿保险时，发生保险事故时可以获得双份保险金。　　（　　）
4. 在人寿保险中，当由于保险责任同时也是第三者责任而引起保险人支付保险金后，保险人可以向责任方进行追偿。　　（　　）
5. 根据贷款条款的规定，投保人缴足两年以上保费时，可以保险合同为质押向保险公司申请贷款，贷款数额以保单的保险金额为限。　　（　　）
6. 医疗保险中保险人按照被保险人实际支付的医疗费进行赔偿。　　（　　）
7. 人身保险合同从出立保单时开始生效。　　（　　）

项目五

认识财产保险

5.1 认识财产保险

5.1.1 财产保险的概念

1. 财产

财产（property）泛指一切可能带来经济利益的事物。从广义上理解，财产是金钱、财物和民事权利的总和；从狭义上理解，财产指的是有形的物质财产。

按照存在形式，财产可分为：有形财产（又称有体物），如金钱、物资等；无形财产（又称无体物），如物权、债权、著作权等。按照民事权利义务关系可以分为：积极财产（民事主体既得的财产或者可以得到的利益），如金钱、物资及各种财产权利；消极财产（民事主体对外所负的可以金钱衡量价值的给付行为），如债务。

2. 财产损失风险

财产损失风险包括直接财产损失、由财产损失引发的收入及额外费用损失与责任损失3部分。

（1）直接财产损失。财产可能会遭受由于火灾、风暴、冰雹、地震、爆炸、烟尘、水渍、水管爆炸、自动喷水灭火器渗漏、航空器或其他运载工具坠落等原因引起的损失。

（2）由财产损失引发的收入及额外费用损失。财产直接损失能引起收入损失。如果出租给他人的房屋受损，出租的租金收入就可能丧失；如果制成品受损，就要失去销售利润；如果火灾发生后企业中断生产经营，那么就会丧失预期利润。由财产损失引发的额外费用的损失也比较常见，如某一家庭的房屋被火灾烧毁，或因其他原因致使房屋倒塌而不能居住，在修复或重建之前必须租房居住，因此，需要支付额外的租金，此外，还可能要支付食物、交通等方面的额外费用。

（3）责任损失。责任损失的来源有3个：一是由于疏忽致他人受到伤害，必须依照法律规定赔偿被害人的损失；二是法律抗辩费用；三是对潜在法律责任的防损成本。

3. 财产保险

按照《保险法》关于财产保险的有关规定，财产保险是指投保人根据合同约定，向保险人支付保险费，保险人对于合同约定的可能发生的事故因其发生所造成的财产损失承担赔偿保险金责任的行为；财产保险的业务范围包括财产损失保险、责任保险、信用保险等保险业务。很显然，我国法律对财产保险的描述属于广义财产保险概念的范畴。

本书对财产保险的定义为：财产保险是以财产及其相关利益为保险标的的一种保险，当被保险人的财产及其有关利益发生保险责任范围内的灾害事故遭受经济损失时，由保险人予以补偿。财产保险包括财产损失保险、责任保险、信用保险等保险业务。本章主要介绍财产损失保险，责任与信用保证保险将在本书项目六中加以介绍。

5.1.2 财产保险的特征

1. 保险标的为各种财产物资及有关责任

财产保险业务的承保范围，覆盖着除自然人的身体与生命之外的一切风险保险业务，不仅包含各种差异极大的财产物资，而且还包含各种民事法律风险和商业信用风险等。大到航天工业、核电工程、海洋石油开发，小到家庭或个人财产等，均可从财产保险中获得相应的风险保障。财产保险业务承保范围的广泛性，决定了财产保险的具体对象必然存在着较大的差异性，也决定了财产保险公司对业务的经营方向具有更多的选择性；与此同时，财产保险的保险标的无论归法人所有还是归自然人所有，均有客观而具体的价值标准，均可以用货币来衡量其价值，保险客户可以通过财产保险来获得充分补偿；而人身保险的保险标的限于自然人的身体与生命，且无法用货币来计价。财产保险的投保人与被保险人是同一人，并与保险标的有着密切关系；而人身保险中的投保人与被保险人往往不是同一人，还要涉及受益人一方。保险标的形态与价值规范的差异，构成了财产保险与人身保险的区别；同时，也是财产保险的重要特征。

2. 业务性质是组织经济补偿

保险人经营各种类别的财产保险业务意味着对保险客户保险利益损失的赔偿责任。尽管在具体的财产保险经营实践中，有许多保险客户因未发生保险事故或保险损失而得不到赔偿，但从理论上讲，保险人的经营是建立在补偿保险客户的保险利益损失基础之上的，因此，财产保险费率的制定，需要以投保财产或有关利益的损失率为计算依据；财产保险基金筹集与积累，也需要以能够补偿所有保险客户的保险利益损失为前提。

当保险事件发生后，财产保险遵循损失补偿原则。它强调保险人必须按照保险合同规定履行赔偿义务，同时也不允许被保险人通过保险获得额外利益，从而不仅适用权益转让原则，而且适用重复保险损失分摊和损余折抵赔款等原则；而在人身保险中，因人的身体与生命无法用货币来衡量，则只能讲求被保险人依法受益，除医药费重复给付或赔偿不被允许外，并不限制被保险人或受益人获得多份合法的赔偿金，既不存在多份保单并存情况下分摊给付保险金的问题，也不存在第三者致被保险人伤残、死亡而向第三者代位追偿的问题。财产保险的这种补偿性，正是其成为独立的新兴产业并与人身保险业务相区别的又一重要特征。

3. 经营内容具有复杂性

无论是从财产保险经营内容的整体出发，还是从某一具体的财产保险业务经营内容出发，其复杂性的特征均十分明显，其主要表现在以下几方面。

(1) 投保对象与承保标的复杂。一方面，财产保险的投保人既有法人团体，又有家庭和个人，同一保险合同，既可能只涉及单个法人团体或单个保险客户，也可能涉及多个法人团体或多个保险客户，如合伙企业或者多个保险客户共同所有、占有或据有的财产等，在投保时就存在着如何处理其相互关系的问题；另一方面，财产保险的承保标的，包括从普通的财产物资到高科技产品或大型土木工程，从有实体的各种物资到无实体的法律、信用责任乃至政治、军事风险，等等。不同的标的往往具有不同的形态与不同的风险。而人身保险的投保对象与保险标的显然不具有这种复杂性。

(2) 承保过程与承保技术复杂。在财产保险业务经营中，承保过程程序多、环节多，既要强调承保前风险检查、承保时严格核保，又须重视保险期间的防灾防损和保险事故发生后的理赔勘查等。在经营过程中，要求保险人熟悉与各种类型投保标的相关的技术知识。例如，要想获得经营责任保险业务的成功，就必须以熟悉各种民事法律法规及相应的诉讼知识和技能为前提；再如保险人在经营汽车保险业务时，就必须同时具备保险经营能力和汽车方面的专业知识，如果对汽车技术知识缺乏必要的了解，汽车保险的经营将陷入被动或盲目状态，该业务的经营也难以保持稳定，等等。

(3) 风险管理复杂。在风险管理方面，财产保险主要强调对物质及有关利益的管理，保险对象的危险集中，保险人通常要采用分保或再保险的方式来进一步分散危险；而人身保险一般只强调被保险人身体健康，因每个自然人的投保金额均可以控制，保险金额相对要小得多，对保险人的业务经营及财务稳定构不成威胁，从而无须以再保险为接受业务的条件。例如，每一笔卫星保险业务都是风险高度集中，其保险金额往往数以亿元计，任何一家保险公司要想独立承保此类业务都意味着巨大的风险，一旦发生保险事故，就会给承保人带来巨大的财务冲击；再如飞机保险、船舶保险、各种工程保险、地震保险等，均需要通过再保险才能使风险在更大范围内得以分散，进而维护保险人业务经营和财务状况的稳定。

与人身保险业务经营相比，财产保险公司的风险主要直接来自保险经营，即直接保险业务的风险决定着财产保险公司的财务状况；而人身保险公司的风险却更多地来自投资风险，投资的失败通常导致公司的失败，因此，财产保险公司特别强调对承保环节的风险控制，而人身保险公司则更注重对投资环节的风险控制。

5.1.3 财产保险业务的种类

根据《保险法》的规定，财产保险可以分为财产损失保险、责任保险和信用保证保险。财产损失保险是以有形财产作为保险标的的财产保险，比如企业财产保险、家庭财产保险、汽车车损保险等。责任保险是以被保险人的民事损害赔偿责任作为保险标的的保险，民事损害赔偿责任是一种无形的保险标的。信用保证保险是以（义务人的）信用作为保险标的的财产保险，这里的信用也是一种无形的保险标的，见表5-1。

表 5-1 财产保险业务种类

险种名称	大类	子类
财产损失保险	火灾保险	企业财产保险
		家庭财产保险
	运输保险	运输工具保险
		货物运输保险
	工程保险	建筑工程保险
		安装工程保险
		科技工程保险
	农业保险	种植业保险
		养殖业保险
责任保险	公众责任险	宾馆、展览馆、车库责任险等
	产品责任险	各种产品责任保险
	雇主责任险	普通雇主责任险、各种附加险等
	职业责任险	医生、会计师、律师责任险等
信用保证保险	信用保险	出口信用险、个人信用险等
	保证保险	履约保证险、付款保证险等

5.2 认识企业财产保险

企业财产保险是在传统的火灾保险的基础上演变和发展而来的，是我国财产保险的主要险种。企业财产保险是以企业存放在固定地点的财产为对象的保险业务，主要承保火灾以及其他自然灾害和意外事故造成保险财产的直接损失。财产基本险与财产综合险是我国企业财产保险的常用险种，以下就这两个险种的基本内容加以说明。

5.2.1 企业财产保险的保险标的

1. 可保财产

可保财产是投保人可以直接向保险人投保的财产。这类财产通常可用两种不同的方式加以反映。一种是以会计科目的方式，如固定资产、流动资产、装箱物资和工程支出、账外财产等；另一种是以财产项目类别的方式，如房屋、建筑物和装修设备、机器及附属设备、交通运输工具、通信设备和器材、仪器仪表、器具、工具、用具和家具、成品、半成品、在制品、原材料等。

2. 特约可保财产

特约可保财产是保险双方当事人必须特别约定后才能在保险单中载明承保的财产。特约可保财产有两种：一种是不增加费率的特约可保财产，这些财产的市场价格变化较大或无固定的价格，或受某些风险的影响较小，如金银、珠宝、首饰、古玩、古画、古书、邮票、艺术品、稀有金属和其他珍贵财物，堤堰、水闸、铁路、桥梁、涵洞、码头等；另一种是增加费率的特约可保财产，如矿井、矿坑内的设备和物资，将这些财产作为特约可保财产承保主要是为了适应或满足部分行业的特殊需要。

3. 不可保财产

凡是特别列明不予以承保的财产，都不能在企业财产保险中承保。不予承保的原因如下。

（1）不属于一般性的生产资料或商品的财产。它们或者不遭受损失，或者风险极大。如土地、矿藏、矿井、矿坑、森林、水产资源及未经收割和收割后尚未入库的农作物等。

（2）价值难以确定的财产。如货币、票证、文件、账册、图表、技术资料、电脑资料、枪支弹药及无法确定价值的财产。

（3）与政府有关法律法规相抵触的财产，如非法占用的财产、违章建筑等。

（4）必然发生危险的财产，如危险建筑。

（5）应该投保其他险种的财产，如运输过程中的物资、领取执照正常运行的机动车辆、畜禽等。

5.2.2 财产基本险的保险责任与责任免除

1. 保险责任

保险人承担的保险责任从列明的保险责任与承担特别损失的责任两方面说明。

（1）列明的保险责任项目。财产保险基本险条款承保的基本责任有4项：火灾、雷击、爆炸、飞行物体及其他空中运行物体坠落。这些属于因意外事故所导致的损失。

（2）保险人对于被保险人的特别损失承担的责任。在我国的财产保险基本险条款中，保险人对于被保险人因为特定风险导致的以下3类特别损失承担赔偿责任：

①被保险人拥有财产所有权的自有的供电、供水、供气设备因保险事故遭受损坏，引起停电、停水、停气以致造成保险标的的直接损失。

②在发生保险事故时，为抢救保险标的，或防止灾害蔓延，采取合理的、必要的措施而造成保险标的的损失。

③保险事故发生后，被保险人为防止或减少保险标的的损失所支付的必要的合理的费用。

2. 责任免除

基本险的除外责任包括由（1）（2）（3）（4）列示的原因造成的损失以及（5）（6）（7）（8）指明的各种损失。

（1）战争、敌对行为、军事行动、武装冲突、罢工、暴动。

（2）被保险人及其代表的故意行为或纵容所致的损失。

（3）核反应、核辐射和放射性污染。

（4）地震、暴雨、洪水、台风、暴风、龙卷风、雪灾、雹灾、泥石流、崖崩、滑坡、水暖管爆裂、抢劫、盗窃。

（5）保险标的遭受保险事故引起的各种间接损失。

（6）保险标的本身缺陷、保管不善导致的损毁。

(7) 由于行政行为或执法行为所致的损失。
(8) 其他不属于保险责任范围内的损失和费用。

5.2.3 财产综合险的保险责任与责任免除

1. 保险责任

财产综合险的保险责任在财产基本险承保责任的基础上,又增加了 12 项自然灾害,即洪水、暴雨、台风、暴风、龙卷风、雪灾、雹灾、冰凌、泥石流、崖崩、突发性滑坡、地面突然塌陷。

2. 责任免除

综合险的除外责任包括以下几项。
(1) 地震造成的一切损失。
(2) 堆放在露天或罩棚下的保险标的,以及罩棚本身因暴风、暴雨造成的损失。
(3) 其他除外责任与基本险相同。

财产基本险和综合险均可附加盗抢保险、水暖管爆裂损失保险、地震保险、现金损失保险、机器损坏保险、第三者责任保险等,基本险还可以附加暴雨、暴风、洪水保险。

5.2.4 企业财产保险的保险金额

1. 固定资产

固定资产的保险价值是按出险时的重置价值确定。保险金额确定方式有以下 4 个。
(1) 按照账面原值确定。
(2) 按账面原值加成数确定。
(3) 按重置价值确定。
(4) 按其他方式确定(如估价方式)。

2. 流动资产

流动资产的保险价值是按出险时账面余额确定。保险金额确定方式有以下 3 个。
(1) 按最近 12 个月任意月份账面余额确定。
(2) 按最近 12 个月的账面平均余额确定。
(3) 由被保险人自行确定。

3. 账外财产和代保管财产

账外财产和代保管财产的保险价值是按出险时的重置价值或账面余额确定。保险金额确定方式有以下 2 个。
(1) 被保险人自行估价确定。
(2) 按重置价值确定。

5.2.5 企业财产保险的赔偿处理

1. 损失赔偿

企业财产保险无论是固定资产、流动资产或账外财产和代保管财产，在赔款计算时要考虑保险标的是全部损失还是部分损失，是足额、不足额还是超额保险，保险人应区别不同情况计算赔偿。

（1）全部损失的情况下赔款的计算。全部损失的赔偿包括以下3种情况。

①当受损财产的保险金额等于出险时重置价值或账面余额时，赔款小于或等于出险时的重置价值或账面余额。

②当受损财产的保险金额大于重置价值或账面余额时，赔款小于或等于重置价值或账面余额，即：

$$赔款 = 重置价值 - 应扣残值$$

③当受损财产的保险金额小于重置价值或账面余额时，赔款小于或等于保险金额，即：

$$赔款 = 保险金额 - 应扣残值$$

（2）部分损失的情况下赔款的计算。部分损失的赔偿包括以下3种情况。

①当保险金额等于重置价值或账面余额时，赔款等于实际损失，即：

$$赔款 = 损失金额 - 应扣残值$$

②当保险金额大于重置价值或账面余额时，赔款等于实际损失，即：

$$赔款 = 损失金额 - 应扣残值$$

③当保险金额小于重置价值或账面余额时，按比例计算赔款，并扣除保险财产的残值，即：

$$保险赔款 = 保险金额/出险时重置价值或账面余额 \times 实际损失（或受损财产恢复原状所需修复费用） - 应扣残值$$

注：保险人的最高赔付额不超过保险金额。

2. 费用的赔偿

保险财产损失发生后的施救、保护、整理费用等支出的赔偿，要与保险标的的损失分别计算，即分别按照两个保险金额计算，均以不超过保险金额为限。若受损保险财产按比例赔偿，则施救费用的赔偿也按相同比例计算。

3. 第三者责任的处理

因第三者对保险财产的损害而造成保险事故保险人自向被保险人赔偿保险金之日起，在赔偿金额范围内代位行使被保险人对第三者请求赔偿的权利。

4. 部分损失的处理

保险财产遭受部分损失保险人应出具批单，注明该保险单的保险金额减去赔偿金额后尚余的有效保险金额。保险人对该有效保险金额继续负责至保险期满为止。

5. 重复保险的赔偿

根据分摊原则，在重复保险的情况下，各承保公司将按比例分摊损失的方式承担各自应负的赔偿责任，其总赔偿金额以该财产的实际损失金额为限。

6. 损余物资的赔偿处理

根据条款规定，保险标的的残余部分，应协议作价给被保险人，并在赔款中扣除。如果由保险人回收处理，就不应该在计算赔款时扣除残值。若受损财产赔款要进行分摊时，其残值部分也要进行分摊。

5.3 认识家庭财产保险

5.3.1 家庭财产保险概念

家庭财产保险是以城乡居民室内的有形财产为保险标的的保险。家庭财产保险为居民或家庭遭受的财产损失提供及时的经济补偿，有利于安定居民生活，保障社会稳定。目前，我国开办的家庭财产保险主要有普通家庭财产险和家庭财产两全险。此外，随着居民生活水平不断提高，需求也不断增加，保险公司还开办了其他新型的家庭财产保险险种，如个人抵押贷款房屋保险、投资保障型家庭财产保险等。

5.3.2 家庭财产保险的类型

1. 普通家庭财产保险

普通家庭财产保险的保险标的包括被保险人的自有财产、由被保险人代管或与他人共有的财产。保险责任与企业财产保险基本险类似。

（1）保险标的。

可保的家庭财产主要包括以下2个。

①房屋及其室内附属设备和室内装潢。

②室内财产，如家用电器，文化、娱乐用品，衣物和床上用品，家具及其他生活用品等。

普通家庭财产中不予以承保的包括以下6个。

①金银、珠宝、玉器、首饰、古玩、古书、字画等珍贵财物。

②货币、票证、有价证券、邮票、文件、账册、图表、技术资料等损失发生后无法确定具体价值的财产。

③食品、粮食、烟酒、药品、化妆品等日常生活所需的日用消费品。

④枪支、弹药、爆炸物品、毒品等法律规定不容许个人收藏、保管或拥有的财产。

⑤处于危险状态下的财产。

⑥保险人从风险管理的需要出发，声明不予承保的财产。

（2）保险责任。

家庭财产灾害损失险规定的保险责任包括：火灾、爆炸、雷击、冰雹、洪水、海啸、地震、泥石流、暴风雨、空中运行物体坠落等一系列自然灾害和意外事故。对于被保险人为预防灾害事故而事先支出的预防费用，保险人原则上不予赔偿；但对于在灾害事故发生后，为防止灾害损失扩大，积极抢救、施救、保护保险标的而支出的费用，保险人将按约定负责提供补偿。

（3）除外责任。

保险人对于家庭财产保险单项下所承保的财产，由于下列原因造成的损失不承担赔偿责任。

①战争、军事行动或暴力行为。

②核子辐射与污染。

③电机、电器、电气设备因使用过度、超电压、碰线、弧花、漏电、自身发热等原因造成的本身损毁。

④被保险人及其家庭成员、服务人员、寄居人员的故意行为，或勾结纵容他人盗窃，或被外来人员顺手偷摸，或窗外钩物所致的损失等。

⑤其他不属于家庭财产保险单列明的保险责任内的损失和费用。

普通家庭财产险的保险期限为1年，即从保单签发日零时算起，到保险期满日24时为止。

2. 家庭财产两全险

家庭财产两全险也称为储金型家庭财产保险，是一种具有经济补偿和到期还本性质的险种。它与普通家庭财产保险不同之处仅在于保险金额的确定方式上。家庭财产两全险采用按份数确定保险金额的方式：城镇居民为每份1 000元，农村居民为每份2 000元，至少投保1份，具体份数多少根据投保财产的实际价值而定。投保人根据保险金额一次性交纳保险储金，保险人将保险储金的利息作为保费。保险期满后，无论保险期内是否发生赔付，保险人都将如数退还全部保险储金。

5.3.3 家庭财产保险的保险金额与赔偿

1. 房屋及附属设备、室内装潢

家庭财产保险中房屋及室内附属设备、室内装潢的保险金额，由被保险人根据购置价或市场价格确定。如果发生损失，一般按照比例赔偿方式处理，即按照保险金额与保险价值的比例对实际损失进行赔偿。

2. 室内财产

家庭财产保险中室内财产的保险金额由被保险人根据当时实际价值分项目自行确定。一般而言，室内财产可分为家用电器和文娱用品、衣物和床上用品、家具及其他生活用具等，保险金额也依此进行分项设置。如果在实际操作中难以具体分项，则按照各大类财产在保险金额中所占比例确定，具体比例依据农村与城市有所差异。室内财产发生损失后，一般按照第一危险赔偿方式进行处理，即在保险金额以内按照实际损失进行赔偿。

5.4 认识运输保险

运输保险是以处于流动状态下的财产为保险标的的一种保险，承保各种交通运输工具及所承运的货物在保险期间因各种灾害事故造成的意外损失。这类保险的共同特点是保险标的处于运输状态或流动状态。运输保险包括运输工具保险和货物运输保险。

5.4.1 运输工具保险

运输工具保险是以各种运输工具本身（如汽车、飞机、船舶、火车等）和运输工具所引起的对第三者依法应负的赔偿责任为保险标的的保险，主要承保各类运输工具遭受自然灾害和意外事故而造成的损失以及对第三者造成的财产直接损失和人身伤害依法应负的赔偿责任。按运输工具的不同，运输工具保险分为机动车辆保险、飞机保险、船舶保险、其他运输工具保险（包括铁路车辆保险、排筏保险等）。

1. 机动车辆保险

机动车辆保险是以机动车辆本身及其第三者责任为保险标的的一种运输工具保险。机动车辆保险的适用范围主要是拥有各种交通运输工具的法人团体和个人，承保对象主要是汽车，也包括电车、电瓶车、摩托车、拖拉机、各种专用机械车和特种车辆等。在我国的财产保险中，机动车辆保险是第一大险种。

机动车辆保险的主要特点有以下4种。

①机动车辆保险属于不定值保险。
②赔偿方式主要是修复。
③赔偿中采用绝对免赔方式。
④采用无赔款优待方式。

机动车辆保险的险种有基本险与附加险两类。其中，基本险一般分为车辆损失险和第三者责任险。机动车辆保险的保险期限通常为一年，也可投保短期保险。

（1）车辆损失险。车辆损失险简称车损险，是指保险车辆遭受保险责任范围内的自然灾害或意外事故，造成保险车辆本身损失，保险人依照保险合同的规定给予赔偿。保险标的是机动车辆的车身及其零部件、设备等。

①保险责任。车辆损失险的保险责任包括下列意外事故或自然灾害造成保险车辆的损失：碰撞责任，碰撞是保险车辆与外界静止的或运动中的物体的意外撞击；非碰撞责任，分为自然灾害、意外事故；合理的施救、保护费用。

②责任免除。车辆损失险的责任免除包括8项：自然磨损、锈蚀、故障、轮胎爆裂；地震、人工直接供油、高温烘烤造成的损失；受本车所载货物撞击的损失；两轮及轻便摩托车停放期间翻倒的损失；遭受保险责任范围内的损失后，未经必要修理继续使用，致使损失扩大部分；自燃以及不明原因产生的火灾；玻璃单独破碎；保险车辆在淹及排气筒的水中起动或被水淹后操作不当致使发动机损坏。

③保险金额。车辆损失险的保险金额可以按投保时新车购置价或实际价值确定；也可以由被保险人与保险人协商确定，但保险金额不得超过保险价值，超过部分无效。

④保险费计算。车辆损失险保险费计算公式为：

$$车辆损失保险费 = 基本保费 + 保险金额 \times 费率$$

其中保险金额、保险费率因投保车辆价值、投保人的不同而有较大区别。

⑤损失赔偿。当被保险车辆发生损失时，保险人根据车辆受损情况，全损时按照保险金额赔偿，但以重置价值为限；部分损失时，则按照实际修理费用赔偿。

第一，全部损失。全部损失是指保险标的整体损毁或保险标的受损严重，失去修复价值或保险车辆的修复费用达到或超过出险当时的实际价值，保险人推定全损。

保险车辆发生全部损失后，如果保险金额等于或低于出险当时的实际价值，则按保险金额计算赔偿，即：

$$赔款 =（保险金额 - 残值）\times 事故责任比例 \times（1 - 免赔率）$$

保险车辆发生全部损失后，如果保险金额高于出险当时的实际价值，则按出险当时的实际价值计算赔偿，即：

$$赔款 =（实际价值 - 残值）\times 事故责任比例 \times（1 - 免赔率）$$

第二，部分损失。部分损失是指保险车辆受损后未达到"整体损毁"或"推定全损"程度的局部损失，其赔款计算的基本方法为：

其一，保险车辆的保险金额按投保时新车购置价确定的，无论保险金额是否低于出险当时的新车购置价，发生部分损失按照实际修复费用赔偿，即：

$$赔款 =（实际修复费用 - 残值）\times 事故责任比例 \times（1 - 免赔率）$$

其二，保险车辆的保险金额低于投保时的新车购置价，发生部分损失按照保险金额与投保时的新车购置价比例计算赔偿修复费用，即：

$$赔款 =（实际修复费用 - 残值）\times（保险金额/新车购置价）\times 事故责任比例 \times（1 - 免赔率）$$

其三，施救费仅限于对保险车辆的必要、合理的施救支出。如果施救财产中含有保险车辆以外的财产，则应按保险车辆的实际价值占施救总财产实际价值的比例分摊施救费用，具体计算公式有2种。

a. 保险金额等于投保时新车购置价的：

$$施救费 = 实际施救费用 \times 事故责任比例 \times \frac{保险车辆实际价值}{实际施救财产价值} \times（1 - 免赔率）$$

b. 保险金额低于投保时的新车购置价的：

$$施救费 = 实际施救费用 \times 事故责任比例 \times（保险金额/新车购置价）\times（保险车辆实际价值/实际施救财产价值）\times（1 - 免赔率）$$

（2）第三者责任险。第三者责任险是指保险车辆因意外事故，致使他人遭受人身伤亡或财产的直接损失，依法应由被保险人负责的，保险人依照保险合同的规定给予赔偿。第三者责任险是承保被保险人或其允许的合格驾驶人员在使用被保险的车辆时，因发生意外事故导致的第三者损害索赔的一种保险。

第三者责任险中被保险人允许的合格驾驶员有两层含义：一是被保险人允许的驾驶员；二是合格。使用保险车辆的过程是保险车辆作为一种工具被运用的整个过程，包括行驶和停放。财产的直接损毁是保险车辆发生意外事故，直接造成事故现场他人现有财产的实际损毁。依法应当由被保险人支付的赔偿金额是依照道路交通事故处理规定和有关法律法规，按被保险人或其允许的合格驾驶员承担的事故责任所应当支付的赔偿金额，保险人依照保险合同的规定给予补偿。

①保险责任。当被保险人或其允许的合格驾驶员在使用被保险车辆时，因意外事故造成第三者的人身伤害或财产损失，依法应由被保险人承担经济赔偿责任，保险人依照保险合同的约定，对超出机动车交通事故责任强制保险各分项赔偿限额以上的部分负责赔偿。

②责任免除。责任免除包括：被保险人或其允许的驾驶员所有或代管的财产；私有、个人承包车辆的被保险人或其允许的驾驶员和其家庭成员以及他们所有或代管的财产；本车上的一切人员和财产。

③承保的风险。第三者责任险由于承保的是法律风险，因此，保险人承担的责任通常以赔偿

限额的方式控制自己的风险,规定每次事故的最高赔偿限额,并根据不同车辆种类选择确定。

④保险费。第三者责任保险的保险费是根据车辆种类、使用性质,按投保人选择的赔偿限额档次,从费率表中查出其保险费收费标准,是一种固定保险费。

(3)交强险。交强险是机动车交通事故责任强制保险的简称,是我国首个由国家法律规定实行的强制保险制度。《机动车交通事故责任强制保险条例》规定:"对被保险机动车发生道路交通事故造成受害人(不包括本车人员和被保险人)的人身伤亡、财产损失,依法应由被保险人承担的赔偿责任,由保险公司在责任限额内予以赔偿。"

①保险责任。被保险车辆发生交通事故,致使第三者遭受人身伤亡或财产损失,依法应由被保险人承担的赔偿责任,保险人按交强险合同的约定对每次事故负责赔偿。

②责任限额。保险人对每次事故所有受害人的人身伤亡和财产损失所承担的最高赔偿金额。现行条款规定责任限额为12.2万元,其中:死亡、伤残为11万元;医疗费用为10 000元;财产损失为2 000元。

交强险与第三者责任保险的区别见表5-2。

表5-2 交强险与第三者责任险的区别

项目	交强险	第三者责任险
实施方式	机动车所有人或管理人必须投保;保险公司不得拒保或随意解除合同	自愿投保
条款费率	价格、条款全国统一	各公司按照规定确定,各地也有不同
定价原则	不盈利、不亏损	无特别规定
赔偿顺序	第一位	交强险之后赔付
赔偿限额	全国统一的赔偿额度,赔偿限额分项	根据需要,保额可自己选择,赔偿限额不分项
经营资格	申请获得经保监会批准的中资公司	申请获得
归责原则	无责任也赔付	有责赔偿,无责不赔偿
赔偿计算	按肇事方的数目分摊赔偿计算	按事故责任比例计算

(4)附加险。

①车损险的附加险有:全车盗抢险、玻璃单独破碎险、车辆停驶损失险、自燃损失险、新增加设备损失险。

②第三者责任险的附加险有:车上责任险、无过失责任险、车载货物掉落责任险。

③同时投保车损险和第三者责任险的附加险是:不计免赔特约险。

(5)无赔款优待与免赔额。机动车辆险的无赔款优待条件包括:保险期限满1年;保险期内无赔款;保险期满前续保。三个条件必须同时满足才能享受无赔款优待。优待标准为应交保险费的10%。

根据保险车辆驾驶员在事故中所负责任,车辆损失险和第三者责任险在符合赔偿规定的金额内实行绝对免赔率:负全部责任的免赔20%;负主要责任的免赔15%;负同等责任的免10%;负次要责任的免5%;单方肇事的绝对免赔率为20%。

2. 飞机保险

飞机保险又称航空保险,是以飞机及其相关责任风险为保险对象的一类保险,是20世纪初期产生的一种运输工具保险。飞机保险具有综合性保险的特点，既包括财产保险，如以飞机及设备为保险标的的飞机及零备件保险；又包括责任保险，如承保承运人对旅客及第三者的法定责任保险；还包括人身意外伤害保险。由于飞机作为现代高速运输工具，单机价值高，风险大，保险公司往往采取多家共保或承保后寻求分保的措施来控制风险。飞机保险分为基本险和附加险。基本险包括机身保险、第三者责任保险和旅客法定责任保险；附加险包括战争、劫持险与飞机承运人货物责任险等。

3. 船舶保险

船舶保险是指以各种船舶、水上装置及其碰撞责任为保险标的的保险，是运输工具保险中的主要险种之一。其特点是保险责任仅以水上为限。广义的船舶保险是以船舶及其附属品为保险标的的保险业务。根据船舶所处的状态分为船舶营运险、船舶建造险、船舶停航险、船舶修理险、拆船保险和集装箱保险等。狭义的船舶保险就是指船舶营运险，其中又可以分为基本险、附加险和特殊附加险三种。集装箱险的标的就是营运过程中的集装箱，其中也可以分为基本险和特殊附加险两种。

船舶保险适用于各种团体单位、个人所有或与他人共有的机动船舶与非机动船舶以及水上装置等。投保船舶保险者必须有港务监督部门签发的适航证明和营业执照。

5.4.2 货物运输保险

1. 货物运输保险的概念

货物运输保险是以运输中的各种货物为保险标的，承保货物在运输过程中遭受可保风险导致损失的保险。无论是国际贸易还是国内贸易，商品从生产者到消费者手中，都要经过相应的运输过程，即只有通过相应的运输过程才能将货物由卖方交到买方手中，而在装卸、运输过程中，各种自然灾害和意外事故会对货物的安全构成威胁，并极易导致货主的经济损失。因此为运输中的货物提供保险显得十分重要，这不仅能够保障货主的经济利益，而且有利于商品交易和运输业的正常发展。

国际上货物运输保险按照运输方式可分为海洋货物运输保险、陆上货物运输保险、航空货物运输保险和邮包保险。在我国，货物运输保险分为海上货物运输保险和国内货物运输保险。

2. 货物运输保险的特点

（1）保险标的具有流动性。货物运输保险的保险标的是处于流动状态下的货物。

（2）保险合同具有可转让性。货物运输保险的保险合同可以随着保险标的、保险利益的转移而转移，无须通知保险人，也无须征得保险人的同意。保险单可以用背书或其他习惯方式加以转让。承保的运输货物在保险期限内可能会经过多次转卖，因此最终保险合同保障的受益人不是保险单注明的被保险人，而是保单持有人。

（3）承保风险具有广泛性。货物运输保险承保的风险，包括海上、陆上和空中风险，自然灾害和意外事故风险，动态和静态风险等。

（4）承保价值具有定值性。承保货物在不同地区可能存在着价格差异，因此，货物运输保险的保险金额可由保险双方按约定的保险价值来确定。

（5）保险期限具有航程性。货物运输保险属于航次保险，以"仓至仓条款"确定货物运输保险责任期限的依据。因此，《保险法》和《海商法》规定，货物运输保险从保险责任开始后，合同当事人不得解除合同。

（6）保险利益具有特殊性。货物运输的特殊性决定货运险通常采用"不论灭失与否条款"，即投保人事先不知情，也没有任何隐瞒，即使在保险合同订立之前或订立之时，保险标的已经灭失，事后发现承保风险造成保险标的灭失，保险人也同样给予赔偿。

3. 海上货物运输保险

海上货物运输保险包括基本险和附加险 2 类。

（1）基本险。海上货物运输保险的基本险包括平安险、水渍险和一切险 3 种。

平安险包括下列原因造成的货物损失。

①运输途中因恶劣天气、雷电、海啸、地震、洪水等自然灾害造成整批货物的全部损失或推定全损。

②遭受搁浅、触礁、沉没、互撞、与流冰或其他物体碰撞以及失火、爆炸等意外事故造成货物的全部或部分损失。

③运输工具已经发生意外事故后，货物又遭受自然灾害所造成的部分损失。

④装卸或转运时，一件或数件整件货物落海造成的全部或部分损失。

⑤抢救保护费用（但以不超过该批被救货物的保险金额为限）。

⑥遭遇海难后在避难港产生的特别费用。

⑦共同海损的牺牲、分摊和救助费用。

⑧订有"船舶互撞责任条款"，其中规定应由货方偿还船方的损失。

水渍险在平安险的各项责任的基础上，还负责被保险货物由于恶劣天气、雷电、海啸、地震、洪水等自然灾害造成的部损失（即平安险＋5 种自然灾害造成货物的部分损失）。

一切险除包括平安险和水渍险的所有责任外，还包括"外来原因"造成的全部损失或部分损失（即水渍险＋11 种一般附加险）。

（2）附加险。海上货物运输保险的附加险可分为一般附加险、特别附加险和特殊附加险 3 种。

一般附加险亦称"普通附加险"，承保一般外来原因所造成的货物损失。我国海上货物运输保险所承保的一般附加险有以下 11 种。

①偷窃、提货不着险。

②淡水雨淋险。

③短量险。

④混杂、玷污险。

⑤渗漏险。

⑥碰损、破碎险。

⑦串味险。

⑧受潮受热险。

⑨钩损险。

⑩包装破裂险。

⑪锈损险。
特别附加险承保的货物损失原因往往同政治、国家行政管理以及一些特殊的风险相关联。我国现行的特别附加险主要有以下6种。
①交货不到险。
②进口关税险。
③舱面险。
④拒收险。
⑤黄曲霉（毒）素险。
⑥出口货物到香港（包括九龙在内）或澳门存仓火险责任扩展条款。
特殊附加脸主要包括以下2种。
①战争险。
②罢工险。
（3）除外责任。海上货物运输保险条款规定对下列原因所致的货物损失不负责赔偿。
①被保险人的故意行为或过失所造成的损失。
②属于发货人责任所引起的损失。
③在保险责任开始前，被保险货物已存在的品质不良或数量短缺所造成的损失。
④被保险货物的自然损耗、本质缺陷、特性以及市价跌落、运输延迟所引起的损失或费用。
⑤战争险和货物运输罢工险条款规定的责任范围和除外责任。
（4）保险期限。我国海上货物运输保险的保险期限采用"仓至仓条款"。该条款规定，保险责任的起讫时间是从货物运离保单载明起运港发货人仓库开始至运抵保单载明目的港收货人仓库为止。
（5）保险金额。海上货物运输保险属于定值保险，在确定保险金额之前必须先确定保险价值。海上货物运输保险的保险价值是按订立合同时货物起运地的发票价格加上运输费用及保费的总和，即按货物的到岸价格估算，习惯上允许附加一定的预期利润，因此，一般按到岸价格的110%来确定保险金额。

4. 国内货物运输保险

国内货物运输保险是以国内运输过程中的货物作为保险标的的保险。凡国内货物运输无论是经铁路、水路、公路和空运均可成为本保险的保险标的。国内运输货物保险所承保的货物主要指商品性质的贸易货物，不包括蔬菜、水果、活牲畜、禽鱼类和其他动物。根据我国国内货运险条款规定：金银、珠宝、钻石、玉器、首饰、古币、古玩、古书、古画、邮票、艺术品、稀有多发等贵重财物，非经投保人与保险人特别约定，并在保险单（凭证）上载明，不在本保险标的范围以内。

国内货物运输保险按运输工具的不同可分为4类：水路货物运输保险、铁路货物运输保险、公路货物运输保险和航空货物运输保险。

水路货物运输保险是以水上运输工具运输的货物为保险标的的一种保险，航行水域包括沿海和入海河流以及国内江、河、湖、川等；铁路货物运输保险主要承保利用火车运输的货物；公路货物运输保险承保通过公路运输的物资；航空货物运输保险专门承保航空运输的货物,其责任范围除了自然灾害或意外事故外,还包括雨淋、渗漏、破碎、偷盗或提货不着等危险。

(1) 国内水路、陆路货物运输保险的保险责任。我国国内水路、陆路货物运输保险分为基本险和综合险两种。

国内水路、陆路货运基本险的保险责任是当被保险货物在运输过程中因下列原因而遭受损失,保险人负赔偿责任。

①因火灾、爆炸、雷电、冰雹、暴风、暴雨、洪水、地震、海啸、地陷、崖崩、滑坡、泥石流所造成的损失。

②由于运输工具发生碰撞、搁浅、触礁、倾覆、沉没、出轨或隧道、码头坍塌所造成的损失。

③在装货、卸货或转载时,因遭受不属于包装质量不善或装卸人员违反操作规程所造成的损失。

④按国家规定或一般惯例应分摊的共同海损的费用。

⑤在发生上述灾害、事故时,因纷乱而造成的货物散失及因施救或保护货物所支付的直接而合理的费用。

国内水路、陆路货运综合险,保险人除了要承担基本险责任外,还要负责赔偿下列损失。

①因受震动、碰撞、挤压而造成破碎、弯曲、凹瘪、折断、开裂或包装破裂致使货物散失的损失。

②液体货物因受震动、碰撞或挤压致使所用容器(包括封口)损坏而渗漏的损失,或用液体保藏的货物因液体渗漏而造成保藏货物腐烂变质的损失。

③遭受盗窃或整件提货不着的损失。

④符合安全运输规定而遭受雨淋所致的损失。

(2) 国内水路、陆路货物运输保险的责任免除。由于下列原因造成被保险货物的损失,保险人均不负赔偿责任。

①战争或军事行为。

②核事件或核爆炸。

③被保险货物本身的缺陷或自然损耗以及由于包装不善所致的损失。

④被保险人的故意行为或过失。

⑤其他不属于保险责任范围的损失。

(3) 国内水路、陆路货物运输保险的保险期限。国内水路、陆路货物运输保险的保险责任起讫期限为:自签发保险凭证和保险货物运离起运地发货人的最后一个仓库或储存处所时起,至抵达该保险凭证上该货物目的地收货人在当地的第一个仓库或储存处所时终止。保险责任开始的标志是:保险人或其代理人"签发"了保险凭证,以及被保险货物"运离"起运地发货人的最后一个仓库或储存处所,两个条件必须同时具备,否则保险责任不能生效。

关于保险责任的终止,在实务中会出现以下几种情况。

①被保险货物运抵目的地后,收货人未及时提货,这时保险责任最多可延长至从收货人接到《到货通知单》后起算的15天。

②被保险货物运抵目的地后,被保险人或其收货人提取部分货物,对此,保险人对其余未提货物也只承担15天的责任。

③被保险货物运抵目的地后的15天内,被保险人或其收货人不是将货物提取放入自己的仓库或储存处所,保险期限到货物就地直接发运其他单位或再转运其他单位时终止。

(4) 国内水路、陆路货运险的保险金额。国内水路、陆路货运险的保险金额采取定值的方法加以确定并载明于保单,以此作为保险人对保险标的遭受损失时给予补偿的最高限额。根据保险条款的规定,国内水路、陆路货物运输保险的保险金额按货价加运杂费、保险费计算确定。

(5) 国内货物运输保险的费率。国内货物运输保险费率的制定要考虑运输方式、运输工具、运输途程、货物的性质、保险险别等因素。

(6) 国内水路、陆路货运险的赔偿处理。在国内水路、陆路货运险的赔偿处理时,应针对足额和不足额保险情况分别理算赔款。

①对于足额保险,即被保险人是按起运地货价确定保险金额的或按货价加运杂费确定保险金额的或按目的地市价(目的地的实际成本加合理利润,即目的地销售价)投保的,保险人根据实际损失计算赔偿,但最高赔偿金额均以保险金额为限。

②对于不足额保险,保险人在赔偿货物损失金额和支付施救费用时,要按保险金额与起运地货物实际价值的比例计算赔偿。

保险人对货物损失和施救费用的赔偿应分别计算,但均以不超过保险金额为限。残值则归被保险人,并从赔偿中扣除。

5.5 认识工程保险

工程保险是对建筑工程、安装工程及各种机器设备因自然灾害和意外事故造成物质财产损失和第三者责任进行赔偿的保险。它是以各种工程项目为主要承保对象的保险。在性质上工程保险属于综合保险,既承保财产风险,也承保责任风险。险种主要有建筑工程一切险、安装工程一切险、机器损害保险、国内建筑、安装工程保险、船舶建造险以及保险公司承保的其他工业险。

5.5.1 建筑工程保险

建筑工程保险(简称建工险),是指以各类民用、工业用和公共事业用的建筑工程项目为保险标的的保险,保险人承担对被保险人在工程建筑过程中由自然灾害和意外事故引起的一切损失的经济赔偿责任。

1. 建筑工程保险的适用范围

建筑工程保险承保的是各类建筑工程。在财产保险经营中,建筑工程保险适用于民用、工业用和公共事业用的建筑工程,如房屋、道路、水库、桥梁、码头、娱乐场、管道以及各种市政工程项目的建筑。这些工程在建筑过程中的各种意外风险,均可通过投保建筑工程保险得到经济保障。

2. 建筑工程保险的被保险人

建筑工程保险的被保险人大致包括以下几方面。

①工程所有人，即建筑工程的最后所有者。

②工程承包人，即负责承建该项工程的施工单位，可分为主承包人和分承包人，分承包人是向主承包人承包部分工程的施工单位。

③技术顾问，即由所有人聘请的建筑师、设计师、工程师和其他专业顾问，代表所有人监督工程合同执行的单位或个人。

④其他关系方，如贷款银行或债权人等。当存在多个被保险人时，一般由一方出面投保，并负责支付保费，申报保险期间风险变动情况，提出原始索赔等。

由于建筑工程保险的被保险人有时不止一个，而且每个被保险人各有其本身的权益和责任需要向保险人投保，为避免有关各方相互之间的追偿责任，大部分建筑工程保险单附加交叉责任条款，其基本内容是指各个被保险人之间发生的相互责任事故造成的损失，均可由保险人负责赔偿，无须根据各自的责任相互进行追偿。

3. 保险标的和保险金额

建筑工程保险的标的范围很广，但概括起来可分为物质财产本身和第三者责任两类。为了方便确定保险金额，建筑工程险保单明细表中列出的保险项目通常包括物质损失、特种风险赔偿、第三者责任3个部分。

（1）物质损失。建筑工程险的物质损失可以分为以下7项。

①建筑工程。它包括永久性和临时性工程及工地上的物料。该项目是建筑工程险的主要保险项目，其保险金额为承包工程合同的总金额，即建成该项工程的实际造价，包括设计费、材料设备费、运杂费、施工费、保险费、税款及其他有关费用。

②工程所有人提供的物料和项目。指未包括在上述建筑工程合同金额中的所有人提供的物料及负责建筑的项目。该项保险金额应按这一部分的重置价值确定。

③安装工程项目。指未包括在承包工程合同金额内的机器设备安装工程项目，如办公大楼内发电取暖、空调等机器设备的安装工程。这些设备安装工程已包括在承包工程合同内，则无须另行投保，但应在保单中说明。该项目的保险金额按重置价值计算，应不超过整个工程项目保险金额的20%；若超过20%，则按安装工程保险费率计收保费；超过50%的，则应单独投保安装工程保险。

④建筑用机器、装置及设备。指施工用的各种机器设备，如起重机、打桩机、铲车、推土机、钻机、供电供水设备、水泥搅拌机、脚手架、传动装置、临时铁路等机器设备。该类财产一般为承包人所有，不包括在建筑工程合同价格之内，因而应作为专项承保。其保险金额按重置价值确定，即重置同原来相同或相近的机器设备的价格，包括出厂价、运费、保险费、关税、安装费及其他必要的费用。

⑤工地内现成的建筑物。指不在承保工程范围内的，归所有人或承包人所有的或其保管的工地内已有的建筑物或财产。该项保险金额可由保险双方当事人协商确定，但最高不得超过其实际价值。

⑥场地清理费。指发生保险责任范围内的风险所致损失后为清理工地现场所支付的费用。该项费用一般不包括在建筑合同价格内，需单独投保。对大工程的该项保额一般不超过

合同价格的5%，对小工程不超过合同价格的10%。本项费用按第一危险赔偿方式承保，即发生损失时，在保险金额内按实际支出数额赔付。

⑦所有人或承包人在工地上的其他财产。指不能包括在以上6项范围内的其他可保财产。如需投保，应列明名称或附清单于保单上。其保险金额可参照以上6项的标准由保险双方协商确定。以上7项之和，构成建筑工程险物质损失项目的总保险金额。

（2）特种风险赔偿。特种风险是指保单明细表中列明的地震、海啸、洪水、暴雨和风暴；特种风险赔偿则是对保单中列明的上述特种风险造成的各项物质损失的赔偿。为控制巨灾损失，保险人对保单中列明的特种风险必须规定赔偿限额。凡保单中列明的特种风险造成的物质损失，无论发生一次或多次保险事故，其赔款均不得超过该限额。其具体限额主要根据工地的自然地理条件、以往发生该类损失记录、工程期限的长短以及工程本身的抗灾能力等因素来定。

（3）第三者责任。建筑工程险的第三者责任，是指被保险人在工程保险期内因意外事故造成工地及工地附近的第三者人身伤亡或财产损失依法应负的赔偿责任。第三者责任采用赔偿限额，赔偿限额由保险双方当事人根据工程责任风险的大小商定，并在保险单内列明。

4. 保险责任和责任免除

（1）保险责任。建筑工程保险的保险责任相当广泛。概括起来．保险人承保的保险责任主要有以下几类。

①列明的自然灾害，主要有雷电、水灾、暴雨、地陷、冰雹等。

②列明的意外事故，主要有火灾、爆炸、空中运行物体坠落、原材料缺陷等引起的意外事故，以及工作人员在施工中的过失造成的间接损失。

③盗窃及清理保险事故现场所需费用。

④第三者责任。

⑤在建筑工程一切险中，未列入责任免除且不在上述风险责任范围的其他风险责任。

对于地震与洪水，由于其危险性大，一旦发生，往往造成重大损失，国际保险界一般将其列入特约可保责任另行协议加保在建筑工程保险中。

（2）责任免除。除了财产保险中的例行责任免除，如被保险人的故意行为、战争、罢工、核污染外，一般还有下列责任的免除。

①错误设计引起的损失、费用或责任，其责任在设计方，应由直接责任者负责，但如投保人有要求，亦可扩展承保该项风险责任。

②原材料缺陷如置换、修理或矫正所支付的费用以及工艺不善造成的本身损失。

③保险标的的自然磨损和消耗。

④各种违约后果如罚金、耽误损失等。

⑤其他除外责任，如文件、账簿、票据、货币及有价证券、图表资料等的损失等。如果是一般建筑工程保险，除外责任外，还包括保险责任项上未列明而又不在上述除外责任范围内的其他风险责任。

5. 保险费率

建筑工程保险的费率应以投保人填写的投保单内容和保险人对投保标的的风险调查为依

据，在对风险及其可能产生的损害后果作出评估的基础上，科学合理地进行厘定。一般而言，保险人厘定费率时，应着重考虑下列因素：保险责任的大小；保险标的本身的危险程度，包括承保项目的种类、性质、建筑结构、施工场所的地理环境等；承包人的技术水平和管理水平；承包人及工程其他关系方的资信情况；保险金额、赔偿限额及免赔额的高低。在综合考虑上述因素的基础上，再结合以往承保同类业务的赔付情况，保险人就可以制定出比较合理的费率标准。需要指出的是，由于保险金额要在工程完毕后才能真正确定，保险费的计收亦应在订立合同时预收，期满时多退少补。

6. 保险期限

建筑工程保险的责任期限一般采用工期保险单，即以工期的长短来作为确定保险责任期限的依据，由保险人承保从开工之日起到竣工验收合格的全过程。但对大型、综合性建筑工程，如有各个子工程分期施工的情况，则应分项列明保险责任的起讫日期。根据建筑工程的种类和进程，可以将合同工程划分为两个时期：一是工程建造期，即从开工之日起至通过检验考核之日止；二是工程保证期，即从检验考核通过之日起至建筑合同规定的保险期满日止。保险人在承保时，可以只保一个责任期，也可以连同建筑工程保证期一并承保。

5.5.2 安装工程保险

安装工程保险（简称"安工险"），是承保在新建、扩建或改建的工矿企业的机器设备或钢结构建筑物的整个安装、调试期间，由于责任免除以外的一切危险造成保险财产的物质损失、间接费用以及安装期间造成的第三者财产损失或人身伤亡而依法应由被保险人承担的经济责任。

1. 安装工程保险的特点

安装工程保险与建筑工程险同属综合性的工程保险业务，但又有其明显的特点。

（1）以安装项目为主要承保对象。安装工程保险，以安装项目为主体的工程项目为承保对象。虽然大型机器设备的安装需要进行一定范围及一定程度的土木建筑，但安装工程保险承保的安装项目始终在投保工程建设中占主体地位，其价值不仅大大超过与之配套的建筑工程，而且建筑工程的本身亦仅仅是为安装工程服务的。

（2）安装工程在试车、考核和保证阶段风险最大。在建筑工程保险中，保险风险责任一般贯穿于施工过程中的每一环节；而在安装工程保险中，机器设备只要未正式运转，许多风险就不易发生。虽然风险事故的发生与整个安装过程有关，但只有到安装完毕后的试车、考核和保证阶段，各种问题及施工中的缺陷才会充分暴露出来。

（3）承保风险主要是人为风险。各种机器设备本身是技术产物，承包人对其进行安装和试车更是专业技术性很强的工作，在安装工程施工过程中，机器设备本身的质量如何，安装者的技术状况、责任心、安装中的电、水、气供应以及施工设备、施工方式方法等均是导致风险发生的主要因素，因此，安装工程虽然也承保着多项自然风险，但与人的因素有关的风险却是该险种中的主要风险。

2. 安装工程保险的适用范围

安装工程保险的承保项目，主要是指安装的机器设备及其安装费，凡属安装工程合同内要安装的机器、设备、装置、物料、基础工程（如地基、座基等）以及为安装工程所需的各种临时设施（如临时供水、供电、通信设备等）均包括在内。此外，为完成安装工程而使用的机器和设备等以及为工程服务的土木建筑工程、工地上的其他财物、保险事故后的场地清理费等，均可作为附加项目予以承保。安装工程保险的第三者责任保险与建筑工程保险的第三者责任保险相似，既可以作为基本保险责任，亦可作为附加或扩展保险责任。

同建筑工程险一样，所有对安装工程保险标的具有保险利益的人均可成为被保险人，均可投保安装工程险。安装工程险中可作为被保险人的分类与建筑工程保险的相同。

3. 保险标的和保险金额

安装工程保险的标的范围很广，但与建筑工程险一样，也可分为物质财产本身和第三者责任两类。其中，物质财产本身包括安装项目、土木建筑工程项目、场地清理费、所有人或承包人在工地上的其他财产；第三者责任则是指在保险有效期内，因在工地发生意外事故造成工地及邻近地区的第三者人身伤亡或财产损失，依法应由被保险人承担的赔偿责任和因此而支付的诉讼费及经保险人等于晤面同意的其他费用。为了确定保险金额的方便，安装工程险保单明细表中列出的保险项目通常也包括物质损失、特种风险赔偿、第三者责任3个部分。其中，后两项的内容和赔偿限额的规定均与建筑工程险相同。安装工程险的物质损失部分包括以下几项。

(1) 安装项目。这是安装工程险的主要保险标的，包括被安装的机器设备、装置、物料、基础工程（地基、座基）以及安装工程所需的各种临时设施，如水、电、照明、通信等设施。安装项目保险金额的确定与承包方式有关，若采用完全承包方式，则为该项目的承包合同价；若由所有人投保引进设备，保险金额应包括设备的购货合同价加上国外运费和保险费（FOB 价格合同）、国内运费和保险费（CIF 价格合同）以及关税和安装费（包括人工费、材料费）。安装项目的保险金额，一般按安装合同总金额确定，待工程完毕后再根据完毕时的实际价值调整。

(2) 土木建筑工程项目。这是指新建、扩建厂矿必须有的工程项目，如厂房、仓库、道路、水塔、办公楼、宿舍、码头、桥梁等。土木建筑工程项目的保险金额应为该项工程项目建成的价格。这些项目一般不在安装工程内，但可在安装工程内附带投保，其保险金额不得超过整个安装工程保额的20%；超过20%时，则按建筑工程险费率收保费；超过50%时，则需单独投保建筑工程险。

(3) 场地清理费。保险金额由投保人自定，并在安装工程合同价外单独投保。对于大工程，一般不得超过工程总价值的5%；对于小工程，一般不得超过工程总价值的10%。

(4) 为安装工程施工用的承包人的机器设备，其保险金额按重置价值确定。

(5) 所有人或承包人在工地上的其他财产。指上述3项以外的保险标的，大致包括安装施工用机具设备、工地内现成财产等。保额按重置价值计算，上述5项保险金额之和即构成物质损失部分的总保险金额。

4. 保险责任和责任免除

(1) 保险责任。安装工程险在保险责任规定方面与建筑工程险略有区别。安装工程险物质部分的保险责任除与建筑工程险的部分相同外，一般还有以下几项内容。

①安装工程出现的超负荷、超电压、碰线、电弧、走电、短路、大气放电及其他电气引起的事故。

②安装技术不善引起的事故。

③第三者责任险。

若一项工程中有两个以上被保险人，为了避免被保险人之间相互追究第三者责任，由被保险人申请，经保险人同意，可加保交叉责任险。

(2) 责任免除。安装工程险物质部分的责任免除，多数与建筑工程险相同，所不同的是：建筑工程险将设计错误造成的损失一概除外；而安装工程险对设计错误本身的损失除外，对由此引起的其他保险财产的损失予以负责。安装工程第三者责任险的责任免除与建筑工程第三者责任险的责任免除相同，在此不再赘述。

5. 保险费率

安装工程险的费率主要由以下几项组成。

(1) 安装项目。土木建筑工程项目、所有人或承包人在工地上的其他财产及清理费为一个总的费率，整个工期实行一次性费率。

(2) 试车为一个单独费率，是一次性费率。

(3) 保证期费率，实行整个保证期一次性费率。

(4) 各种附加保障增收费率，实行整个工期一次性费率。

(5) 安装、建筑用机器、装置及设备为单独的年费率。

(6) 第三者责任险，实行整个工期一次性费率。

6. 保险期间

安装工程保险的保险期间包括从开工到完工的全过程，由投保人根据需要确定。与建工险相比，安工险项下多了一个试车考核期间的保险责任。

(1) 保险责任的开始时间。在保单列明的起讫日前提下，安工险的保险责任开始有两种情况：自投保工程动工之日或自被保险项目卸至施工地点时起，两者以先发生者为准。

(2) 保险责任的终止时间。保险责任的终止有以下几种情况，以先发生者为准：保单规定的终止日期；安装工程完毕移交给所有人时；所有人开始使用时，若部分使用，则该部分责任终止。

(3) 试车考核期。安工险保险期内一般应包括试车考核期。试车考核期是工程安装完毕后冷试、热试和试生产。考核期的长短根据工程合同上的规定来决定，试车考核期的责任以不超过3个月为限；若超过3个月，则应另行加费。对于旧的机器设备，则一律不负责试车。试车开始，保险责任即告终止。

(4) 控制保证期。与建工险一样，安装工程完毕后，一般还有保证期，若加保，也应注意选择。保证期有两种加保方法，包括有限责任保证期和扩展责任保证期。

(5) 保险期间的扩展时间。在保单规定的保险期间内，若安装工程不能按期完工，而被保险人要求延长保险期间时则由投保人提出申请并加收规定保费后，保险人可签发批单，以延长保险期间。

5.6 认识农业保险

5.6.1 农业保险的概念

农业保险是对种植业（农作物）、养殖业（禽畜）在生产、哺育、成长过程中可能遭到的自然灾害或意外事故所造成的经济损失提供经济保障的一种保险。

农业保险量多、险种多、面广，按保险对象可划分为种植业保险和养殖业保险两大类，并可进一步细分为农、林、牧、渔（水产养殖）业保险。

5.6.2 农业保险的特点

1. 农业保险涉及的范围大

在农业保险经营实践中，因为自然风险需要大范围承保才能分散，无论是种植业保险还是养殖业保险，都是大规模或大面积投保与承保，一旦危险发生，承保人就要投入大量的精力来处理。农业保险的特点决定了开办此类保险业务的机构必须具备相当雄厚的经济实力，并具备懂得农业生产技术背景的经营人才储备，在理赔中甚至还需要借助现代科学技术（如遥感技术）等。

2. 农业保险受自然风险和经济风险的双重制约

农业是一个特殊的产业部门，是自然再生产和经济再生产的统一体，因此经常受自然风险和经济风险的双重影响，而其中最突出的是自然灾害风险，主要是因为农业生产主要劳动对象是有生命的动植物。动植物的生长具有周期性、生命性、连续性等特征，受自然条件、生态环境影响大。

3. 季节差异和地域差异大

我国幅员辽阔，自然环境复杂多样，而且呈明显的地带性与非地带性地域差异，自北至南依次有寒温带、温带、暖温带、亚热带、热带、赤道带6个气候带。地域差异决定了农业风险区域性强，表现出不同区域间农业保险的险别、标的种类、风险事故的种类及周期、频率、强度差异。区域结构这造成农业保险单位经营区划、费率的厘定与区分复杂，投入资金与技术的成本十分昂贵。

4. 农业保险投入大，赔付率高

由于农业生产是分散作业，农民居住又相当分散，加之农业致损的理赔需要专门技术，致使保险经营成本无形扩大；同时，农业生产面临的风险极大，损失率较高，赔付率也高。

5. 农业保险需要政府的扶持

由于自然灾害、疫病突发的大面积、不可预期性，保险公司从技术上无法回避风险，因此，其收取的保费不足以维持赔付。再加上农业保险风险大、赔付率高，保险公司经常处于微利甚至亏损的境地，因此，只有通过有关政策给予扶持，保险公司才可能实现业务经营的稳定发展。

5.6.3 种植业保险

种植业保险是指以种植物生产为保险标的，以生产过程中可能遭遇的某些风险为承保责任的一类保险业务的统称。它包括农作物保险和林木保险。按照生产周期的不同，农作物保险可以分为生长期农作物保险和收获期农作物保险；林木保险又分为森林保险、经济林、园林苗圃保险等。

1. 生长期农作物保险

生长期农作物保险是以水稻、小麦等粮食作物和棉花、烟叶等经济作物为对象，以各种作物在生长期间因自然灾害或意外事故使收获量价值或生产费用遭受损失为承保责任的保险。

在农作物生长期间，其收获量有相当部分取决于土壤环境和自然条件、作物对自然灾害的抗御能力、生产者的培育管理等方面。因此，在以收获量价值确定保险金额时，应留给被保险人自保一定成数，促使其精耕细作和加强作物管理。如果以生产成本确定保险金额，则按照作物在不同时期、处于不同生长阶段投入的生产费用，采取定额承保。

生长期农作物保险的保险金额以亩为计算单位，保险金额的确定方法一般有两种。

（1）按平均收获量的成数确定保险金额，计算公式为：

每亩保险金额 = 国家收购价 × 前3年亩平均产量 × 承保成数（4~6成）

（2）按投入的生产成本确定保险金额。生产成本包括种子、肥料、农药、作业费、排灌费、运输费等直接费用。

2. 收获期农作物保险

收获期农作物保险以粮食作物或经济作物收割后的初级农产品价值为承保对象，即是农作物处于晾晒、脱粒、烘烤等初级加工阶段时的一种短期保险。

收获期农作物保险的保险期限一般从农作物收割（采摘）进入场院后开始，到完成初加工离场入库前终止。保险责任包括火灾、洪水、风灾等自然灾害造成的农产品损失，以及发生灾害事故时因施救、保护、整理所支付的合理费用。

3. 森林保险

森林保险是以天然林场和人工林场为承保对象，以林木生长期间因自然灾害和意外事故、病虫害造成的林木价值或营林生产费用损失为保险标的的保险。森林保险承保的风险主要是火灾，包括人为火灾和雷击起火等。

4. 经济林、园林苗圃保险

该险种承保的对象是生长中的各种经济林种，包括这些林种提供的具有经济价值的果实、根叶、汁水、花、皮等林产品及可供观赏、美化环境的商品性名贵树木、树苗。保险公司对这些树苗、林种及其产品由于自然灾害或病虫害所造成的损失进行补偿。此类保险有柑橘、苹果、山楂、板栗、橡胶树、茶树、核桃、枣树等保险，以及供观赏名贵树种的桂花树、雪松、苗木盆景保险。

5.6.4 养殖业保险

养殖业保险是指以各种处于养殖过程中的动物为保险标的、以养殖过程中可能遭遇的某些危险为承保责任的保险。一般把养殖业保险分为畜禽养殖保险和水产养殖保险。畜禽养殖保险主要有牲畜保险和家畜家禽保险等险种。

1. 牲畜保险

牲畜保险是以役用、乳用、肉用、种用的大牲畜，如以耕牛、奶牛、菜牛、马、种马、骡、驴、骆驼等为承保对象，承保在饲养使役期因牲畜疾病或自然灾害和意外事故造成的死亡、伤残及因流行病而强制屠宰、掩埋所造成的经济损失。牲畜保险是一种死亡损失保险。因此，投保的牲畜必须健康，保险公司通常会对牲畜的健康情况、饲养管理状况等进行调查。牲畜保险的保险金额可以以牲畜的种类和经济价值为基础，采用定额承保和估价承保两种方式确定。

2. 家畜、家禽保险

家畜、家禽保险是以商品性生产的猪、羊等家畜和鸡、鸭等家禽为保险标的，承保其在饲养期间的死亡损失，因此也是一种死亡损失保险。保险责任包括因自然灾害、意外事故或疾病、瘟疫等原因造成家畜、家禽在饲养期间的死亡损失，但对零星死亡的现象一般规定免赔率或免赔只数。

3. 水产养殖保险

水产养殖保险以商品性的人工养鱼、养虾、育珠等水产养殖产品为保险标的，承保在养殖过程中因疫病、中毒、盗窃和自然灾害造成的水产品收获损失或养殖成本损失。主要险种有淡水养鱼保险、对虾养殖保险和育珠保险等。

4. 其他养殖保险

其他养殖保险以商品性养殖的鹿、貂、狐等经济动物和养蜂、养蚕等为保险标的，承保在养殖过程中因疾病、自然灾害和意外事故造成的死亡或产品的价值损失，其承保条件与牲畜保险基本相同。

项目小结

1. 广义财产保险是指包括各种财产损失保险、责任保险、信用保证保险等业务在内的一切非人身保险业务；而狭义财产保险则仅指各种财产损失保险，强调保险标的是各种具体的物质财产。和人身保险相比，财产保险承保范围广泛、以经济补偿为主、经营内容更复杂。

2. 企业财产保险属于火灾保险范畴，以存放于固定地点的财产作为保险标的。承保范围涵盖了房屋、机器、原材料等可保财产。当然，企业内部仍存在大量不可保财产和特约可保财产。企业财产保险分为基本险和综合险，后者增加了12项自然灾害损失。企业固定资产和流动资产的保额设定方式存在差异，赔偿方式也不相同。

3. 家庭财产保险也属于火灾保险范围，它以城乡居民室内有形财产及房屋等为保险标的。家庭财产保险的保险责任与企业财产险类似。家庭财产保险可分为普通家庭财产保险、储金型家庭财产险、盗窃险。就赔偿方式而言，室内财产通常按照比例赔偿方式，而房屋及其附属设备按照第一损失赔偿方式处理。

4. 运输保险以处于运动中的财产作为保险标的，承保各类运输工具和承运货物在保险期限内遭受的损失。机动车辆保险是运输工具保险中最为重要的险种，它承保机动车辆因为碰撞等原因遭受的损失以及使用过程中产生的第三者责任。其中，第三者责任险又分为商业第三者责任险和强制第三者责任险（即交强险）。机动车辆险的保险责任普遍存在基本责任和附加责任的区分。货物运输保险是以载于运输工具上的货物作为保险标的，承保运输途中的风险。按照运输方式可以分为海洋、陆上、航空和邮包货运险。各种货运险的承保期限以"仓至仓"条款为准则。

5. 工程保险是对建筑、安装工程以及各类机器设备因自然灾害和意外事故以及第三者责任导致损失进行赔偿的险种。工程保险属于综合性险种，既承保财产损失也承保责任损失，包括建筑工程一切险、安装工程一切险、机器损害保险等险种。

6. 农业保险承保种植业和养殖业在生产、哺育、成长过程中可能遭受的经济损失。农业保险涉及范围广泛，受自然灾害影响较大且存在季节性以及区域性差异，商业公司运作的利润不高，通常需要政府扶持。

实训任务

一、单项选择题

1. 下列损失属于直接损失的是（　　）。
 A. 车祸造成的车体外部货物受损
 B. 火灾发生后造成的企业利润损失
 C. 发生车祸后无法正常工作产生的收入损失
 D. 银行发生火灾后客户的流失

2. 家财险的保险期限通常为（　　）。
 A. 6个月　　　　　B. 1年　　　　　C. 2年　　　　　D. 5年

3. 下列哪些财产属于我国普通家庭财产保险的可保财产（　　）。
 A. 室内的金银珠宝　　　　　B. 图书、文件等资料
 C. 存放于室内的粮食及农副产品　　　　　D. 家用各种交通工具

4. 机动车辆"交强险"属于（　　）。
 A. 车损险　　　　　B. 车损险的附加险
 C. 第三者责任险　　　　　D. 第三者责任险的附加险

5. 我国家庭财产保险中保险人对被保险人的室内财产损失采取的赔偿方式为（　　）。
 A. 第一危险赔偿方式　　　　　B. 比例赔偿方式
 C. 限额赔偿方式　　　　　D. 定额赔偿方式

6. 仓至仓条款适用于（　　）。
 A. 火灾保险　　　　　B. 运输工具保险　　　　　C. 货物运输保险　　　　　D. 责任保险

7. 下列人员属于汽车保险第三者责任险中"第三者"范畴的是（　　）。
 A. 保险公司　　　　　B. 汽车上除被保险人之外的人员
 C. 被汽车撞损的货物　　　　　D. 被汽车撞倒受伤的行人

8. 企业财产保险中流动资产保险金额的确定依据是（　　）。
 A. 最近12个月的账面价值　　　　　B. 最近12个月的平均余额
 C. 最近12个月的账面价值之和　　　　　D. 最近月份账面价值余额

二、多项选择题

1. 按照我国《保险法》分类，财产损失险包括（　　）。
 A. 企业财产险　　　　　B. 农业保险　　　　　C. 信用保险　　　　　D. 保证保险

2. 家庭财产两全保险，是家庭财产保险的一种特殊形式，具有的双重性质为（　　）。

A. 定额给付　　　　B. 经济补偿　　　　C. 到期还本　　　　D. 分红

3. 我国海上货物运输保险根据保险责任可以分为（　　）。

A. 平安险　　　　　B. 水渍险　　　　　C. 一切险　　　　　D. 全损险

4. 从国外购买一批设备，回国安装后投入生产并运行，该企业需要为此购买（　　）。

A. 货物运输保险　　　　　　　　　　　B. 安装工程保险
C. 建筑工程保险　　　　　　　　　　　D. 机器损坏保险

项目六
认识责任与信用保证保险

6.1 认识责任保险

6.1.1 认识责任保险

责任保险是指以被保险人对第三者依法应负的民事损害赔偿责任为保险标的的保险。凡是根据法律规定，被保险人因疏忽或过失等行为对他人造成人身伤亡或财产损害，依法应负的经济赔偿责任，均可投保有关责任保险，由保险人代为赔偿。

责任保险作为与财产保险相关的险种，广义上通常被划为财产保险的范畴，但又具有自身独特内容与经营特点，赔偿的不只是应负的财产损失，还包括人身伤害，所以，其是一类可以独立成体系的保险业务。现实生活中，企业、团体、家庭或个人在进行生产、经营或生活的各种活动时，常常由于疏忽、过失等行为对他人造成财产损失或人身伤害，构成民事侵权行为。例如，汽车撞伤人、医生误诊对病人造成伤害、产品缺陷造成损失等都属于责任保险承保的范围。

6.1.2 责任保险的特征

1. 健全的法律制度是责任保险产生与发展的基础

责任保险产生与发展的基础，不仅是各种民事法律风险的客观存在和社会生产力达到一定水平，而且还需要人类社会的进步带来的法律制度的不断完善，其中法制的健全与完善成为责任保险产生与发展最为直接的基础。正是由于人们在社会中的行为都是在法律制度的一定规范之内，所以才能因触犯法律而造成他人的财产损失或人身伤害时，必须担负经济赔偿责任。在当今社会，如果没有《中华人民共和国环境噪声污染防治法》（以下简称《环境污染防治法》），造成污染的单位或个人就不会对污染受害者承担什么赔偿责任；如果没有《中华人民共和国食品卫生法》（以下简称《食品卫生法》）和《中华人民共和国消费者权益保护法》（以下简称《消费者权益保护法》），对消费者权益造成的损害也不会有经济赔偿责任，等等。所以，法律形式上应负经济赔偿责任的存在，是人们想到通过保险转嫁这种风险的直接原因。事实上，当今世界责任保险最发达的国家或地区，必然是各种民事法律制度最完善的国家或地区。

2. 保险标的是被保险人承担的民事损害赔偿责任

由于责任保险不是实体财产，因此，不存在保险价值，其赔偿金额的多少，是由当事人依照需要约定的，没有超额保险之说。在各种经济赔偿责任中，凡属于金钱债务的，皆可作为责任保险标的，例如，因产品的瑕疵、汽车肇事、船舶碰撞、医疗误诊等原因造成他人的人身伤害或财产损失等对受害人承担的法律责任，但有3类责任不能构成责任保险标的：第一类是非依法应由被保险人承担的责任；第二类是被保险人依法承担的刑事责任和行政责任；第三类是被保险人故意造成他人损害，而依法承担的民事赔偿责任。

3. 责任保险是直接保障被保险人利益、间接保障第三者利益的一种双重保障机制

在一般财产保险与人身保险实践中，保险人保障的对象都是被保险人及其受益人，其赔款或保险金也完全归被保险人或其受益人所有，均不会涉及第三者。而各种责任保险却与此不同，被保险人的利益损失首先表现为因被保险人的行为导致第三者的利益损失，即在第三者利益损失的客观存在并依法应由被保险人负责赔偿时，才会产生被保险人的利益损失。因此，责任保险的赔款实质上是对被保险人之外的受害方，即第三者的赔偿，责任保险具有第三者保险的性质。责任保险是由保险人直接保障被保险人利益、间接保障第三者利益的一种双重保障机制。

责任保险虽以被保险人对第三者的损害赔偿责任为标的，但如果该项赔偿责任虽已发生，第三者却没有向被保险人提出赔偿要求，则被保险人仍无损失可言，保险人也不必对此负赔偿责任。另外，被保险人自己的人身或财产因意外事故受到伤害，或其家庭成员、代理人、雇员、管理人员等因意外事故受到伤害时，责任保险的保险人不承担任何赔偿责任，只有当被保险人及其家庭成员、代理人、雇员、管理人员等致使第三者受到伤害时，责任保险的保险人才会支付保险的赔偿金。

4. 责任保险有赔偿限额的约束

在责任保险合同中，保险人所承保的是一种特殊的无形标的，由于这种标的无客观价值，无法估计具体金额，所以合同中也就无法确定保险金额。但为了限制保险人承担赔偿责任的范围，避免赔偿时合同双方发生争议，责任保险合同一般要载明赔偿限额，以此作为保险人承担赔偿责任的最高额度和保险费的计算依据。如果没有赔偿额度的限制，保险人自身就会陷入无限的经营风险之中。赔偿限额的大小根据被保险人可能面临的损失规模大小和交付保险费的能力来确定。如我国机动车辆第三者责任险的赔偿限额就分为不同档次，由投保人自主选择，超过限额的经济赔偿责任由被保险人自行承担。

6.1.3 责任保险的种类

1. 公众责任保险

（1）公众责任保险的基本概念。公众责任保险又称普通责任保险或综合责任保险，是承保被保险人在各种固定场所进行生产、经营或其他活动时，因发生意外事故而造成他人（第三者）人身伤亡和财产损失，依法应由被保险人承担的经济赔偿责任。由于这种经济赔偿责任普遍存在于各种公共场所和各种与公众发生联系的社会活动中，因此，公众责任保险适用范围相当广泛，可适用于工厂、办公楼、旅馆、住宅、商店、医院、学校、影剧院、展览馆等各种公众活动的场所。世界上大多数国家和地区都十分重视公众责任保险的推行,以保障公民和消费者在公众场所的安全和权益。

保险公司在公众责任保险中主要承担两部分责任:一是在承保期间内,因被保险人或其雇佣人员的过失行为而造成第三者人身伤亡或财产损失,依法应由被保险人承担的经济赔偿;二是在责任事故发生后,如果引起法律诉讼,由被保险人承担的相关诉讼费用。

保险公司的最高赔偿责任不超过保单上所规定的每次事故的赔偿限额或累计赔偿的限额。

(2) 公众责任保险的常见险种。公众责任保险是责任保险中适用范围最广的一种保险业务,险种很多,主要包括以下几种。

①场所责任保险。是指承保固定场所(包括房屋、建筑物及其设备、装置等)因存在结构上的缺陷或管理不善,或被保险人在被保险场所内进行生产经营活动时,因疏忽而发生意外事故,造成他人人身伤亡或财产损失的经济赔偿责任。场所责任保险是公众责任保险中业务量最大的险别,广泛适用于商店、办公楼、旅馆、饭店等各种公共娱乐场所。

②电梯责任保险。主要承担在保险期限内,被保险人在保险单明细列明的地点所安装的各种电梯在运行过程中发生意外事故造成人身伤亡或运载财产的损失,依法应由被保险人负责的赔偿责任。电梯责任保险可包括在场所责任保险中,如被保险人要求,也可专项承保。

③承包人责任保险。专门承保承包人在施工、作业或工作中造成他人人身伤亡或财产损失的损害事故,依法应由承包人承担的经济赔偿责任。承包人是指承包各种建筑工程、安装工程、装卸作业以及承揽加工、订做、修缮、修理、印刷、设计、测绘、测试、广告等业务的法人或自然人,被保险人的分包人也可作为共同被保险人而获得保障。

④承运人责任保险。凡经营海上、陆上或空中运输业务的承运人运送旅客或货物时,在承担客、货运输任务过程中,如发生损失,包括因延迟而造成的损失,依法由承运人负有的损害赔偿责任,都是承运人责任保险的承保对象。

⑤个人责任保险。适用于任何个人及家庭,主要承保自然人或其家庭成员因过失或疏忽对他人的身体或财产造成损害并依法应负的经济赔偿责任。主要的个人责任保险有住宅责任保险、综合个人责任保险和个人职业责任保险等。

(3) 公众责任保险的除外责任。对于公众责任保险而言,下列原因造成的损失、费用和责任,保险人一般不负责赔偿。

①被保险人及其代表的故意或重大过失行为。

②战争、敌对行为、军事行为、武装冲突、罢工、骚乱、暴乱、盗窃、抢劫。

③政府当局的没收、征用。

④核反应、核子辐射、放射性污染。

⑤地震、雷击、暴雨、洪水、火山爆发、地下水、龙卷风、台风、暴风等自然灾害。

⑥烟熏、大气、土地、水污染及其他污染。

⑦锅炉爆炸、空中运行物体坠落。

⑧被保险人的下列损失、费用和责任,保险人不负责赔偿:被保险人或其代表、雇佣人员人身伤亡的赔偿责任,以及上述人员所有的或由其保管或控制的财产损失。

⑨罚款、罚金或惩罚性赔款。

⑩被保险人与他人签订协议所约定的责任(但应由被保险人承担的法律责任不在此限)。

2. 产品责任保险

（1）产品责任保险的基本概念。产品责任保险是承保产品的生产商、销售商和修理商因其生产、销售或修理的产品存在缺陷，致使用户或消费者在使用过程中发生意外事故，而遭受人身伤害或财产损失，依法应由被保险人承担的经济赔偿责任。

目前，产品责任保险在北美、西欧、日本等发达的市场经济国家非常流行。早期的产品责任保险主要承保一些直接与人体健康有关的产品，如食品、饮料、药品等，随后承保范围逐步扩大，各种轻纺、机械、石油、化工、电子工业产品，以至于大型飞机、船舶、成套设备、核电站、卫星等均可投保产品责任保险。我国的产品责任保险始办于1980年，最初仅局限于经营出口产品的责任保险，业务量不大，虽经几十年的发展，市场规模仍很小，还处于起步阶段。

（2）产品责任保险的保险责任。产品责任保险主要承保两项责任。

①直接责任。指在保险期限内，被保险人生产、销售、分配或修理的产品发生事故，造成消费者或其他人的人身伤害或财产损失，依法应由被保险人承担的损害赔偿责任。造成赔偿责任的事故必须是意外的、非被保险人所能预料的。

②费用损失。被保险人为产品事故所支付的诉讼、抗辩费用及其他经保险人事先同意支付的合理费用，保险人也予以赔偿。

（3）产品责任保险的除外责任。产品责任保险的除外责任主要包括以下几点。

①故意行为。被保险人故意违法生产、出售的产品或商品，造成任何人的人身伤害、疾病、死亡或财产损失依法应负的经济赔偿责任。

②合同责任。合同责任不在保险范围之内，除非这项责任在没有合同的情况下，也同样存在。

③缺陷产品的重置。保险人对不合格或有缺陷产品的修理、重置或恢复费用不予承保，这部分费用一般应由生产商负责赔偿。

④设计错误或处方错误。对错误的或有缺陷的设计或处方，或产品不符合设计要求引起的索赔，予以除外，这部分责任应由设计师职业责任保险和医生职业责任保险负责承保。

⑤被保险人看管或监控下的货物。如果货物仍然由被保险人拥有，这时引起的责任习惯上是除外的。

⑥由于产品本身造成的产品损坏。

⑦造成他人"受损毁的财物"财产损失。

⑧产品退换回收的损失。

⑨一般除外责任。对放射、核爆炸、污染、战争及对雇员的责任除外。

（4）产品责任保险的赔偿限额。产品责任保险的赔偿限额通常由被保险人与保险人根据实际情况协商后在保险单中载明，一般分为每一次产品事故的最高赔偿金额和保险有效期内的赔偿累计最高限额两种。生产、销售、分配的同批产品由于同样原因造成多人的人身伤害、疾病、死亡或多人的财产损失均被视为一次事故造成的损失，并且适用于每次事故的赔偿限额。

3. 雇主责任保险

（1）雇主责任保险的基本概念。雇主责任保险所承保的是被保险人（雇主）在其雇员受雇期间从事业务时，因遭受意外导致伤残、死亡或患有与职业有关的职业性疾病，依法或根据雇佣合同，应由被保险人承担的经济赔偿责任。

雇主责任保险产生于 19 世纪 80 年代，是责任保险中最早兴起并进入强制保险的险种，普及程度极高。许多西方发达国家的雇主责任法或劳工赔偿法都规定，除非发现雇员有故意行为，雇员在工作中遭受的伤害均应由雇主负责赔偿。为了转嫁风险，雇主往往都投保雇主责任保险。在我国，雇主责任保险始于 20 世纪 80 年代初，为保障我国部分企业，尤其是"三资"企业员工的利益，发挥了一定作用。但是，作为一项"非主流"的保险险种，其业务发展一直比较缓慢，需要不断地开拓市场。

（2）雇主责任保险的保险责任。雇主投保雇主责任保险的目的，在于通过缴纳保险费的方式转嫁其对雇员在受雇期间发生的责任事故依法应承担的赔偿责任，在保障雇主、企业稳健经营的同时也有效保障了其员工的利益。它的主要保险责任包括以下几个方面。

①被保险人所雇用的员工，包括短期工、临时工、季节工和学徒工，在受雇过程中，从事与被保险人的业务有关的工作时，遭受意外导致伤残或死亡，被保险人根据雇用合同和有关法律法规必须承担的经济赔偿责任。

②因患有与业务有关的职业性疾病而致雇员人身伤残、死亡的经济赔偿责任。

③雇员在从事与业务有关的工作时，遭受意外事故而致伤、死亡或患有的职业病，被保险人依法应承担医疗费用。

④被保险人在处理保险责任范围内的索赔纠纷或诉讼时，所引起的诉讼、律师费用及其他经保险人同意支付的费用。

（3）雇主责任保险的附加责任。我国雇主责任保险经保险双方约定后，可以扩展承保以下两项附加责任。

①附加医药费保险。该附加险承保被雇用人员在保单有效期间，不论是否遭受意外伤害，因患职业病之外的疾病（包括传染病、分娩、流产）所需医疗费用，包括治疗、医药、手术、住院费用，但只限于在中国境内的医院或诊所就诊和治疗，可以凭单证赔付。

②附加第三者责任保险。附加第三者责任保险保障被保险人在保单有效期间，因其雇用人员（或其本人）在从事保单列明的业务有关工作时，由于意外或疏忽，造成第三者人身伤亡或财产损失，以及所引起的对第三者的抚恤、医疗费和赔偿费用，依法应由被保险人负责的赔偿责任。

（4）雇主责任保险的除外责任。

雇主责任保险的除外责任主要包括以下几项。

①战争、军事行动、罢工、暴动、民众骚乱或由于核辐射所致被保险人聘用的员工伤残、死亡或疾病。

②被保险人所聘用的员工由于职业性疾病以外的疾病、传染病、分娩、流产以及因此而施行的内外科治疗手术所致的伤残或死亡。

③由于被保险人所聘用员工自身伤害、自杀、违法行为所致的伤残或死亡。

④被保险人所聘用员工因非职业原因而受酒精或药剂的影响所致的伤残或死亡。

⑤被保险人的故意行为或重大过失。

⑥除有特别规定外，被保险人对其承包商所聘用员工的责任。

⑦除有特别规定外，在中华人民共和国境外所发生的被保险人聘用员工的伤残或死亡。

⑧其他不属于保险责任范围内的损失和费用。

4. 职业责任保险

（1）职业责任保险的基本概念。职业责任保险是承保各种专业技术人员因工作上的疏忽或过失造成第三者人身伤害或财产损失而依法应承担的经济赔偿责任。在当今社会，医生、会计师、律师、设计师、经纪人、代理人、工程师等技术工作者均存在着职业责任风险，会由于工作中的过失、错误或由于他们的雇员或合伙人的过失或错误，给他们的当事人或其他人造成经济上的损失或人身伤害，这类责任事故是不可能完全避免的，从而均可以通过职业责任保险的方式来转嫁其风险损失。

与责任保险中的其他险别相比，职业责任保险的发展相对滞后。目前，我国公众责任保险、产品责任保险、雇主责任保险都已形成一定的市场规模，但是，职业责任保险在总体上还处于试办推行期。其中一个重要原因是由于职业责任与各种专业技术有关，受害人以及保险人不可能具备各行业所特有的专业知识，因此，一旦发生事故，其是否属于职业责任以及赔偿的数额，职业者或职业者所在单位与受害人及其家属、保险公司很难达成共识。但是，随着我国各项法律制度的逐渐完善和消费者维权意识的加强，相信这一险种具有广阔的发展前景，有资料显示，目前国外财产保险市场中职业责任保险占比达到15%以上。

（2）职业责任保险的保险责任。职业责任保险的保险责任包括以下几项内容。

①被保险人及其前任、被保险人的雇员及其前任，由于职业上的疏忽、过失所造成的职业责任损失。

②被保险人因责任事故而引起的实施费及其他经保险人同意的有关费用。

（3）职业责任保险的常见险种。职业责任保险的常见险种主要有以下几项内容。

①医疗职业责任保险。医疗职业责任保险是指承保医务人员由于医疗事故而致病人死亡或伤残、病情加重、痛苦增加等，受害者或其家属要求赔偿且依法应由医疗方负责的经济赔偿责任。医疗职业责任保险是目前职业责任保险中占主导地位的险种。

②律师责任保险。律师责任保险是指承保被保险人或其前任作为律师在自己的能力范围内的职业服务中发生的一切疏忽行为、错误或遗漏过失行为所导致的法律赔偿责任，包括一切侮辱、诽谤以及被保险人在工作中发生的或造成的对第三者的人身伤害或财产损失。在我国，律师责任保险是一个新开办的险种。

③建筑工程设计责任保险。建筑工程设计责任保险是指以建筑工程设计人因设计上的疏忽或过失而引发工程质量事故造成的损失或费用，以依法应承担的经济赔偿责任为保险标的的职业责任保险。它是我国开办最早的职业保险险种之一。

④会计师责任保险。会计师责任保险是指因被保险人及其前任或其负有法律责任的人，因违反会计业务上应尽的责任及义务而造成他人损失，依法应负的经济赔偿责任，但不包括身体伤害、死亡及实质财产的损毁。会计师责任保险在我国也是新近开办的职业责任险种。

此外，职业责任保险的险种还有公司高级管理人员责任保险，保险代理人和经纪人疏忽、过失责任保险，美容师责任保险，药剂师责任保险，退休人员责任保险等。

6.2 认识信用保险和保证保险

6.2.1 信用保证保险的含义

信用保证保险建立在信用关系或经济合同基础之上，它以权利人与义务人之间的信用风险为承保风险，以权利人的经济利益作为保险标的，当义务人未能如约履行债务清偿而使权利人遭受损失时，由保险人承担经济赔偿责任。信用保证保险就其性质而言是一种担保业务，是以保险人作为保证人对权利人的一种担保。

6.2.2 信用保证保险的特点

信用保证保险因其保险标的是一种无形财产——经济利益，故亦属于广义财产保险范畴，但是信用保证保险又是一类特殊的财产保险。其特点有以下几个。

1. 信用保证保险承保的是一种信用风险

与一般财产保险不同，信用保证保险承保的是人的信用风险，而不是由自然灾害和意外事故造成的风险损失。

2. 保险合同一般涉及三方关系人

一般保险合同在投保人与保险人之间确定保险关系，不涉及第三方。信用保证保险建立在信用经济关系与经济合同之上，其保险合同一般涉及三方关系人，即权利人、义务人和保险人（保险公司）。保险人充当保证人角色；权利人可以是也可以不是投保人，但他一定是被保险人；义务人即被保证人，他可以是投保人。

3. 保险合同属于附属式合同

在信用保证保险中，权利人与义务人之间首先有贸易、借贷等经济合同——主合同，保险合同建立在主合同的基础之上，因此属于附属合同。信用保证保险合同是保险人对义务人的作为或不作为造成权利人的损失承担附属性责任的书面承诺，这种承诺是在保险合同规定的履行条件已具备而被保证人不履行合同义务的条件下，保险人才能替被保证人对权利人履行赔偿责任。

4. 经营条件严格

信用保证保险必须由政府批准的保险人或专门经营信用保证业务的保险人办理，禁止一般保险人承保这项业务。例如，美国财政部每年公布一次被批准的信用保证保险人名单，并规定各公司承保的限额。我国的出口信用保险在 20 世纪 90 年代至 21 世纪初，由中国人民保险公司和中国进出口银行经营，2001 年年底后，则交由新成立的中国出口信用保险公司专营。

5. 通过各种措施控制经营风险

信用保证保险承保的是信用风险，而信用风险是一种人为风险，其影响因素复杂，损失规律难循，所以要求保险公司采取各种措施控制经营风险。如在承保前对被保证人的资信情况进行严格的审查；在承保时要求被担保人提供反担保，以便在保险公司向权利人支付赔款后，能向被保证人追回赔款。

6.2.3 信用保险

1. 信用保险的含义

信用保险是以在商品赊销和信用放款中的债务人的信用作为保险标的，在债务人未能如约履行债务清偿而使债权人遭受损失时，由保险人向被保险人，即债权人提供风险保障的一种保险。

2. 信用保险的分类

（1）根据保险标的性质的不同，可以将信用保险分为商业信用保险、银行信用保险和国家信用保险。若保险标的是商品赊销方的信用，称为商业信用保险；若保险标的为借款银行的信用则称为银行信用保险；若保险标的是借款国的信用则为国家信用保险。

（2）根据保险标的所处的地理位置的不同，可以将信用保险分为国内信用保险和出口信用保险。若保险标的是国内商人的信用，则为国内信用保险；若保险标的是他国商人的信用，则为出口信用保险。

6.2.4 保证保险

1. 保证保险的含义

保证保险是在被保证人的作为或不作为致使权利人遭受经济损失时，由保险人来承担经济赔偿责任的保险。

保证保险是随道德风险的频繁发生而发展起来的。有些国家，一些企事业单位和团体在招收就业人员时，要求应聘人员必须提供企事业单位和团体认可的保证人才能就业。在就业期间，如果由于被保证人的营私舞弊行为而使雇主受损时，保证人要承担赔偿责任。

2. 保证保险的特点

与一般商业保险相比，保证保险有以下特点。

（1）保险人在没有损失的预期下提供保险服务。在一般的商业保险中，保险关系是建立在预期将发生的损失的基础之上的，即有损失才有保险关系存在的必要性。而在保证保险中，保险人是在没有损失的预期下提供服务的，即如果保险人预期将发生损失，保证保险将不向被保证人提供保险。

（2）保证保险涉及三方面当事人。一般保险的当事人只有两者：保险人与投保人，而保证保险却涉及三方面当事人的关系：保险人、权利人（被保险人）、义务人（被保证人）。变更和终止民事权利义务关系的协议，也自然涉及这三者。

（3）保证保险中涉及反担保。在被保证人未能依照合同或协议的要求履行自己的义务，由此给权利人带来损失，而被保证人不能补偿这一损失时，由保险人（保证人）代为赔偿，其后保险人有权向被保证人追回这一笔赔付。为了保证日后能够做到这一点，保险人在提供保证时，可以要求被保证人提供反担保。

3. 保证保险的分类

保证保险可以分为两类：忠诚保证保险和履约保证保险。

（1）忠诚保证保险。忠诚保证保险是一种权利人因被保证人的不诚实行为而遭受经济损失时，由保险人作为保证人承担赔偿责任的保险。例如，当雇员由于偷盗、侵占、伪造、私用、非法挪用、故意误用等不诚实行为造成雇主受损时，保险人应负责赔偿。

忠诚保证保险的承保风险有两大类，即欺诈和不诚实，主要包括：偷窃（指暗中用非暴力手段非法拿走权利人财和物）；非法侵占（指将权利人所有的而由被保证人保管的财务占为己有）；伪造（指以欺诈手段假造票据或其他文件或将其加以重大的更改）；私用（指非法拿走权利人财务供己使用）；非法挪用（指未经所有人同意擅自将其资金移供别人使用）；故意误用（指以损害他人为目的故意将权利人财物用于其所不欲的用途）。

忠诚保证保险主要包括个人忠诚保证保险、指名忠诚保证保险、职位忠诚保证保险和总括忠诚保证保险。

（2）履约保证保险。履约保证保险又称合同保证保险，该保险承保因被保证人不履行各种合同义务而造成权利人的经济损失。

在实践中，履约保证保险主要有以下4种形式：合同履约保证保险；司法履约保证保险；公职人员履约保证保险；特许履约保证保险。

项目小结

1. 责任保险属于广义财产保险范畴，它以被保险人对第三者依法应负的民事损害赔偿责任为保险标的。责任保险的特点是：其产生发展的基础是法律制度的不断完善；保险标的为被保险人承担的民事损害赔偿责任；直接保障被保险人、间接保障第三者；有赔偿限额的约束。责任保险的险种包括：公众责任险、产品责任险、雇主责任险和职业责任险。

2. 信用保证保险也属于广义财产保险范畴，它以权利人的信用作为保险标的，当义务人未能如约履行债务清偿而使权利人遭受损失时，由保险人承担经济赔偿责任。其中，信用保险的投保人是权利人，而保证保险的投保人是义务人。

实训任务

一、单项选择题

1. 责任保险中所指责任为（　　）。
   A. 行政处罚责任　　　　　　　　B. 民事损害赔偿责任
   C. 刑事责任　　　　　　　　　　D. 合同违约责任
2. 保险人仅对在保险有效期内受害人向被保险人提出有效的索赔负责，其的责任期限属于（　　）。
   A. 期内发生式　　B. 期外发生式　　C. 期内索赔式　　D. 期外索赔式
3. 产品责任险保障的项目包括产品发生故障导致的（　　）。
   A. 消费者人身伤亡的费用　　　　B. 厂家支付的诉讼费用
   C. 厂家召回产品的损失　　　　　D. 厂家接受的政府罚款
4. 雇主责任险的被保险人是（　　）。
   A. 雇员　　　　　B. 雇主　　　　　C. 雇主和雇员　　　D. 政府
5. 下列关于信用保险和保证保险区别的正确说法是（　　）。
   A. 信用保险的保险标的是权利人的信用而保证保险的标的是义务人的信用
   B. 信用保险的投保人是权利人而保证保险的投保人是义务人
   C. 信用保险的经营风险要低于保证保险
   D. 信用保险没有预期有损失，保证保险有预期损失

项目七
认识保险经营

7.1 认识保险经营机构

7.1.1 保险经营机构的组织形式

保险经营机构是指依法设立的专门经营风险、提供保险保障的企业,在此专指保险公司。

1. 保险股份有限公司

保险股份有限公司又称股份保险公司,是指由一定数量的股东依法设立,将公司全部资本分成等额股份,股东以其认购的股份为限对公司承担责任,公司以其全部资产对公司债务承担责任的保险公司。保险股份有限公司是保险公司的主要形式,在世界许多国家的保险市场中占主导地位。保险股份有限公司具有如下特点。

(1) 保险股份有限公司是典型的合资公司。公司的所有权与经营权相分离,利于提高经营管理效率,增加保险利润,进而扩展保险业务,使风险更加分散,经营更加安全,对被保险人的保障更强。

(2) 保险股份有限公司通常发行股票(或股权证)筹集资本,比较容易筹集大额资本,经营资本充足,财力雄厚,有利于业务扩展。

(3) 保险股份有限公司采取确定保险费制,比较符合现代保险的特征和投保人的需要,为业务扩展提供了便利条件。

2. 国有保险公司

国有保险公司是由政府设立,由政府机构或公共团体负责经营的保险公司,一般为非营利性保险机构。

国有保险公司多存在于计划经济国家及市场经济国家的强制性和政策性保险领域。其经营领域一般是商业性保险公司不能或不愿经营的带有浓厚的国家意志,或具有强烈的政策性导向,本身非盈利甚至需由政府补贴的特定业务或特定领域,不适于商业化经营。如农业保险、美国的联邦存款保险、贷款保证保险和日本的简易人身险等,都由国有保险公司专营。中国出口信用保险公司是国有保险公司。

3. 相互保险公司

相互保险公司是保险业特有的公司组织形式，是由所有参加保险的人自己设立的保险法人组织。相互保险公司具有如下特点。

（1）相互保险公司的投保人具有双重身份。相互保险公司是所有参加人为自己办理保险的需要而合作成立的法人组织，每个成员既是投保人和被保险人，同时，又是保险人，只要交纳保险费，就可以成为公司会员，而一旦解除保险关系，其会员资格也随之消失。

（2）相互保险公司不以营利为目的。相互保险公司是一种非营利性的互助合作保险组织，公司以其各成员交纳的保险费来承担全部保险责任，并以此为依据参与公司盈余分配，弥补公司亏损。公司的经营成果完全由社员分享，剩余收益或向社员分配，或分别摊还，或拨作公积金或准备金。

相互保险公司的组织形式比较适宜于人寿保险。目前，进入世界500强的寿险公司中，有近一半是相互保险公司。

4. 相互保险社

相互保险社是由一些有相同保险需求的人员组织起来成为一个集体，集体中一个成员遭受损失，由其他成员共同分担的保险组织形式。这种形式是最早出现的保险组织，也是保险组织的最原始形态，但目前在欧美国家仍然普遍存在，如伦敦保赔协会、人寿保险的友爱社（英国）、同胞社（美国）等。相互保险社具有以下特征。

（1）相互保险社的社员之间互相提供保险。相互保险社的每个社员都为其他社员提供保险，也获得其他社员提供的保险。

（2）相互保险社无股本，其经营资本的来源仅为社员缴纳的分担金。

（3）相互保险社的保险费采取事后分摊制，事先并不确定。相互保险社的成员预交保险费，多退少补。社员投保时，预缴一部分保费，待保险事故发生时，再按照保险给付金的大小，由社员分摊。

5. 保险合作社

保险合作社是由一些对某种风险具有同一保障要求的人，自愿集股设立的保险组织。保险合作社具有以下特点。

（1）保险合作社由社员共同出资入股设立。保险合作社是一种非营利性的保险组织，它是由社员共同出资入股设立，被保险人只能是社员，社员只能是自然人，社员对保险合作社的权利以其认购的股金为限。

（2）保险关系的建立必须以成为保险合作社社员为条件。只有保险合作社的社员才能作为保险合作社的被保险人，但是社员也可以不与保险合作社建立保险关系，保险关系的消灭不会导致社员身份的丧失。

（3）保险合作社采取固定保险费制，事后不补，不足时从营运准备金中扣除。

6. 个人保险组织

个人保险组织是自然人充当保险人的保险组织。由于个人资本能力和信誉有限，全球个人保险组织很少。目前，世界上只有劳合社是个人保险组织，劳合社并不是一个保险公司，而是一个保险市场或保险社团。劳合社的每个社员就是一个保险人，每个保险人对自己承保业务负责。

7.1.2 保险公司的设立

设立保险公司就是新创办保险公司。设立保险公司必须遵守国家的法律法规，其设立必须遵照法律规定的条件和程序。在此以《保险法》的相关规定来说明。

1. 设立保险公司的条件

按照《保险法》第六十八条的规定，设立保险公司应当具备下列条件：

（1）主要股东具有持续盈利能力，信誉良好，最近 3 年内无重大违法违规记录，净资产不低于 2 亿元；

（2）有符合本法和《中华人民共和国公司法》规定的章程；

（3）有符合本法规定的注册资本；

（4）有具备任职专业知识和业务工作经验的董事、监事和高级管理人员；

（5）有健全的组织机构和管理制度；

（6）有符合要求的营业场所和与经营业务有关的其他设施；

（7）法律、行政法规和国务院保险监督管理机构规定的其他条件。

7.1.3 保险公司的变更、解散和破产

1. 保险公司的变更

保险公司的变更是指在保险公司存续期间，依法变更公司章程、名称和资本结构等法律行为。保险公司的变更，特别是涉及重大问题的变更，必须报经中国保监会批准。保险公司有下列情形之一的，应当经保险监督管理机构批准：变更名称；变更注册资本；变更公司或者分支机构的营业场所；撤销分支机构；公司分立或者合并；修改公司章程；变更出资额占有限责任公司资本总额百分之五以上的股东，或者变更持有股份有限公司股份百分之五以上的股东；国务院保险监督管理机构规定的其他情形。

2. 保险公司的解散

保险公司的解散是指保险公司停止开展业务活动，开始处理未了事务，通过办理清算行为，使保险公司作为法人的资格消灭。按照《保险法》的规定，保险公司因分立、合并需要解散，或者股东会、股东大会决议解散，或者公司章程规定的解散事由出现，经中国保监会批准后解散。

（1）因分立而解散。保险公司因分立而解散是将原保险公司的财产进行分割，新设两个或两个以上的保险公司，使原保险公司的法人资格消灭。保险公司分立时，应当编制资产负债表及财产清单，公司分立前的债务由分立后的新公司负担。

（2）因合并而解散。保险公司因合并而解散是两个或两个以上的保险公司以合并的形式设立一个新公司，使原保险公司的法人资格消灭。保险公司合并，合并各方应签订合并协议，并编制资产负债表及财产清单。保险公司合并后，合并各方的债权和债务由新公司继承。

（3）依公司章程的规定而解散。公司章程中规定的公司应当解散的理由包括公司营业期限届满、公司已完成或不能完成其使命、公司具有显著困难或严重损失、全体或大多数股

东同意等。这些情况出现时，保险公司应当依法解散。经营有人寿保险业务的保险公司，除因分立、合并或者被依法撤销外，不得解散。保险公司解散，应当依法成立清算组进行清算。

3. 保险公司的破产

保险公司不能清偿到期债务，并且资产不足以清偿全部债务或者明显缺乏清偿能力的，经中国保监会同意，保险公司或者其债权人可以依法向人民法院申请重整、和解或者破产清算；中国保监会也可以依法向人民法院申请对该保险公司进行重整或者破产清算。但经营有人寿保险业务的保险公司被依法撤销或者被依法宣告破产的，其持有的人寿保险合同及责任准备金，必须转让给其他经营有人寿保险业务的保险公司；不能同其他保险公司达成转让协议的，由中国保监会指定经营有人寿保险业务的保险公司接受转让。转让时应当维护被保险人、受益人的合法权益。保险公司依法终止其业务活动，应当注销其经营保险业务许可证。

7.1.4 保险公司的组织构架

保险公司的组织构架是保险公司正常运作所必需的功能部门。保险公司是经营风险的企业，其主要业务包括两大部分，一是承保业务；二是投资业务。承保业务是通过向投保人收取保费形成保险基金，用于对保险责任范围内的事故进行赔付；投资业务是对保险承保业务过程中形成的主要以各种准备金存在的暂闲资金加以运用以实现资金的保值增值的活动。保险公司的运作需要其内部各功能部门的有机联系和相互协作。从寿险和健康险保险公司来看，主要包括营销、精算、核保、客户服务、理赔、投资、会计、法律、人力资源和信息系统等部门。

7.2 保险经营的原则

保险经营原则是指保险企业从事保险经济活动的行为准则。由于保险商品除具有一般商品的共性外，还具有自身特性，因此，在经营保险这一特殊商品的过程中，既要遵循一般企业经营的基本原则，如经济核算原则、随行就市原则和薄利多销等原则，又要遵循保险业经营的特殊原则，这些特殊原则主要是风险大量原则、风险选择原则和风险分散原则。

1. 风险大量原则

风险大量原则是指保险人在可保风险的范围内，应根据自己的承保能力，争取承保尽可能多的风险标的。风险大量原则是保险经营的首要原则，这是因为：第一，保险的经营过程实际上就是风险管理过程，而风险的发生是偶然的、不确定的，保险人只有承保尽可能多的风险标的，才能建立起雄厚的保险基金，以保证保险经济补偿职能的履行；第二，保险经营是以大数法则为基础的，只有承保大量的风险标的，才能使风险发生的实际情形更加接近预先计算的风险损失概率，以确保保险经营的稳定性；第三，扩大承保数量是保险企业提高经济效益的一个重要途径，因为承保的标的越多，保险费的收入就越多，营业费用则会相对越少。遵循风险大量原则，保险企业应积极组织拓展保险业务，在维持、巩固原有业务的同时，不断发展新的客户，扩大承保数量，拓宽承保领域，实现保险业务的规模经营。

2. 风险选择原则

为了保证保险经营的稳定性，保险人在承保时不仅需要签订大量的、以可保风险和标的为内容的保险合同，还须对所承保的风险加以选择。风险选择原则要求保险人充分认识、准确评价承保标的的风险种类与风险程度，以及投保金额的恰当与否，从而决定是否接受投保。保险人对风险的选择表现在两方面：一是尽量选择同质风险标的承保，从而保证能从量的方面对风险进行测定，实现风险的平均分散；二是淘汰那些超出可保风险条件或范围的保险标的。可以说，风险选择原则否定的是保险人无条件承保的盲目性，强调的是保险人对投保意愿的主动性选择，使集中于保险保障之下的风险单位不断地趋于质量均一，有利于承保质量和盈利水平的提高。

保险人选择风险的方式有事前选择和事后选择两种。事前选择是指保险人在承保前考虑决定是否接受投保。拒保是一种常见事前风险选择方法，对被保险人或保险标的的风险已超出可保风险条件和范围的，保险人可以拒绝承保。但有时某些保险标的虽然明显存在不良危险，却可以通过某些手段加以控制，保险人会与投保人协商或调整保险条件，如提高保险费率、提高免赔额（率）、附加特殊风险责任或赔偿的限制性条款等，实行有条件的承保，而不是一概拒保。事后选择是指保险人对已经承保的、风险程度超出标准的保险标的作出的淘汰性选择。这种淘汰通常有三种方式：第一，等待保险合同期满后不再续保；第二，按照保险合同约定的事项注销某项保险责任，如我国远洋船舶战争险条款约定，保险人有权在任何时候向被保险人发出注销战争险责任的通知，通知在发出后 7 天期满时生效；第三，保险人若发现被保险人有明显欺诈行为，可以解除保险合同。总之，无论是事前还是事后风险选择，都是保险人采用风险规避和损失控制手段对承保风险进行有效控制和管理，以公平合理地承担风险损失。

3. 风险分散原则

风险分散是指由多个保险人或被保险人共同分担某一风险责任。保险人在承保了大量的风险后，如果所承保的风险在某段期间或某个区域过于集中，一旦发生较大的风险事故，可能导致保险企业偿付能力不足，从而损害被保险人的利益，也威胁着保险企业自身的生存与发展。因此，保险人除了对风险进行有选择的承保外，还要遵循风险分散原则，尽可能地将已承保的风险加以分散，以确保保险经营的稳定。保险人对风险的分散一般采用核保时的分散和承保后的分散两种途径。核保时的风险分散主要表现在对风险分析控制方面，如控制保险金额、规定免赔额或免赔率、实行比例承保和共同保险等；承保后的风险分散则是以再保险为主要手段。

7.3 保险经营环节

7.3.1 保险展业

保险展业就是开展保险业务，即保险人通过保险宣传，广泛组织和争取保险业务的过程，又称推销保险单或保险招揽。保险展业是保险经营活动的起点。

保险展业包括保险宣传和销售保单两个基本环节。保险宣传是通过各种途径向公众介绍保险，使公众保险意识不断增强，进而参加保险。销售保单是通过保险宣传和引导使公众潜在保险需求转化为现实保险购买力的行为，即投保人和保险人通过订立保险合同建立保险关系。

1. 保险展业途径

保险展业有直接展业和间接展业两个途径。

（1）直接展业。直接展业是保险公司通过自己的业务人员和营业机构直接去招揽保险业务。如保险公司派出业务人员深入单位、家庭，上门销售保险商品，或在保险机构内部设立营业部，直接办理各种保险业务。由于保险业务人员有较高的业务素质，掌握保险的基本原理和知识，熟悉保险业务，有利于争取到更多更好的业务。但是，直接展业对于保险公司来说，必须配备大量的展业人员，增设机构和管理人员，无论业务多寡，常年需维持一支庞大的展业队伍的开支。所以，保险公司如果单纯通过其业务人员直接展业，会大大提高其经营成本。为了节省开支，降低成本，保险公司在直接展业的同时，还大量采用间接展业方式开展业务。

（2）间接展业。间接展业是利用保险中介人展业，包括保险代理人展业和保险经纪人展业。

①保险代理人展业。保险代理人是根据保险人的委托，向保险人收取佣金，并在保险人授权的范围内代为办理保险业务的机构或个人。保险代理人展业即是保险公司委托其代理人代为争取、招揽保险业务，并按照招揽业务所收保险费的一定比例向保险代理人支付佣金的展业方式。保险代理人展业的优势在于，既弥补了保险公司直接展业人员力量的不足，又降低了保险公司的经营成本。因为保险代理人不是公司职员，所以公司不必承担其日常开支，只需按其业务量支付代理手续费即可。保险代理人包括专业代理人、兼业代理人和个人代理人。

②保险经纪人展业。保险经纪人是基于投保人的利益，为投保人与保险人订立保险合同，提供中介服务，并依法收取佣金的机构。保险经纪人展业即是保险经纪人在为投保人和保险人订立保险合同提供中介服务的同时，为保险公司招揽保险业务的展业方式。保险公司按照保险经纪人所招揽业务的保险费的一定比例向其支付佣金。由于保险经纪人代表的是投保人的利益，更能赢得投保方的信赖，因此保险经纪人展业日益成为保险展业的一条重要途径。从世界范围看，在保险业发达的国家，其业务量的绝大部分是通过保险经纪人展业方式取得的。

2. 保险展业的内容

（1）宣传保险。保险展业首先要进行大规模的保险宣传，宣传保险、保险公司、保险产品等。在宣传中扩大保险的影响，树立公司的良好形象，突出公司的险种优势，使公众在了解保险、认识保险、理解保险的基础上接受保险、购买保险。

（2）了解市场信息。保险展业人员必须了解保险市场信息，包括经济发展情况、科技进步情况、各行各业风险情况、潜在的保险需求情况、保险险种的销售情况以及保险供给情况等。在了解市场信息的过程中，培育和创造保险需求，对潜在市场进行分析，即对潜在客户（或准客户）的数量、其对保险的需求量、潜在的购买力和购买动机作出科学的分析。同时，还应了解掌握保险需求的变化情况、本公司在整个保险市场上的地位及占有率、竞争对手的展业策略动态等，以便于制定自己的发展策略。

（3）搜集反馈信息。在展业过程中，展业人员还应认真听取客户对公司的批评和建议，特别是公司在经营过程中出现的服务不周、理赔有误及保险需求扩大、保险需求变化和服务要求等，及时搜集反馈，并尽可能满足客户的合理要求，采纳他们的合理建议。

（4）推销保险产品。保险展业的目的是要让人们购买保险产品，展业人员应以潜在客户为主要展业对象，帮助他们了解自身面临的风险，激发其保险需求欲望，引导其选择合适的保险险种。对老客户，还应向他们介绍公司推出的新险种，动员他们更全面合理地安排购买保险。

3. 保险展业技巧

（1）寻找潜在客户的技巧。潜在客户就是指需要保险并有能力购买保险的人。寻找潜在客户时，应有的放矢地选择那些有资格买保险的人、健康的人、需要保险的人、有能力支付保险费的人、利于拜访的人以及效益好的团体。不妨从身边做起，如利用亲属网络、朋友网络、邻居、同事、同学与师长来寻找保险客户；然后是亲属的亲戚，朋友的朋友，同学的同学……

（2）接近客户的技巧。保险的推销是推销人与客户在面对面的交往中进行的，接近客户是进行面谈的前奏。通常有三种方式：一是陌生拜访，即直接找到对方，向其推销保险；二是电话约访，即通过电话与对方约定面谈的有关事宜；三是缘故拜访，即寻找一些理由去拜访对方，这种方法主要是向亲友或认识的人推销保险时运用。

（3）了解客户信息的技巧。保险展业人员需要了解客户的信息，以便于帮其评估风险，拟定投保计划。获取信息的方法有直接向对方提问、与对方交谈、讨论有关问题、倾听对方发表意见等。

（4）拟订保险方案的技巧。为潜在客户拟订一个最佳的保险方案是必要的。设计方案时应考虑需要与可能，针对客户的实际情况，使其既获得最大的保障，又能节省保险费；同时还要既面面俱到，又有轻重缓急，使客户明确现在有能力买哪些保险，未来需要买哪些保险等。

（5）成交的技巧。当客户频频询问保险产品性能和用法时，当客户开始谈到价钱（即保险费）时，当问到售后服务时，便是可以尝试成交的时机了。这时便要调动客户的主动情绪，适时引导，要始终把客户诱导到决定购买的方向上去。同时做好签单准备，比如填好客户的姓名、感兴趣的险种等。一经客户同意，快速签单。

（6）售后服务的技巧。保险产品推销过程的完成并不意味着整个销售过程的结束，完善、周到的售后服务可大大减少保单的中途退保和失效。如可以通过定期服务、不定期联系和及时帮助等方式加深与客户的联系和友谊。

7.3.2 保险承保

保险承保，是指保险人与投保人订立保险合同的过程，是保险企业对愿意购买保险的人所提出的投保申请经过审核同意接受的行为。保险承保是保险经营的一个重要环节，承保质量如何，关系到保险企业经营成果的好坏，同时也是反映保险企业经营管理水平高低的一个重要标志。

1. 保险承保的内容

保险承保的内容主要包括承保选择、承保控制、确定费率和签订保险合同四个方面。

(1) 承保选择。从展业角度看，对保险人而言，当然是投保人越多越好。但是，保险人并不是来者不拒，而是要对投保人及其投保的标的进行了解和审查，然后决定接受与否以及以什么样的条件承保。也就是说，保险人为了提高业务质量，保证其财务稳定性，提高经济效益，要对其承保的业务进行核保，即进行承保选择。承保选择包括对投保人的选择和对投保标的的选择。

①对投保人的选择。首先，要审查投保人的投保资格问题，看其是否具有完全行为能力，人身保险中投保人对被保险人是否具有保险利益，是否具有交纳保险费的能力等；其次，要了解投保人的资信情况、道德品质情况、风险管理意识及以往的投保和索赔情况等，以便于作出承保与否的决定。如承保火灾保险时，保险人要考察投保企业的风险管理状况是否混乱，防灾措施是否落实等。

②对保险标的的选择。保险标的是保险人将要承担风险责任的对象，其自身状态、性质与标的风险大小有直接关系，因此，保险人对保险标的应进行合理选择。财产保险要考察财产所处的环境、占用性质、品质属性、危险状况等。人身保险则要考察被保险人的年龄、性别、职业和身体健康情况、习惯嗜好、本人病史及家族病史等。

(2) 承保控制。单位或个人参加保险之后，往往认为发生的一切损失保险公司都会负责，因而容易产生松懈心理，有的为了图赔偿而人为制造事故。这就是说，随着保险关系的建立，可能诱发两种新的风险，即心理风险和道德风险。心理风险是投保人或被保险人在参加保险后产生松懈心理，不再小心防范所面临的各种风险；道德风险是被保险人或受益人故意制造事故，图谋赔款。

心理风险和道德风险的发生，都会降低保险人的业务质量，增加保险人的经营风险，不利于保险经营。其中，心理风险不触及法律，更容易发生；道德风险在法律上是犯罪行为，因此，是承保控制的重点。随着保险市场竞争的日益激烈，保险人对大多数投保积极接受，对一些风险性较大的业务，采取下列措施进行承保控制。

①实行免赔额的规定。在合同中规定一定的免赔额，在发生保险事故保险人作出赔付之前，由被保险人自己承担一部分损失。这样，可以使被保险人主动关心风险，与保险人一起共同控制风险事故的发生。汽车保险、货物运输保险、医疗保险中都有免赔额的规定。

②进行保险业务的搭配。保险人在承保投保人风险性较大标的的同时，必须承保其风险性较小的标的，从而使保险人承保业务的平均风险水平趋于稳定，以达到稳定经营的目的。

③限制保险金额。首先，避免超额保险。保险金额是保险人赔偿或给付的最高限额，财产保险中，保险金额是依据标的的价值及投保人对标的保险利益来确定，任何背离这两个依据的超额保险，都会引发道德危险。对于人身保险，则应注意保险金额的大小要与投保人的收入水平相一致。其次，实行不足额保险。即保险金额小于标的的实际价值，促使被保险人采取措施防范风险的发生。

④调整费率。保险人在承保时，适当提高风险较大标的的费率标准，使之与保险人承担的风险责任相适应，以保证保险人经营的稳定。

⑤采取某些优惠措施。对那些防灾防损工作做得好、未发生任何索赔的保户，在续保时

给予某些优惠。如汽车保险中有无赔款优待的规定，即保险车辆在上一保险期限内无赔款，续保时可享受费率优惠。

⑥与他人共同保险或分保。当某笔保险业务超过保险人自身的承保能力时，保险人可以采取共同保险的方法来承保，即由几个保险人每人承保一个金额，共同来承担保险责任，发生事故造成损失时，各保险人按其所承保的保险金额占保险金额总和的比例承担赔偿责任。或者，保险人先将业务全部承保，然后将超过自身能力的部分分给其他的保险人，以分散风险，减少自身的承保责任。

(3) 确定费率。当保险人决定要承保时，应确定以什么样的价格承保。财产保险应根据保险标的的价值大小、危险程度的高低及保险期限的长短来制定保险人或受益人提出的索赔要求进行处理的行为。保险理赔是保险经营的重要环节，主要包括财产保险损失赔偿和人身保险金给付两部分。

保险理赔直接体现保险的补偿或给付职能，是保险人履行保险责任及被保险人或受益人享受保险权利的具体体现。通过保险理赔，能及时使被保险人或受益人得到补偿或给付，从而保证生产经营过程的顺利进行和人民生活的安定；同时，也有利于提高保险公司的声誉，扩大保险公司的影响，促进保险事业的发展，因此，做好保险理赔工作，对保险公司的经营和保险事业的发展具有非常重要的意义。

2. 保险理赔的原则

(1) 重合同守信用的原则。保险人和被保险人的权利和义务都是通过保险合同加以明确的，双方均应恪守合同约定，严格履行合同规定的各项义务。对保险人而言，理赔实际上是其履行合同中规定的赔偿或给付义务的过程。因此，保险人在处理赔案时，要重合同、守信用，按照合同中所订的各项条款来处理，既不能任意扩大保险责任范围，也不能惜赔。

(2) 实事求是的原则。保险合同对保险人的赔付责任作了原则规定，但是，实际发生的索赔案千差万别，原因错综复杂。许多情况下，仅依据合同条款很难明确判断是否属于保险责任，加上保险双方对合同条款理解不同，在赔与不赔、赔多赔少问题上会产生纠纷，因此，对于一些原因复杂的索赔案，保险人除了按合同条款规定处理外，还必须结合具体案情，实事求是，合情合理地灵活处理。在实际业务中出现的融通赔付，就是实事求是原则的具体体现。融通赔付是指按照保险合同规定，本不应由保险人赔付的部分，由于其他因素的影响，保险人给予全额或部分赔偿或给付的行为。

(3) 主动、迅速、准确、合理的原则。"主动、迅速、准确、合理"是在我国保险理赔工作中总结出来的理赔"八字方针"。主动、迅速，是要求保险公司在处理赔案时，要积极、主动，及时赶赴现场查勘，对属于保险责任的，迅速赔付。准确、合理是要求保险公司要明确责任，合理定损，合理赔付。

为了深入贯彻"主动、迅速、准确、合理"原则，《保险法》第二十三条规定："保险人收到被保险人或者受益人的赔偿或者给付保险金的请求后，应当及时作出核定；情形复杂的，应当在三十日内作出核定，但合同另有约定的除外。保险人应当将核定结果通知被保险人或者受益人；对属于保险责任的，在与被保险人或者受益人达成赔偿或者给付保险金的协议后十日内，履行赔偿或者给付保险金义务。保险合同对赔偿或者给付保险金的期限有约定的，保险人应当按照约定履行赔偿或者给付保险金义务。"第二十五条规定："保险人自收到赔偿或者给付保险金的请求和有关证明、资料之日起60日内，对其赔偿或者给付保险金的数额不能确定的，应当根据已有证明和资料可以确定的数额先予支付；保险人最终确定赔偿或者给付保险金的数额后，应当支付相应的差额。"

3. 保险理赔的程序

（1）出险通知。保险标的发生事故后，被保险人或受益人应及时以书面形式通知保险人。通知的时间有两种情况：一是合同中规定出险后投保方通知的时间限制，即投保方必须在规定的时间内通知保险人；二是合同中没有时间限制，而是由法律规定索赔权的消灭时效，如投保方在规定的时间内未通知保险人，可视为自动放弃索赔权利。

《保险法》第二十六条规定："人寿保险以外的其他保险的被保险人或者受益人，向保险人请求赔偿或者给付保险金的诉讼时效期间为二年，自其知道或者应当知道保险事故发生之日起计算。人寿保险的被保险人或者受益人向保险人请求给付保险金的诉讼时效期间为五年，自其知道或者应当知道保险事故发生之日起计算。"

（2）审核。保险人接到出险通知后，要进行审核，为现场查勘做好准备工作。审核的内容包括：审核保险单的有效性，即是否签发过保险单、保险单是否具有法律效力、事故是否发生在保险期限内等；审核财产保险的被保险人对保险标的是否具有保险利益；审核有关单证的有效性和真实性，即对方提出的查勘报告、事故责任证明、损失证明、商业单据等是否真实、有效。

（3）现场查勘。对上述内容审核通过后，保险人要到事故现场进行实际调查，以了解并核实与理赔相关的情况。现场查勘的任务是：调查出险情况及出险原因，即了解出险的时间和地点与保险合同的规定是否一致，引起事故的近因是否是保险责任；核实财产损失情况，即由被保险人提供详细的财产损失清单和损失金额及施救费用清单，保险公司理赔人员对财产损失情况进行核对。

（4）计算赔款、赔付结案。在明确了赔付责任、赔付范围后，理赔人员要计算应赔付保险金数额。计算时应根据各险种的不同特点，采用不同的计算方法。计算后，如果双方没有异议，则按照理赔人员计算的数额进行赔付。如果双方发生争议，可以通过协商、调解、仲裁和法院起诉等方法来解决。

保险公司支付赔款后，还应注意对第三者的追偿权的实现、委付及标的所有权的代位、减少合同保额或终止手续的办理。上述事宜完成后，即可结案。理赔案件结案后，由专职人员对案卷进行整理装订，按一定编号归档妥善保管，以便日后查阅。

7.4 认识再保险

7.4.1 再保险的概念

再保险又称分保，是保险人将其所承保的风险责任，部分或全部地向其他保险人进行保险的行为。即保险人以其承担的风险责任为标的，向其他的保险人投保。这种保险行为有再一次保险的特性，是保险的保险，故称为再保险。

通常，将自己直接承保的业务分给其他保险人的保险人称为原保险人（或分出人、再保险分出人、分出公司）；接受其他保险人分来业务的保险人称为再保险人（或分入人、再保险接受人、分入公司）原保险人分给再保险人的部分风险责任称为分出额；自己负责的部分风险责任称为自留额。当然，再保险人也可将其接受的再保险业务再分给其他的保险人，这种行为称为转分保。分出的一方为转分保分出人，接受的一方为转分保接受人。

原保险人和再保险人必须通过签订再保险合同来明确双方的权利与义务，如分保是以保险金额还是以赔款为基础、分保的方法、保险费的分配和赔款的分摊等问题都要在再保险合同中加以规定。

7.4.2 再保险与原保险的比较

再保险与原保险都是保险，二者既相互联系又相互区别。

1. 再保险与原保险的联系

再保险与原保险的联系主要表现为以下几个方面。

（1）原保险是再保险的基础，再保险是原保险风险的进一步分散。再保险合同不能离开原保险合同而单独存在，再保险人的责任、保险金额和保险期限均以原保险为限；原保险业务的发展也需要再保险的支持，当原保险人争取到的一笔业务超过了自身的财务能力时，没有再保险的支持，这笔业务或许就难以成交。所以，再保险在某种程度上可以说是原保险强有力的后盾。

（2）再保险和原保险都要遵循保险的基本原则。原保险的保险利益原则、最大诚信原则和损害补偿原则，同样适用于再保险。

（3）原保险和再保险关系都是通过订立合同建立的。原保险和再保险都是法律行为，都要通过合同明确规定双方的权利和义务，都要依据大数法则来分散风险，实现其财务的稳定性。

2. 再保险与原保险的区别

二者的区别主要表现在以下 4 个方面。

（1）合同的当事人不同。原保险合同的当事人是投保人和保险人；再保险合同的当事人均为保险人，即原保险人和再保险人。虽然保险人同时充当了原保险合同和再保险合同的当事人，但原保险合同和再保险合同都是独立的合同。因此，投保人和再保险人不发生任何业务关系，再保险人不得向投保人要求支付保险费；被保险人或受益人不得向再保险人要求赔偿或给付；原保险人不得以再保险人未履行再保险责任为理由拒绝或延迟履行其对被保险人或受益人的赔偿或给付责任。

（2）保险标的不同。原保险的保险标的可以是财产、利益、责任、信用和人的生命或身体；而再保险的保险标的是原保险人所承保的风险责任。

（3）合同的性质不同。从合同性质看，原保险合同分为补偿性合同和受益性（给付性）合同，财产保险合同是补偿性合同，除医疗保险以外的人身保险合同是受益性合同；但所有的再保险合同，无论是财产保险的再保险还是人身保险的再保险，都是补偿性合同，都是按照再保险合同的规定对原保险人所支付的保险金进行补偿。

（4）费用支付方式不同。在原保险中，投保人向保险人单方面支付保险费；在再保险中，原保险人向再保险人支付分保保险费，而再保险人要向原保险人支付分保手续费。

7.4.3 再保险的种类

1. 从责任限制上分类

从责任限制上分类，依据自留额和分保额的计算基础不同，再保险可以分为比例再保险和非比例再保险。

（1）比例再保险。比例再保险是原保险人和再保险人订立再保险合同，按保险金额的一定比例确定自留额和分保额、分配保险费和分摊赔款的一种再保险方式。其特点是：在合同规定范围内的业务，原保险人有义务依其所承保的每一笔业务，按约定的比例向再保险人办理再保险，再保险人必须接受，双方均无自由选择权。比例再保险分为成数再保险和溢额再保险。

①成数再保险。成数再保险是比例再保险的基本形式，是以保险金额为基础，对每一危险单位按固定的百分比即一定的成数确定自留额，将其余的一定成数作为分保额分给再保险人，保险费和赔款也按同一比率分配的再保险方式。其特点是手续简便，节省人力和费用。就经营成果而言，原保险人和再保险人的利害一致，即双方对盈利或亏损的利益是一致的，双方均无选择权。成数再保险一般适用于小公司、新公司和新业务。

②溢额再保险。溢额再保险是原保险人以保险金额为基础，规定每一危险单位的一定额度作为自留额，将超过自留额即溢额部分按照再保险合同的约定分给再保险人，并依据自留额和分保额确定每一危险单位的再保险比例的再保险方式。保险费和赔款按相同的比例分摊。

自留额的大小由原保险人按业务质量好坏及承担责任的能力来确定，通常以固定数额表示。再保险人不是无限度地接受原保险人的溢额责任，通常以自留额的一定倍数即"线数"为限。一"线"相当于自留额，依次类推。如自留额为80万，合同最高限额为10线，则再保险人可接受的分保额最多为800万。当第一溢额再保险不能满足原保险人的分保需要时，可以组织第二甚至第三溢额再保险作为补充。

溢额再保险的特点是：原保险人对每个危险单位的责任都可以根据业务情况来确定适当的自留额，再保险双方所承担责任的比例随每笔业务保险金额的大小而变化；原保险人和再保险人的经营结果可能不一致，即当原保险人略有盈利时，再保险人可能出现亏损。这种方法适用于业务质量优劣不齐、保额高低不均的业务。

（2）非比例再保险。非比例再保险又称超额损失再保险，是以赔款为基础，由原保险人和再保险人协商规定一个赔款限度，凡限度以内的赔款，由原保险人自己承担，超过这一限度的赔款由再保险人承担的再保险方式。非比例再保险有超额赔款再保险和超额赔付率再保险两种形式。

①超额赔款再保险。超额赔款再保险是原保险人和再保险人在合同中规定一个赔款限额，当原保险人对每个危险单位或一次巨灾事故的累计赔偿责任超过赔款限额时，由再保险人负责至一定额度的再保险形式。如合同中规定的赔款限额为20万元，超过20万元以上的由再保险人负责。对巨额保险可以有几个再保险人根据不同的限额档次承担责任，档次越高，费率越低。

②超额赔付率再保险。超额赔付率再保险是由双方约定一个年度赔付率限度，当原保险

人一年的累计赔款与保险费总收入的比例超过赔付率限度时，超过部分的赔款由再保险人负责的一种再保险方式。一般在合同中约定一个赔付率，同时还规定一个赔付限额，二者之中以低者为限。如合同中规定的赔付率在60%以下时由原保险人负责，赔付率超过60%～110%时，超过60%以后的50%由再保险人负责，赔付金额不超过100万元。

2. 从再保险安排上分类

从再保险安排上分，再保险有临时再保险、合同再保险和预约再保险3种形式。

（1）临时再保险。临时再保险是原保险人根据自身业务的需要，与再保险人临时达成再保险协议的一种再保险方式。其特点是：原保险人是否分出业务、分出多少以及再保险人是否接受，完全由双方根据自己的意愿来确定，双方均有自由选择权，但手续烦琐，一般适用于新开办或不稳定的业务。

（2）合同再保险。合同再保险又称固定再保险，是指原保险人和再保险人签订再保险合同，在合同中规定业务范围、地区范围、自留额、分保限额、分保手续费等各项再保险条件，明确双方的权利和义务，双方必须严格遵守的再保险方式。其特点是双方均无自由选择权，即不论业务的好坏，原保险人必须按合同规定的条件向再保险人办理再保险，再保险人必须接受，不能拒绝。

（3）预约再保险。预约再保险是原保险人和再保险人签订再保险合同，凡是合同中订明的业务种类与范围，原保险人可以分给再保险人，也可以不分，而再保险人对于原保险人分来的业务必须接受，不能拒绝的再保险方式。这种方式对于原保险人来说就像临时再保险一样具有自由选择权，而对于再保险人而言就像合同再保险一样具有强制性，所以又称为临时固定再保险。

项目小结

1. 保险公司的组织形式有国有保险公司、股份保险公司、相互保险公司、保险合作社等。保险公司的组织构架包括营销部门、精算部门、核保部门、客户服务部门、理赔部门、投资部门、会计部门、法律部门、人力资源部门和信息系统部门。

2. 保险经营具有特殊性：保险经营活动一种特殊的劳务活动；保险经营资产具有负债性；保险经营成本和利润计算具有特殊性；保险经营具有分散性和广泛性。

保险经营要遵循特殊原则，包括风险大量原则、风险选择原则和风险分散原则。

3. 保险业务经营业务一般包括保险展业、保险承保、保险防灾和保险理赔四个环节。保险展业是保险经营的首要环节，包括直接展业和间接展业两种途径。保险承保是指保险人与投保人订立保险合同的过程，内容主要包括承保选择、承保控制、确定费率和签订保险合同4个方面。保险防灾是保险企业对其所承保的保险标的可能发生的各种风险的识别、分析和处理，以减少灾害事故发生和降低损失的活动，内容包括进行防灾宣传和咨询、进行防灾工作检查并提出整改建议、拨付防灭经费、参与抢险救灾和采取优惠措施足进防灾防损。

理赔是保险赔案的处理，要遵循重合同、守信用、实事求是和主动、迅速、准确、合理等基本原则。

4. 再保险是指保险人将自己承保的风险责任的一部分或全部向其他保险人再进行投保

的行为。按分保基础来分，再保险分为比例再保险和非比例再保险两种；从分保方式来分，再保险主要有临时再保险、固定再保险、预约再保险。

实训任务

一、单项选择题

1. 《保险法》第二十七条规定："人寿保险以外的其他保险的被保险人或者受益人，对保险人请求赔偿或给付保险金的权利，自其知道保险事故发生之日起（   ）年内不行使而消灭。"

 A. 2   B. 3   C. 4   D. 5

2. 比例再保险是以（   ）为基础，确定分出公司和分入公司各自应分组的保险责任。

 A. 保险金额 B. 赔款 C. 保险费 D. 保险手续费

3. 已决未付赔款准备金属于（   ）。

 A. 未到期责任准备金   B. 未决赔款准备金

 C. 理论责任准备金   D. 实际责任准备金

4. 在约定缴费期限内，每次缴费金额始终不变的纯保费称为（   ）。

 A. 均衡纯保费 B. 自然纯保费 C. 附加保费 D. 趸缴纯保费

二、多项选择题

1. 《保险法》第八十二条具体规定了保险公司需要经监管机关批准变更的事项。这些事项包括（   ）。

 A. 变更名称   B. 变更注册资本

 C. 变更公司或分支机构的营业场所 D. 调整业务范围

2. 保险公司终止的原因主要有（   ）。

 A. 因分立、合并

 B. 因违法而被终止

 C. 因经营不善、资不抵债而终止

 D. 因公司章程规定的解散事由出现

3. 按照分担保险责任的计算基础不同，可以将再保险分为（   ）再保险和（   ）再保险。

 A. 比例 B. 非比例 C. 临时 D. 合同

4. 临时再保险一般适合于（   ）业务。

 A. 新开办的

 B. 合同再保险中规定的除外的业务

 C. 超过合同分保限额或需要超赔保障的业务

 D. 不稳定的业务

项目八 认识保险监管

8.1 认识保险监管

8.1.1 保险监管概述

在现代经济社会中,由于经济活动的复杂性,垄断、不正当竞争、信息不对称等因素的存在,社会对公平、公正目标的追逐以及为缓和周期性的经济波动、保证充分就业和价格稳定,使得政府对经济活动的介入成为一种必然,即现代经济社会中的任何一个行业都可能受到政府的监管。而保险行业由于其特殊性,是受监管最为严格的行业之一。

1. 保险监管的概念

保险监管是一种特殊的监管,是指国家保险监督管理部门依照法律、行政法规的规定对在境内注册登记的从事保险活动的公民、法人和其他组织及其行为进行监督和管理。

国家对保险业的监督和管理,主要是通过颁布各种保险法律、法规,建立专门的保险监管机构来实施的。国家保险监管机构是指由政府设立的专门监督和管理保险经营主体、保险经营活动及保险市场的机构。我国的保险监管机构是中国银行保险监督管理委员会,简称银保监会。

2. 保险监管目标

由于保险业经营的高风险性和社会性,保险业经营状况直接影响到社会经济的稳定和人民生活的安定,而为了保护被保险人的利益,必须对保险业进行监管。其保险监管的目标是:

(1)保证保险人有足够的偿付能力。偿付能力一般是指保险人履行经济补偿和给付保险金的能力。保证保险人的偿付能力,防止保险经营的失败是保险监管的基本目标,也是保险监管的核心。许多监管措施,如资本金、保证金、各种准备金、最低偿付能力、承保限额、法定再保险等方面的规定及财务报告与检查制度等,都是为了实现这一目标而制定的。

衡量保险企业偿付能力大小的标准是偿付能力额度,涉及两方面内容:一是保险企业实际偿付能力额度,是保险公司在某一时间点上认可资产与认可负债的差额;二是法定偿付能力额度,即保险管理机关要求保险公司必须具备的最低偿付能力额度。当保险企业实际偿付能力额度大于等于法定偿付能力额度时,说明保险公司具有较强的偿付能力。

(2) 防止保险欺诈。利用保险进行欺诈不当得利，违反了商业保险保障经济秩序正常稳定的初衷。针对保险行业的特殊性，国家把防止、打击保险市场中的欺诈行为作为监管的目标之一，以维护保险市场的正常秩序。欺诈行为表现在投保人与保险人两方面。投保人的欺诈即指投保人利用保险谋取不当利益，为此，《保险法》规定投保人对保险标的必须具有保险利益；被保险人获得的保险赔偿不得超过其实际遭受的损失；对投保人（或被保险人）故意制造的事故，保险人可免除赔偿责任。保险人的欺诈行为主要表现在缺乏必要的偿付能力以及非法经营保险业务；保险人超出规定的业务经营范围经营保险业务；保险人利用保险条款和保险费率欺骗投保人和被保险人。对于以上行为各国保险法都有严格规定，对保险企业实行一系列的严格审批手续和监管措施。

(3) 维护保险市场的公平合理。在保险业务经营中，各方面之间的关系要公平合理。一是保险企业与被保险人之间的关系要公平合理，即保险费率要与保险人所提供的保障相适应；二是被保险人之间的关系要公平合理，即被保险人对保险成本的分摊要公平合理，也就是保险人所采取的保险费率的分类要合理适当；三是保险企业之间的关系要公平合理，即保证各保险人同等条件下公平竞争，防止盲目竞争。这3个方面关系的公平合理性的维持，都需要对保险进行有效监管。

(4) 提高保险企业的经济效益和社会效益。保险企业的经济效益和社会效益相辅相成。通过国家监管，使保险业适度规模经营，减少资金占用，扩大承保范围，提高保险企业的经济效益。在现代经济中，保险保障对社会经济发展是必不可少的。当保险企业的经济效益与社会效益发生冲突时，国家通过干预、管理和协调来达到两者的统一。

8.1.2 保险监管模式

1. 严格监管模式

监管核心是对市场行为和偿付能力的监管。这种类型的监管是对市场行为、偿付能力和信息披露要求都相当严格的一种监管方式。监管部门对保单的费率、条款、保单利率、红利分配等均有明文规定并在投放市场前受到严格和系统的监督。在欧洲单一保险市场开始建立以前，以德国为首的多数国家大都采用这种方法。

2. 松散监管模式

监管的核心是对偿付能力的监管。在这种监管形式下，保险公司在确定费率和保险条件时拥有很大的空间，监督者的精力集中于公司的财务状况和偿付能力上，只要公司能够保证这一点，其经营一般不会受到更多干预。在欧洲，英国与荷兰长期使用这一制度。

3. 我国现行保险监管模式

我国保险业实行较严格的监管，监管核心是偿付能力、市场行为和公司治理结构。在英、美和其他奉行自由主义的市场经济国家，其保险业的发展也经历了很长时期的严格监管的过程。西方发达国家放松保险监管的前提条件在于：消费者的保险意识和产品的鉴别能力强，保险企业的微观自律机制、保险行业组织的中观协调机制和政府的监管能力都达到了相对成熟的阶段。而从我国的现状来看，这些条件基本上都不具备。在这样的情况下，如果我国也放松对保险的监管，必然造成严重的后果。

8.1.3 保险监管的主要内容

1. 保险组织监管

国家对保险组织的监管，是指国家对保险业的组织形式、保险企业的设立、停业清算、保险从业人员资格以及外资保险企业等方面的监督和管理。

(1) 组织形式。各国政府根据各自的经济发展情况和保险的普及程度，规定相应的保险组织形式。保险组织形式主要有：股份有限公司、合作保险公司、相互保险公司、专业自营公司及国有独资保险公司等。其中股份有限公司和相互保险公司是各国普遍采取的保险组织形式。我国保险公司采取股份有限公司和国有独资保险公司的组织形式。各国对保险业组织形式的限定，主要是考虑到保险业需具备强大的偿付能力，需要采用适合于长期运作的稳定的组织形式。

(2) 对保险企业设立的审批。世界各国对保险企业的组织管理首先体现在实施市场准入许可制上。保险企业作为经营风险的金融性法人，其设立必须经过国家保险监管部门的批准，取得经营保险业务许可证，并经国家工商行政管理部门登记注册，取得营业执照，方能经营保险业务。国家对保险企业的设立实行审批制度，有利于切实有效地加强对保险企业的监督管理。《保险法》规定："设立保险公司，必须经国务院保险监督管理机构批准。"国家对保险企业的设立实行许可经营制度，未经保险监督管理部门核准，任何人不得经营保险业务。设立保险企业，必须经过申请、筹建、批准、办理公司登记、开业等环节。

(3) 停业清算。国家对保险企业监管的基本目的，是避免保险企业破产，以保障被保险人的合法权益。当保险企业由于经营不当发生财务危机时，国家一般采取扶助政策，利用各种措施帮助其解决财务困难，继续营业，避免破产，但是，保险企业若违法经营或有重大失误，以致不得不破产时，国家便以监督者身份，令其停业或发布解散令，选派清算员，直接介入清算处理。保险公司的清算是指保险组织解散时，为了明确其债权债务关系，处理其剩余财产，保护各方面当事人的利益，严格依照法律规定的程序对保险公司的资产、债务和债权进行清理处分的行为。清算是终结被解散的保险公司的有关法律关系，消灭其法人资格的必经程序。

(4) 对保险从业人员资格的监管。保险企业从业人员，一方面，指保险公司的管理人员；另一方面，指保险经营人员。保险公司的经营专业化程度高，因此，公司高级管理人员必须具有一定的专业知识和业务工作经验，以确保保险公司的正常经营，维护被保险人的利益和保险市场的健康发展。世界各国对保险业的高级管理人员的任职资格都有较高的要求，进行严格的资格审查。不符合法律规定的任职条件，不能担任公司的高级管理职务；合格领导人没有达到法定数量，公司不能营业。保险企业的领导人的条件包括文化程度、保险实践经验和道德素质等。《保险法》第八十一条规定："保险公司的董事、监事和高级管理人员，应当品行良好，熟悉与保险相关的法律、行政法规，具有履行职责所需的经营管理能力，并在任职前取得保险监督管理机构核准的任职资格。"对保险从业人员的管理还包括对保险从业人员的培训和教育。各国普遍进行在职人员的培训，各种职业教育机构相当多。对保险公司的各种专业人员，如核保员、理赔员、精算人员、会计师等专业技术人员的配备，各国法律都有相应的规定。《保险法》规定："经营人身保险业务的保险公司，必须聘用经金融监督管理部门认可的精算专业人员，建立精算报告制度。"

2. 保险业务监管

国家对保险业务的监管，是指国家对保险企业的营业范围、保险条款和费率、再保险业务以及保险中介人的监督和管理。

(1) 经营范围的限制。经营范围的监管是指国家通过法律或行政命令规定保险企业所能经营业务的种类和范围。国家监管审批机构在保险公司创立之初，就明确核准其业务范围，保险公司应严格在规定的业务范围内从事经营活动。对此，各国立法的惯例是采用分业经营。分业经营是指同一保险人不得同时兼营财产保险业务和人身保险业务。之所以要分业经营，是由于财产保险和人身保险的标的不同，决定了两者在保险期限、保险费率的厘定、风险测定、经营管理的内容、资金运用、准备金提取及赔付方式等方面存在差异。若两者混合经营，难以反映经营成果的真实性和准确性，容易发生挪用长期寿险资金弥补财险经营的亏损，不利于人身保险业务的顺利发展。

《保险法》按保险标的的不同将保险公司的业务范围分为财产保险业务和人身保险业务两大类。财产保险业务包括财产损失保险、责任保险、信用保险等保险业务；人身保险业务包括人寿保险、健康保险、意外伤害保险等保险业务，《保险法》第九十五条规定："保险人不得兼营人身保险业务和财产保险业务。但是，经营财产保险业务的保险公司经国务院保险监督管理机构批准，可以经营短期健康保险业务和意外伤害保险业务。保险公司应当在国务院保险监督管理机构依法批准的业务范围内从事保险经营活动。"

(2) 核定保险条款和费率。保险条款和保险费率的确定带有很强的技术性，远非一个保险公司所能为，同时，我国缺乏过去保险市场的数据基础，因此，《保险法》规定："关系社会公众利益的保险险种、依法实行强制保险的险种和新开发的人寿保险险种等的保险条款和保险费率，应当报国务院保险监督管理机构批准。国务院保险监督管理机构审批时，应当遵循保护社会公众利益和防止不正当竞争的原则。其他保险险种的保险条款和保险费率，应当报保险监督管理机构备案。"

(3) 再保险业务的监管。从整个社会的角度来说，保险企业是专门处理风险的部门；从保险企业自身的角度来说，它也有控制风险的问题。保险企业控制风险的一个重要方面是分散风险，而分散风险的主要途径是再保险。在现代保险业中，保险企业普遍采用再保险方式分散风险，再保险已成为世界保险企业稳定发展的重要条件与基础。因此，对再保险进行监管是保险监管的一项重要内容。我国有关法律规定，再保险公司也要分业经营，即再保险公司不得将财产保险与人身保险业务兼营。

(4) 对保险中介人的监管。保险中介人的监管是指对保险代理人、保险经纪人和保险公估人的监管。对三者的监管有一定的联系和区别。三者都涉及将有关的业务许可证放置在营业场所适当的位置，以备检查；对保险代理人和保险公估人均有每年一次定期限培训的要求。

(5) 对精算制度的监督管理。精算是指运用概率论和大数法则进行保险业务数理计算的科学，尤其是人寿保险业务，必须通过精算才能来保证保险公司科学地收取保险费，提取寿险责任准备金。《保险法》规定："经营人身保险业务的保险公司，必须聘用经金融监管部门认可的精算专业人员，建立精算报告制度。"精算是一门专业性强、技术含量高的科学,精算人员必须经过精算知识的专门培训才能胜任这一工作。现在,我国许多高校与国际保险学术机构合作开办了保险精算师资格考试,为培养精算人才奠定了基础。

(6) 对保险投资的监管。保险投资是现代保险业得以生存和发展的基础,同时,由于保险公司是经营风险的企业,其资金运用状况,直接影响着公司的赔付能力,因此,许多国家的保险法都对保险公司资金运用的原则、范围、比例和方向等作了明文的限制性规定。《保险法》对保险资金运用的首要原则是安全性原则,同时,保证资产的保值增值,并规定:"保险公司的资金运用必须稳健,遵循安全性原则,保险公司的资金运用,限于在银行存款;买卖债券、股票、证券投资基金份额等有价证券;投资不动产和国务院规定的其他资金运用形式。"

3. 保险财务监管

(1) 对资本金和保证金的监管。资本标准是保险公司财务监管的基石。保险公司在开业之前必须满足某种最低资本要求。资本是应急基金,可以缓冲公司债务的增长或资产贬值,还可以支付公司清算或破产的费用,由此最大限度地减少保单持有人和索赔者的损失。各国对开业资本金都有严格的规定,原因在于:首先,保险人在办理业务初期有可能发生赔案,即发生赔付款的支付。此时,开业资本金具有双重功能,既要用于支付开业费用,又要用于开业之初可能发生的保险赔款支出。其次,开业初期承保范围有限,分保体系尚未发达,风险过于集中,容易造成责任累积,这也要求开业资本金必须达到一定的规模,以使保险公司有能力应付这种可能出现的巨额损失索赔。当保险公司的资本金和盈余低于最低资本限额时,就被认为偿付能力不足;当保险公司的资本金和盈余为负,即负债大于资产时,保险公司即不具有偿付能力。《保险法》规定:"设立保险公司,其注册资本的最低限额为2亿元。保险公司的注册资本必须为实缴货币资本。"

保证金是指保险企业设立后,应按照其注册资本总额的一定比例提取资金,存于监管部门指定的银行,用于担保企业的偿付能力,不得动用。《保险法》规定:"保险公司应当按照其注册资本总额的20%提取保证金,存入国务院保险监督管理机构指定的银行,除公司清算时用于清偿债务外,不得动用。"

(2) 对准备金的监管。责任准备金是保险公司按法律规定为在保险合同有效期内承担赔偿或给付保险金义务而从保险费收入中提存的一种资金准备。保险准备金是保险公司的负债。保险公司应有与准备金等值的资产作为后盾,才能完全履行保险责任,因此,保险准备金的提存,实际上也是为了确保保险公司具有充足的偿付能力。

(3) 对偿付能力的监管。偿付能力是指保险公司履行赔偿或给付责任的能力。保险公司应当具有与其业务规模和风险程度相适应的最低偿付能力。保险公司的认可资产减去认可负债的差额不得低于国务院保险监督管理机构规定的数额;低于规定数额的,应当按照国务院保险监督管理机构的要求采取相应措施达到规定的数额。

(4) 对财务核算的监管。为了有效管理保险企业的经营,随时了解和掌握保险企业的营业状况,各国一般都要求保险企业在年终时向主管部门递交年终报告,反映其财务核算状况。《保险法》规定:"保险公司应当于会计年度终了后3个月内,将上一年度的营业报告、财务会计报告及有关报表报送金融督管理部门,并依法公布。保险公司应当于每月月底前将上一月的营业统计报表报送金融监督管理部门。"

项目小结

　　保险监管是一种特殊的监管，是指国家保险监督管理部门依照法律、行政法规的规定对在境内注册登记的从事保险活动的公民、法人和其他组织及其行为进行监督和管理。保险监管模式有严格监管模式和松散监管模式两种。保险监管的方式包括公告管理方式、规范管理方式、实体管理方式三种。

参考文献

[1] 李民,刘连生. 保险原理与实务 [M]. 北京:中国人民大学出版社,2019.

[2] 郭颂平,赵春梅. 保险学 [M]. 2版. 北京:高等教育出版社,2018.

[3] 中国保险行业协会. 保险诉讼典型案例年度报告(第八辑)[M]. 北京:法律出版社,2017.

[4] 张虹,陈迪红. 保险学原理 [M]. 北京:清华大学出版社,2018.

[5] 范健,王建文. 保险法 [M]. 北京:法律出版社,2017.

[6] 孙祁详. 保险学 [M]. 北京:北京大学出版社,2010.

[7] 孙秀清. 保险学 [M]. 北京:经济科学出版社,2013.

[8] 郝寅苏. 保险学教程 [M]. 北京:清华大学出版社,2004.